MESSER MAGAZIN WORKSHOP

Jan Dox

Paracord-Knoten

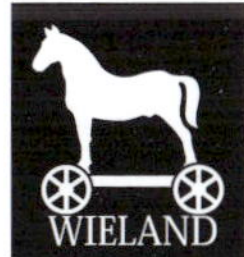

Jan Dox

Paracord-Knoten

1. Auflage, 2017

ISBN 978-3-938711-83-5

Wieland Verlag GmbH, Rosenheimer Straße 22, D-83043 Bad Aibling
Telefon 08061/38998-0, Fax 08061/38998-20
Internet: www.wieland-verlag.com
E-Mail: info@wieland-verlag.com

Fotos: Jan Dox
Umschlaggestaltung und Layout: Caroline Wydeau

Druck: Print Consult

Printed in EU

INHALT

EIN PAAR SÄTZE VORAB

Schon als Jugendlicher begann ich, mit Seilen zu arbeiten. In verschiedenen Jugendgruppen – ähnlich den Pfadfindern – genoss ich diese Tätigkeit im Freien, zusammen mit anderen. Wir benutzten jede Menge Hanfseile, um unsere Camps zu bauen. Von 1984 bis 1985, während ich im belgischen Fallschirmspringer-Kommando diente, hatten wir keine Fallschirmseile (englisch parachute cord, kurz: paracord) zur Verfügung und benutzten stattdessen drei Millimeter dicke, schwarze und olivgrüne Nylonschnüre.

Fallschirmseile sind vielleicht nicht die stärksten Seile, wenn man das Verhältnis von Stärke und Durchmesser mit anderen Seilen auf dem Markt vergleicht. Ihre Widerstandsfähigkeit kombiniert mit ihrer Struktur und Elastizität machen sie aber enorm vielseitig und populär. Seit einigen Jahren ist Paracord in einer Vielzahl von Farben erhältlich. Viele Bastler haben das Material für sich entdeckt.

Ich habe versucht, Sie mit diesem Buch in diese wunderbare Welt einzuführen. Seien Sie kreativ! Ich hoffe, Sie werden an diesem Werk genauso viel Freude haben wie ich beim Schreiben.

Jan Dox

DANKSAGUNG

Mein Wissen und meine Erfahrung habe ich in mehreren Jahrzehnten mit Versuch und Irrtum, Gesprächen, Tests und direktem Gebrauch erworben. Es gibt eine Reihe von Menschen, denen ich dafür danken möchte, dass sie mir über Jahre hinweg geholfen haben:

- meinen Freunden und Messermacher-Kameraden für die Ratschläge, Kommentare und Ermutigung, die sie mir gegeben haben (in alphabetischer Reihenfolge): Achim Wirtz, Alessio Salsi, Bart Weys, Christophe Verstappen, Filipp de Leeuw, Jacques Delfosse, Katharina und Pavel Řiháček, Rémy B., Tim Wagendorp und viele mehr.

- Geert Willaert von der Internationalen Gilde der Knotenknüpfer (International Guild of Knot Tyers, IGKT).

- meinen Kunden für ihre Resonanz auf meine Arbeit.

- meiner Frau Marie-Claire und meinen Kindern dafür, dass sie mit mir Geduld hatten, während ich an diesem Projekt arbeitete.

PARACORD

1.1 Was ist Paracord?

Paracord ist ein Nylonseil, bestehend aus einem Kern (der sogenannten Seele) mit mehreren Schnüren aus jeweils zwei bis drei Fäden und einer äußeren gewebten Hülle, die das Seil vor dem Durchscheuern schützt. Diese Art Seil wird seit dem Zweiten Weltkrieg sehr intensiv vom Militär benutzt. Paracord dient dazu, die Fallschirmgurte mit dem eigentlichen Fallschirm zu verbinden. Nach der Landung und sofern sie nicht unter Beschuss standen, zerschnitten die Soldaten die Verbindungsleinen und benutzten diese Seile für so ziemlich Alles und bei jeder Gelegenheit.

Der militärische Standard Mil-C-5040H beschreibt die Spezifikationen von verschiedenen Paracord-Typen für die militärische Nutzung. Die Farbauswahl ist beschränkt.

Aufgrund des Erfolgs von Paracord während der letzten Jahrzehnte begannen Hersteller mit der Produktion von kommerziellem Paracord in den Längen und Stärken der Militär-Ausführung, aber ohne die teuren Tests und Vorschriften. Handelsübliches Paracord wird oft aus Nylongarn gemacht, das nicht vorgeschrumpft ist wie das Garn für militärisches Paracord.

Die folgenden Paracord-Typen sind in militärischen und kommerziellen Versionen in mehr als 80 verschiedenen Farben lieferbar. Typ III ist der meistbenutzte und auch bekannte dieser Typen.

• 750 Paracord Typ IV (5 mm) mit einer Reißfestigkeit von mindestens 750 lbs (340 kg). Der Kern beziehungsweise die Seele innerhalb des Mantels besteht aus elf Schnüren mit jeweils drei Fäden.

• 550 Paracord Typ III (3,5 bis 4 mm) mit einer minimalen Reißfestigkeit von 550 lbs (249 kg). Der Kern besteht aus sieben Schnüren mit jeweils drei Fäden; einige Hersteller produzieren es mit sieben bis neun Schnüren aus jeweils zwei Fäden.

EIGENSCHAFTEN NACH MILITÄRISCHEN UND KOMMERZIELLEN STANDARDS

	Typ I	Typ IA	Typ II	Typ IIA	kommer-ziell Typ III	militä-risch Typ III
von Händlern benutzter Name	100	100	400	225	550	550
Reißfestigkeit, Minimum in Pfund (lbs)	95	100	400	225	550	550
Reißfestigkeit, Minimum in Kilo (kg)	43	45	181	102	249	249
Dehnung (%), Minimum	30	30	30	30	30	30
Länge pro Pfund des Seils in Fuß (ft), Minimum	950	1050	265	495	225	225
Länge pro Pfund des Seils in Metern (m), Minimum	290	320	81	151	69	69
Kernschnüre	4 - 7	keine	4 - 7	keine	7 - 9	7 (selten 8 - 9)
Anzähl Fäden pro Schnur	2 oder 3	–	2 oder 3	–	2 oder 3	3

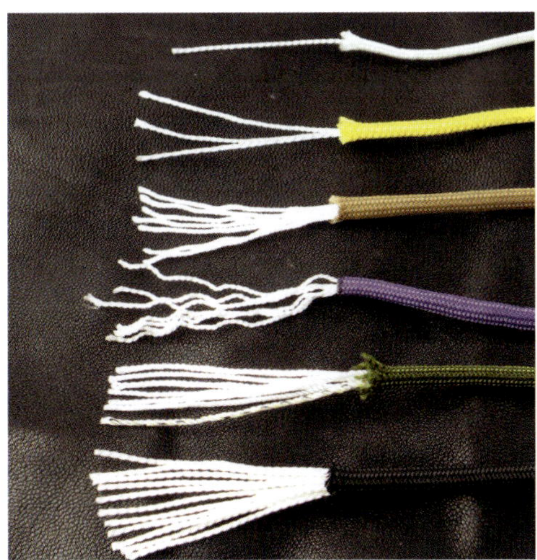

Von unten nach oben: schwarzes Paracord Typ IV, grün nach Militär-Standard Typ III, purpur und coyote-braun kommerzieller Typ III, gelb Typ II und silberfarben Typ I.

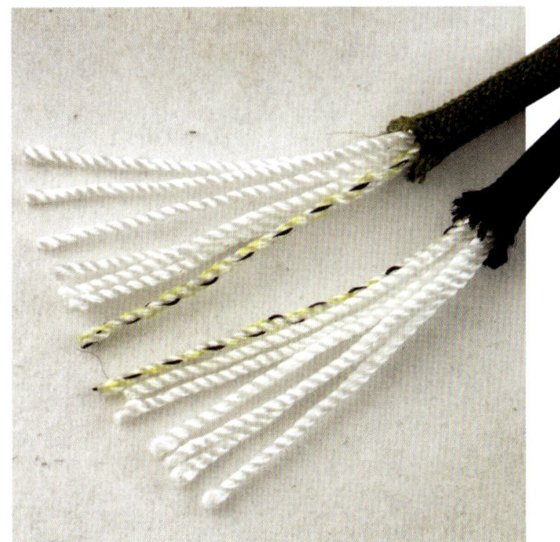

Zwei verschiedene Farben, produziert vom selben Hersteller nach militärischem Standard. Beide besitzen dieselbe gelbe Kernfaser.

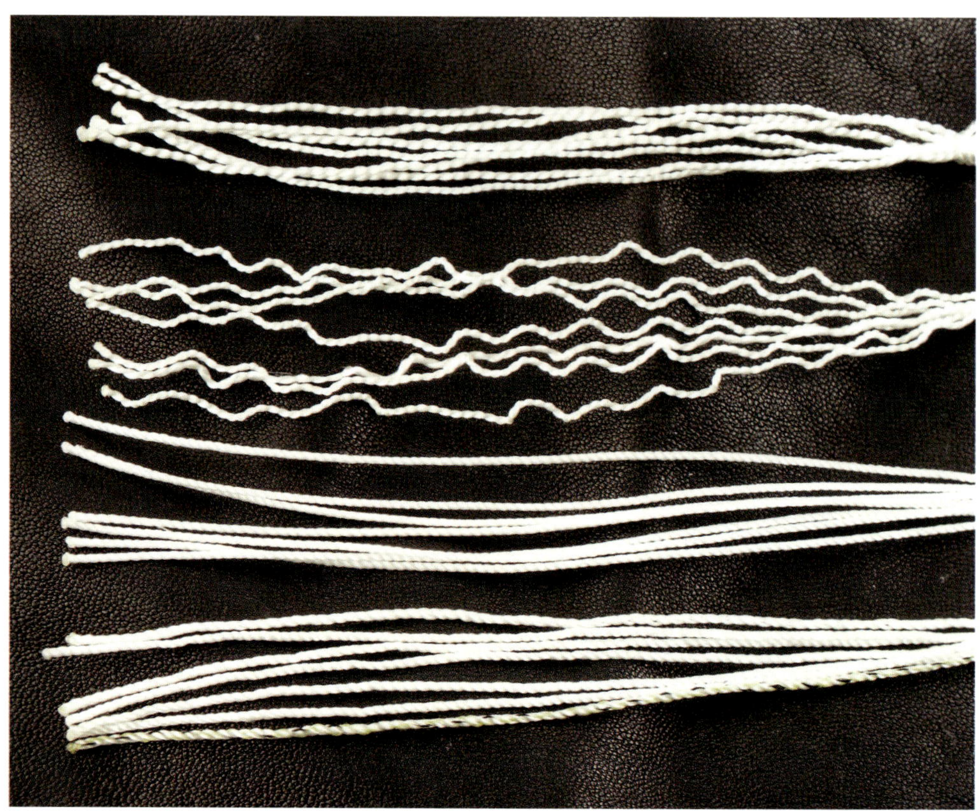

Die Schnüre im Kern können sehr unterschiedlich sein. Von oben nach unten: Drei Sets kommerzieller Schnüre und ein Set mit Schnüren nach Militärstandard.

WICHTIGE PARACORD-ABMESSUNGEN

	Typ I	Typ IA	Typ II	Typ IIA	kommerziell Typ III	militärisch Typ III	Typ IV
Durchmesser gefülltes Seil in mm	1,9	nicht anwendbar	3,0	–	3,5	3,9	3,5
Breite der leeren Hülle (flatline) in mm	2,2	–	3,0	–	4,0	4,5	4,0
Dicke des gefüllten Seils auf dem Griff in mm	1,7	–	2,2	–	2,6	2,4	2,6
Dicke der leeren Hülle auf dem Griff in mm	0,9	–	1,1-1,2	–	1,0	1,0	1,0

- Mil-C-5040H Typ III (3,5 mm): Minimum der Reißfestigkeit 550 lbs (249 kg). Seele aus sieben Schnüren mit jeweils drei Fäden. Eine der sieben Schnüre besitzt eine oder mehrere andere Farben als die anderen Schnüre. Dies ist produktionsspezifisch und ermöglicht die Rückverfolgung des Herstellers. Meiner Erfahrung nach ist Paracord nach militärischem Standard oft fester, schöner und auch runder geformt als kommerzielles Paracord.

- 400 Paracord Typ II (ca. 3 mm) besitzt eine Reißfestigkeit von mindestens 400 lbs (181 kg) mit einem Kern von vier bis sieben Schnüren. Einige Händler haben Paracord ähnlich Typ II im Angebot, das sie 425 oder 450 nennen.

- 100 Paracord Typ I (ca. 2 mm) mit einer Reißfestigkeit von mindestens 100 lbs (45 kg) und einer Schnur als Kern.

Es sind noch mehr Arten von Paracord erhältlich, wie zum Beispiel das 650er Paracord. Dieses Fallschirmseil hat einen Durchmesser von 4,76 mm (3/16 Zoll) mit vier Schnüren im Inneren und eine Reißfestigkeit von mindestens 400 lbs (181 kg). Es ist breiter und flacher als Seile vom Typ II und III und hat keine Entsprechung im militärischen Bereich. Es ist gut geeignet für eine Reihe von Flechtarbeiten. Achtung: Manche Anbieter verkaufen auch nur die leere Hülle als 650er Paracord mit einer Reißfestigkeit von 325 lbs (147 kg). Fragen Sie im Zweifelsfall nach, um sicher zu sein, dass das Fallschirmseil die gewünschten Eigenschaften aufweist.

Ich werde Ihnen die Benutzung der verschiedenen Paracord-Typen zeigen – sowohl in der Version eines gefüllten Seils als auch „Flatline“, das heißt als leere Hülle. Die Hersteller von kommerziellem Paracord machen die Hüllen weiter oder schlanker. Manche flechten sie enger als andere. Im allgemeinen sind die Hüllen von Typ IV am weitesten: 5 mm. Dann kommen Typ III mit 4 oder 4,5 mm sowie Typ II mit 3 mm und Typ I mit 2,2 mm. Die Dicke der leeren Hülle liegt zwischen 0,9 und 1,2 Millimetern und ist vom Hersteller abhängig.

1.2 Schrumpffaktor von Paracord

Paracord wird aus Nylonfasern gemacht und schrumpft, wenn es nass ist. Der Schrumpffaktor von handelsüblichem Paracord liegt bei 10 bis 20 Prozent. Militärisches Paracord muss aus vorgeschrumpftem Nylongarn geflochten werden. Die Kerngarne müssen dabei für eine Dauer von mindestens 60 Minuten bei einer Temperatur von 93°C (+/- 3°C) nass geschrumpft werden. Nach dieser Zeitspanne müssen sie vor der Herstellung des Kerns bei einer Temperatur getrocknet werden, die 93°C nicht überschreiten darf.

Hüllengarne müssen für eine Dauer von mindestens 30 Minuten bei einer Temperatur von 71°C (+/- 3°C) nass geschrumpft werden. Nach dieser Zeitspanne müssen sie vor dem Flechten bei einer Temperatur getrocknet werden, die 71°C nicht überschreiten darf.

Bei Armbändern, Gürteln und einer Reihe von anderen Gegenständen aus Paracord ist die Größe wichtig. Ein Armband, das nach dem Schwimmen die Blutzufuhr zur Hand unterbricht, ist definitiv keine gute Sache. Und ein geflochtenes Band, das nach dem Schwimmen uneben oder krumm und schief aussieht ist auch nicht viel besser.

Ich habe verschiedene Seile nach Militärstandard und kommerzielles Paracord von verschiedenen Händlern getestet. Eine Anzahl von Probestücken wurde auf die Länge von 50 Zentimeter zugeschnitten. Ein Schrumpffaktor von zehn Prozent bedeutet bei dieser Seillänge ein Schrumpfen um fünf Zentimeter.

Der erste Test bestand darin, die Seilstücke in einen Topf mit heißem Wasser (ca. 95 Grad) zu werfen. Ich ließ die Seile für 20 Minuten im abkühlenden Wasser. Die gefärbten kommerziellen Seile schrumpften dabei zwischen acht und zwölf Prozent, die meisten lagen zwischen neun und zehn Prozent (Durchschnittswert 9,8%). Dagegen schrumpfte ein khakifarbenes Militärseil nur um 1,4 Prozent und ein weißes kommerzielles Seil um 3,5 Prozent.

Hier ist die Botschaft klar: Für Gürtel und Armbänder schrumpfen Sie am besten das Seil vor der Verwendung in Wasser, das kurz vor dem Sieden ist. Die Dauer sollte dabei mindestens fünf bis zehn Minuten betragen.

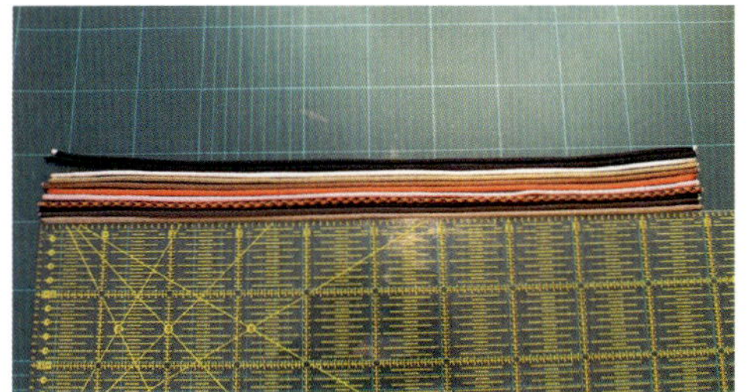

Für den Test werden verschiedene Seile auf eine Länge von 50 Zentimeter gekürzt. Die Proben wurden von paracord.de zur Verfügung gestellt.

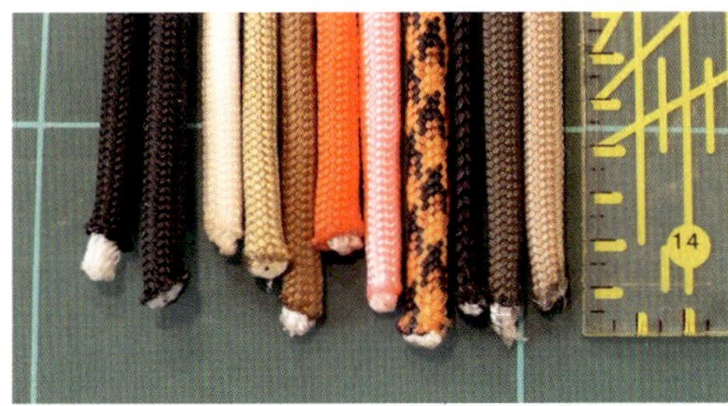

Vor dem Schrumpfen sind die Seilstücke in ihrer Länge leicht verschieden. Für den Test werden die Unterschiede genau dokumentiert.

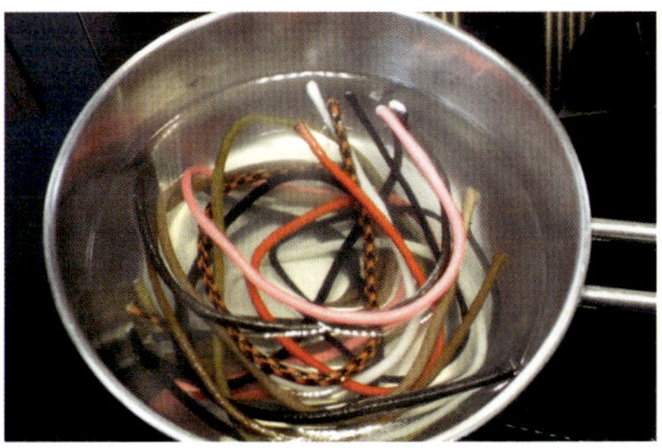

Die Seile werden für 20 Minuten in 95°C heißem Wasser eingeweicht. Wichtig für den Test ist, sie absolut gleichzeitig hineinzutun und wieder zu entnehmen.

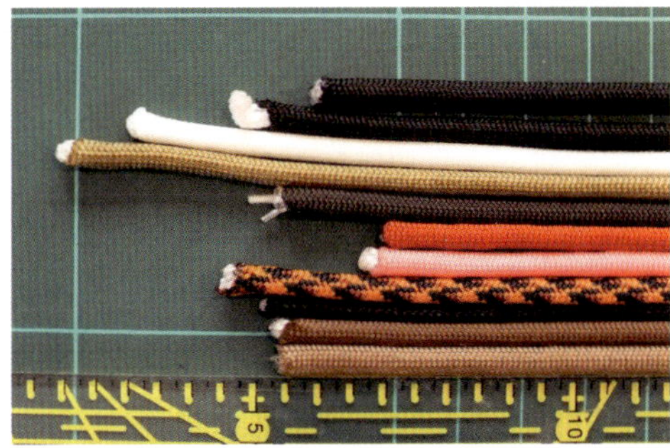

Nach dem ersten Schrumpftest bei 95°C weisen die Seilstücke deutliche Unterschiede zu ihren ursprünglichen Längen auf.

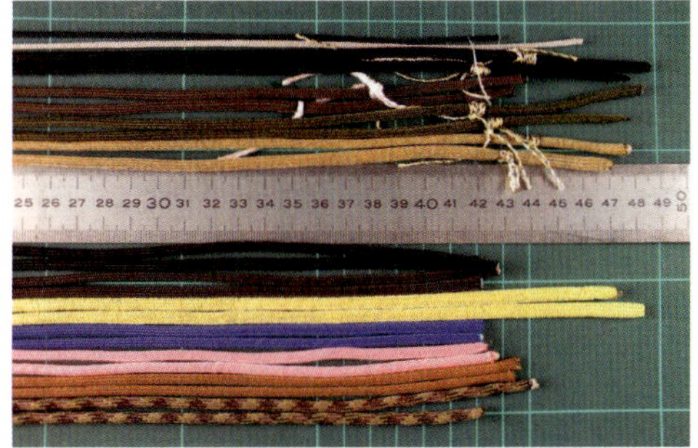

Extremtest: Das Ergebnis nach zehn Minuten in kochendem Wasser. Bei den Militärseilen wurden die Kernfasern zur Identifizierung außen angebunden.

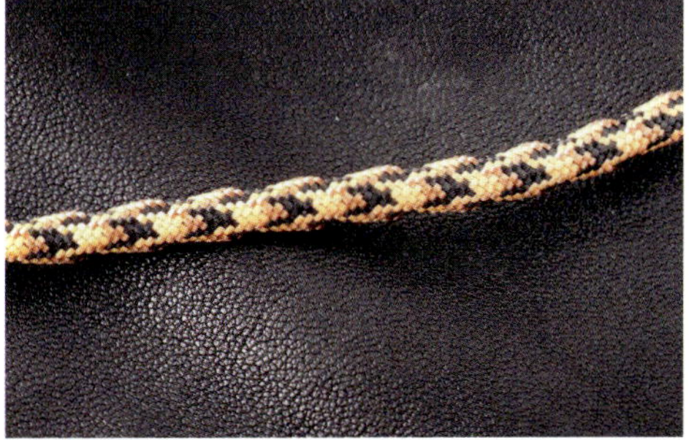

Dieses tarnfarbene Seil ist nach dem Schrumpftest wellig. Das schwarze Garn ist deutlich mehr geschrumpft als die hellen Partien.

In einem zweiten Schrumpftest testete ich sowohl gefüllte Seile als auch leere Hüllen, sowohl nach militärischen Spezifikationen als auch kommerzielle Seile. Für einen brutalen Schrumpftest wurden die Seile zehn Minuten lang gekocht. Die Militärseile schrumpften dabei viel weniger als die kommerziellen Seile. Das Militärseil eines Anwenders schrumpfte um nur 1,6 Prozent, die leere Hülle um ungefähr 2,5 Prozent. Kommerzielles Paracord schrumpfte dagegen um erstaunliche 16 Prozent. Der Unterschied zwischen den gefüllten Seilen und deren leeren Hüllen betrug ungefähr ein Prozent. Tarnfarbenes Seil hat eine Tendenz wellig zu werden, da die dunklen Farben deutlich stärker schrumpfen als die hellen.

Einige Händler schlagen vor, das Seil für 10 bis 15 Sekunden zu kochen, es dann aus dem Wasser zu nehmen und zwischen den Falten eines Handtuchs zu trocknen oder in einem Kleidersack im Wäschetrockner.

Auf jeden Fall gilt: Wenn Sie Gegenstände herstellen, bei denen es auf die genaue Größe ankommt, führen Sie vorher einen Schrumpftest des vollständigen Seils und der leeren Hülle durch, bevor Sie das Paracord abmessen und die benötigte Länge abschneiden.

1.3 Vorbereitung

Wenn wir mit Paracord arbeiten, ist es ratsam, die Enden immer zu verschmelzen, damit sich das Seil nicht aufdröselt. Die dabei entstehende Spitze ist praktisch zum Flechten oder beim Knüpfen eines Türkenbunds und wird auch „Paracord-Nadel" genannt. Sie können entsprechende Nadeln online kaufen, aber ich mache mir seit Jahren meine „Paracord-Nadeln" mit Hilfe von ein paar Tropfen Sekundenkleber selbst. Ganz besonders geschickte Handwerker können sich die Spitze auch durch Anschmelzen erzeugen. Problematisch ist dabei nur, dass der starre Teil meist nicht so lang wird, ohne dass die Schnur anfängt zu brennen.

Diese schmale Spitze ist wichtig, um das Seil zwischen andere Seile hindurch zu schieben oder durch ein Loch zu bekommen oder zu verflechten. Je schmaler, desto besser. Das Ende sollte aber nicht zu spitz sein, damit andere Schnüre nicht durchbohrt werden.

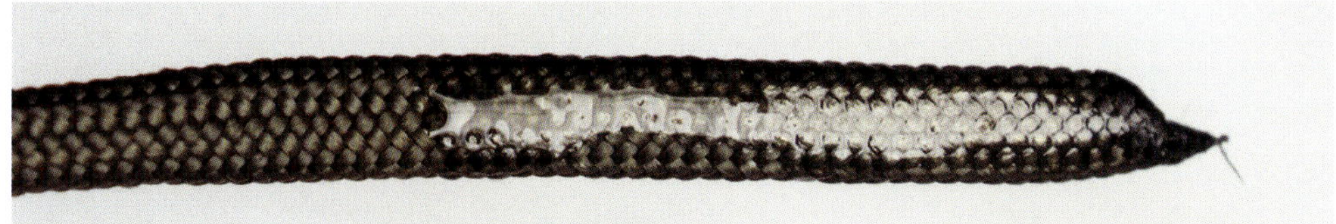

Volles Paracord, dessen Ende in einem Winkel abgeschnitten und mit Sekundenkleber behandelt wurde, ergibt eine wirksame Flechtnadel.

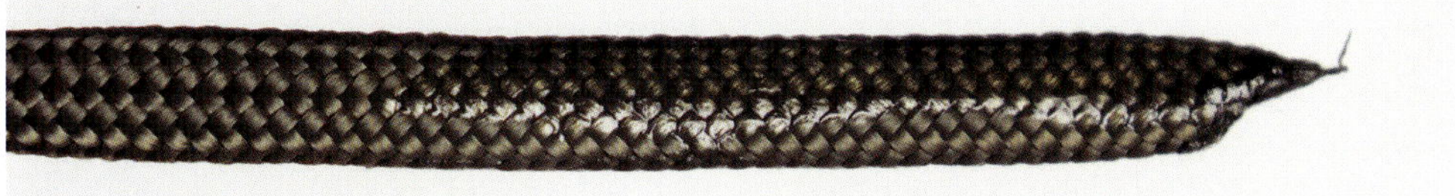

Die Rückseite macht deutlich: Eine kräftige Nadel für alle Arbeiten mit dem Seil.

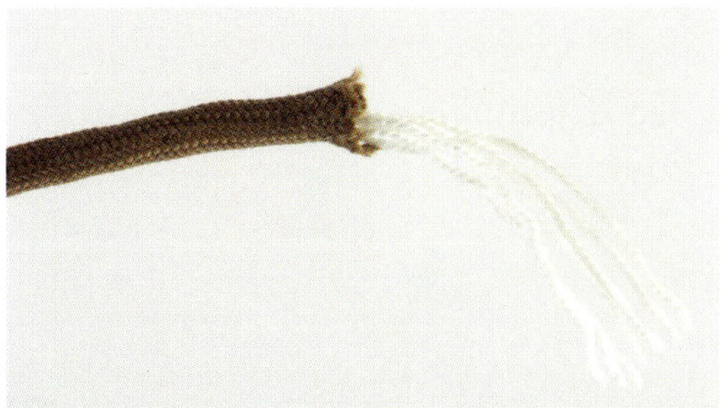

Ziehen Sie die Seele ungefähr drei Zentimeter heraus.

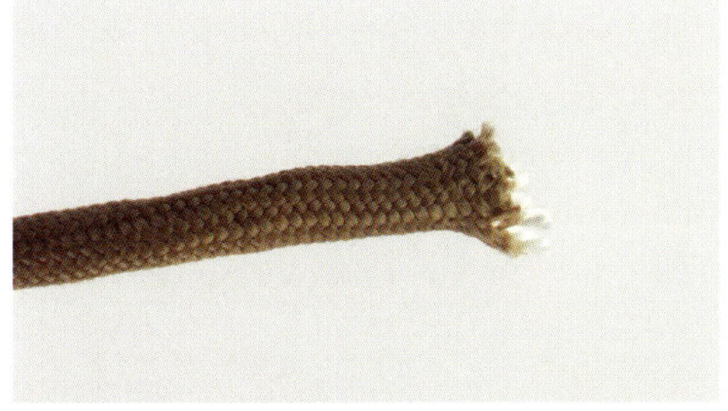

Schneiden Sie die Schnüre ab und ziehen Sie die Hülle wieder vor.

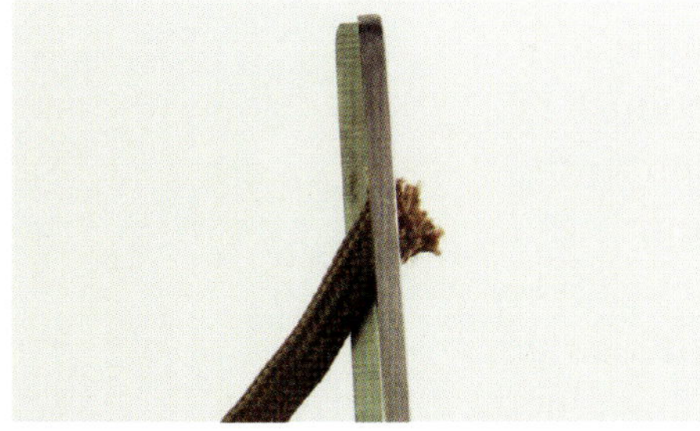

Schneiden Sie das Ende schräg ab. Sie können eine feine Blechschere benutzen oder das Seil auf einem Holzbrett mit einem scharfen Messer abschneiden. Wichtig ist, dass möglichst keine Ausfransungen entstehen.

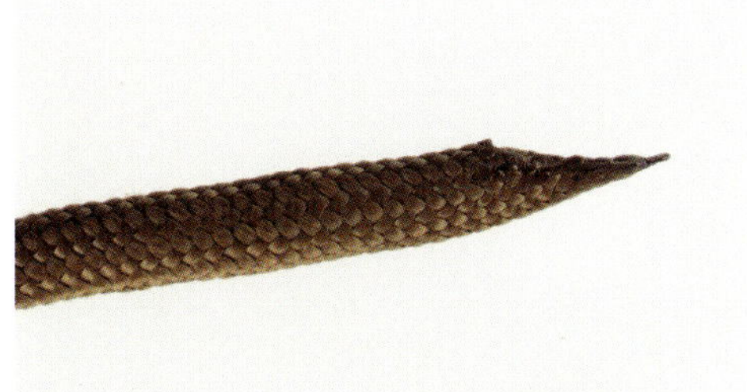

Schmelzen und formen Sie die Spitze. Jetzt haben wir eine schlanke, weiche Spitze, die durch ein relativ enges Loch geführt werden kann. Manchmal geht das mittels eines Marlspiekers oder mit einer feinen Spitzzange.

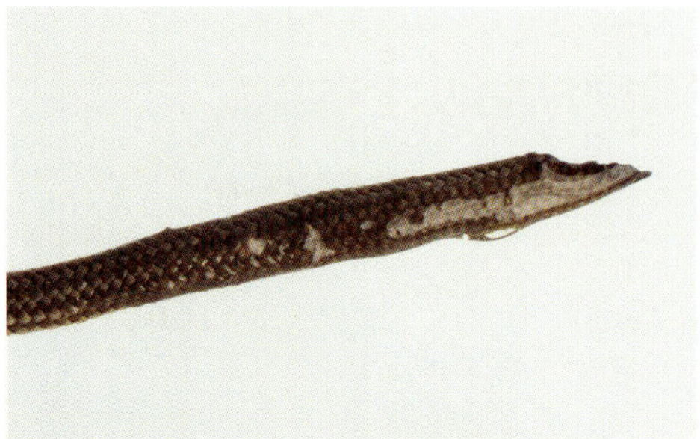

Um an der Schnur eine lange, flache Webspitze herzustellen, werden einige Tropfen Sekundenkleber aufgetragen.

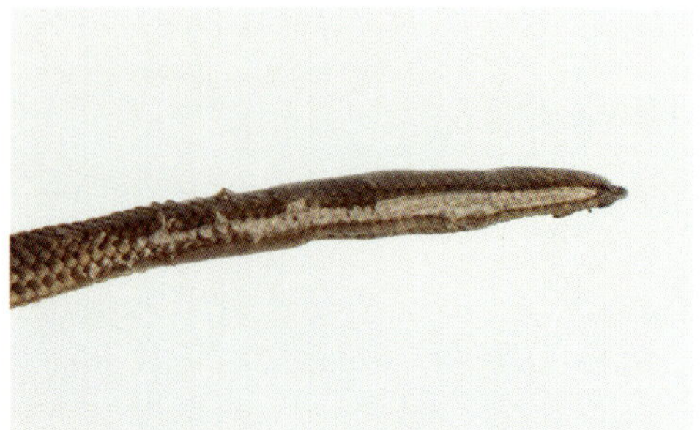

Jetzt ist das flache Flechtende fertig für den Gebrauch. Wichtig ist eine gewisse Steifheit der Spitze.

Das Abschneiden von Paracord führt nicht immer zum schönen, geraden Schnitt, den Sie haben wollen. Wenn Sie Paracord mit dem Messer abschneiden, dann ziehen Sie oft noch eine Anzahl von Schnüren und Fasern mit heraus und ruinieren den Anblick des Seils. Eine gute Blechschere funktioniert oft auch gut, aber für mich erbringen ein scharfes Messer und ein normales Schneidbrett aus der Küche die besten Ergebnisse.

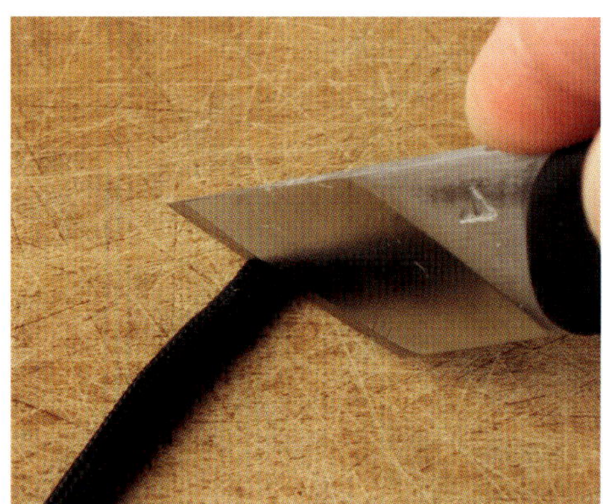

Es funktioniert gut, wenn man das Seil auf einem normalen Schneidbrett (Holz, Plastik) kürzt. Arbeiten Sie mit einem drückenden oder ziehenden Schnitt.

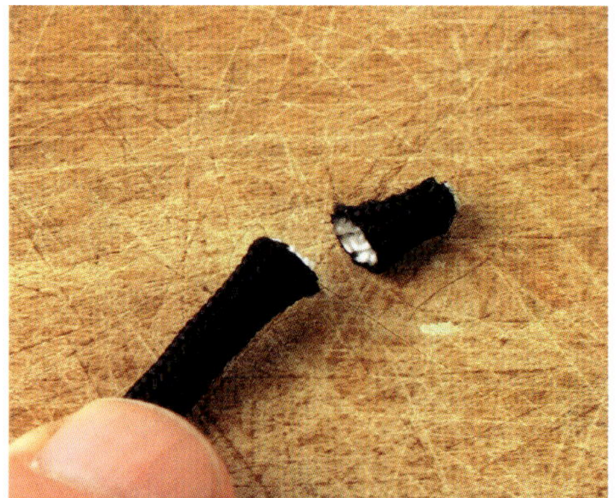

Das Resultat ist ein schöner, gerader Schnitt – manchmal besser als mit einer Schere. Eventuelle Ausfransungen lassen sich vorsichtig abbrennen.

BASISKNOTEN

Diese grundlegenden Seiltechniken und Knoten sind die Basis meiner ganzen Arbeit mit Schnüren. Sie machen 80 Prozent meiner Seilverbindungen aus, die ich jeden Tag durchführe.

2.1 Halber Knoten oder Überhandknoten

Der halbe Knoten am Ende eines Seils verhindert das Ausfransen. Er dient auch als Stopperknoten. Wenn das Arbeitsende des Seils wieder zurück in den Knoten geht, dann wird ein schneller Freigabestopp-Knoten hergestellt. Um etwas herumgewickelt, ist der Überhandknoten die Grundlage für den Kreuzknoten.

Einzelner Überhandknoten.

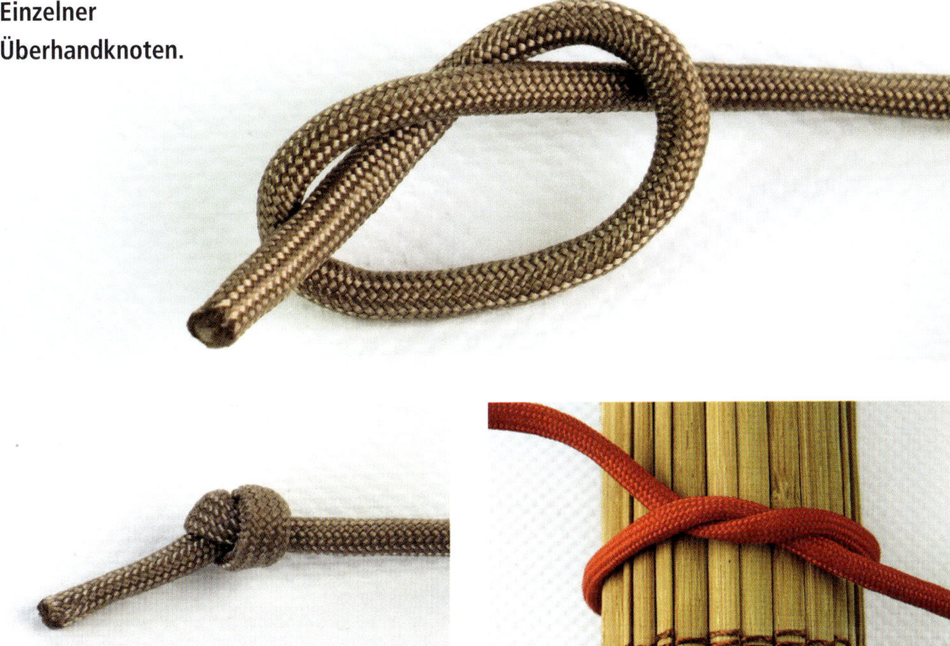

Einzelner Überhandknoten am Seilende festgezogen.

Einzelner Überhandknoten um ein Objekt geknotet. Schneller Freigabestopp-Knoten.

2.2 Der doppelte Überhandknoten

Der doppelte Überhandknoten ist ein guter Stopperknoten, besser als ein einzelner Knoten.

2.3 Der dreifache Überhandknoten

Der dreifache Überhandknoten ist hübsch und ein wenig länger als der doppelte. Er kann ein bisschen mehr Reibung bieten, wenn er als aktiver Gleitknoten verwendet wird.

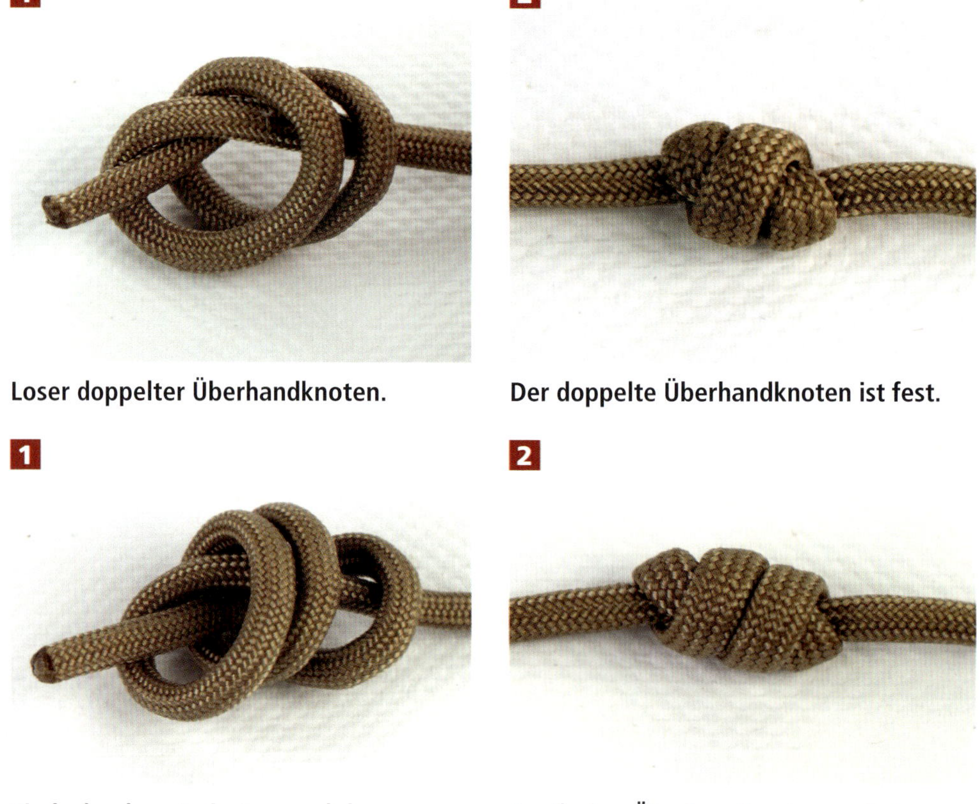

Loser doppelter Überhandknoten.

Der doppelte Überhandknoten ist fest.

Ein locker konstruierter, noch loser dreifacher Überhandknoten.

Dreifacher Überhandknoten nach dem Festziehen.

2.4 Der Fischerknoten

Der Fischerknoten (Spierenstich, Fischerstek) wird dazu benutzt, zwei Taue oder Angelleinen zu verbinden. Um den Fischerknoten zu machen, wird ein Überhandknoten um das Ende eines anderen Seils gemacht, das in die Gegenrichtung geht. Mit dem anderen Ende wird ein Knoten um das erste Seil gemacht. Beide Knoten müssen in dieselbe Richtung gelegt werden, damit sie perfekt nebeneinander passen. Die Knoten werden festgezogen und gegeneinander gedrückt, um eine sichere Verbindung herzustellen. Einige Seil- oder Leinenarten erfordern zwei doppelte Überhandknoten, um die Knoten am Aufgehen zu hindern (in diesem Fall wird der Knoten doppelter Fischerknoten oder doppelter Spierenstich genannt.)

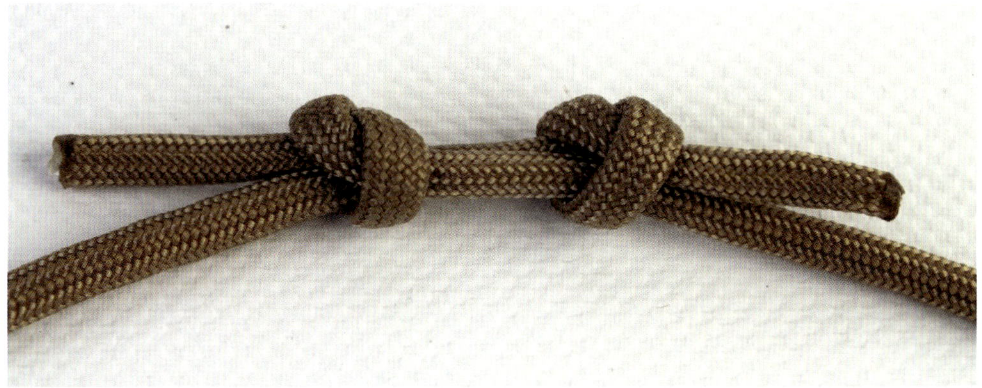

Der Fischerknoten wird aus zwei gegenüberliegenden halben Knoten gemacht.

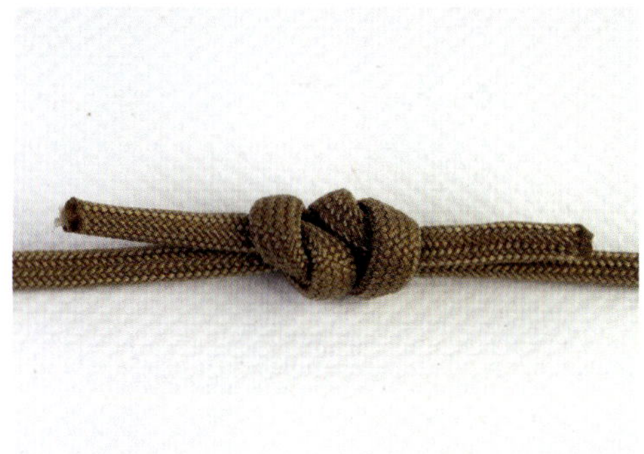

Der festgezogene Fischerknoten. Beide Knoten liegen passend aneinander.

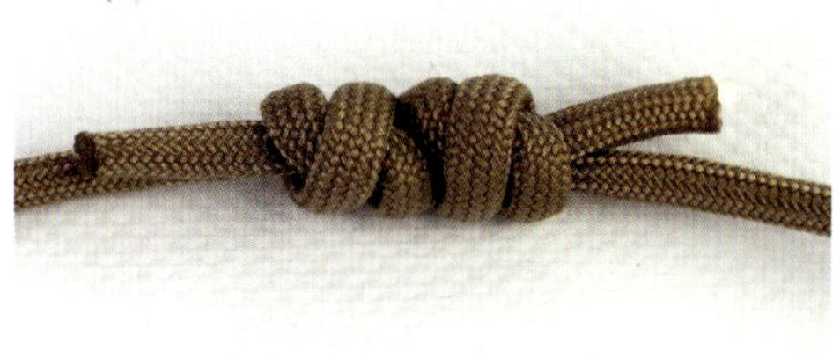

Zwei doppelte Überhandknoten nebeneinander (doppelter Spierenstich).

2.5 Der Kreuzknoten

Der Kreuzknoten besteht aus zwei Überhandknoten – einer links, einer rechts. Er ist ein guter Knoten, um Dinge festzuknoten, nicht um zwei Seile mit einem Knoten zu verbinden. Er kann leicht wieder aufgemacht werden und sollte nur mit zwei Enden desselben Seils gemacht werden.

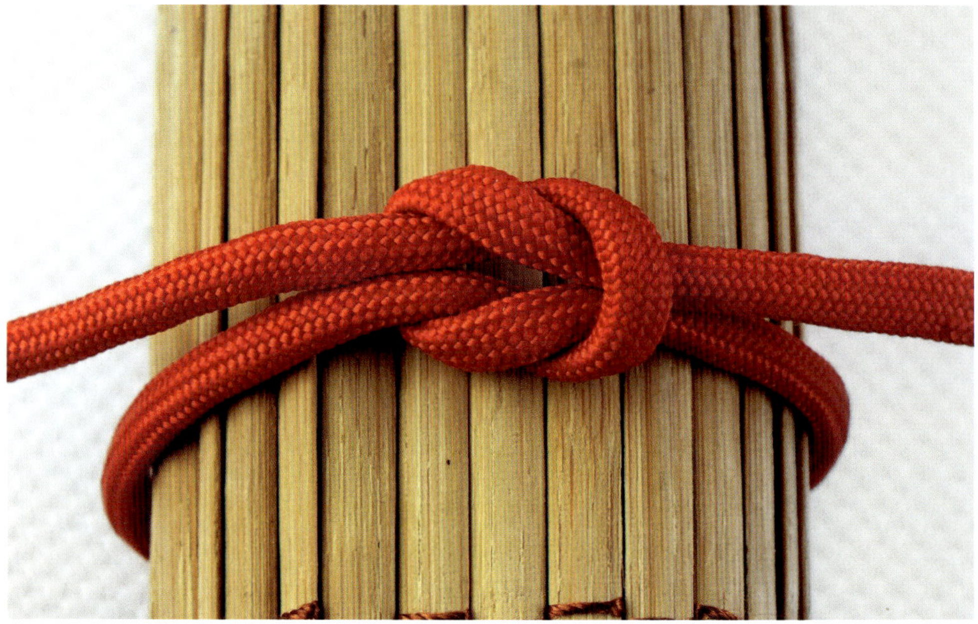

Der Kreuzknoten wird aus zwei entgegengesetzten Überhandknoten gemacht.

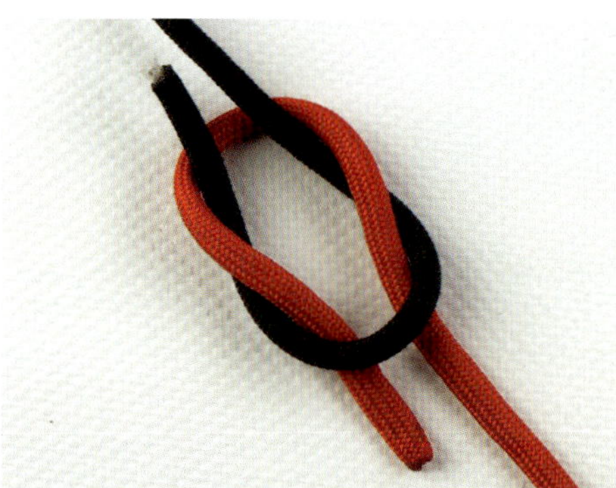

Der Kreuzknoten: zwei Überhandknoten oder zwei verschlungene Kurven.

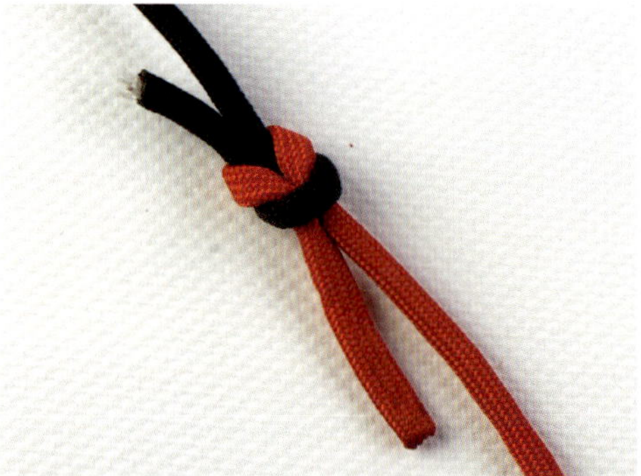

Ein festgezogener Kreuzknoten. Durch Umknicken lässt er sich einfach lösen.

2.6 Der Schotstek

Der Schotstek ist ein sehr guter allgemeiner Gebrauchsknoten. Er ist auch ein Teil des Palstek. Der Schotstek ist besonders nützlich, wenn man Seile verschiedener Durchmesser miteinander verbinden muss. Auch die Verbindung von Paracord und Webschlaufen wird mit dem Schotstek ausgeführt. Er ist stabiler als der Kreuzknoten. Das Aufknoten ist im allgemeinen einfach.

Der Knoten kann einfach gemacht und leicht angepasst werden. Um den Knoten zu lösen ziehen Sie die Schlaufe auf eine Seite und ziehen Sie am Knoten hin und her. Jetzt können Sie Anpassungen vornehmen, indem Sie

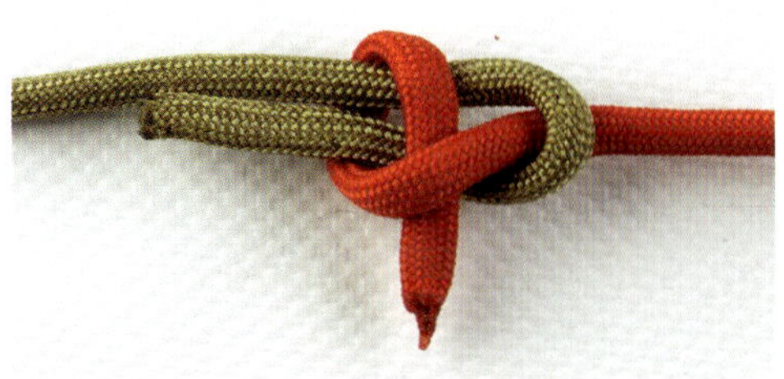

Der Schotstek zeigt seine einfache Struktur. Wenn zwei unterschiedlich schwere Taue zusammengeknüpft sind, wäre das Khaki-farbene das schwerere Seil.

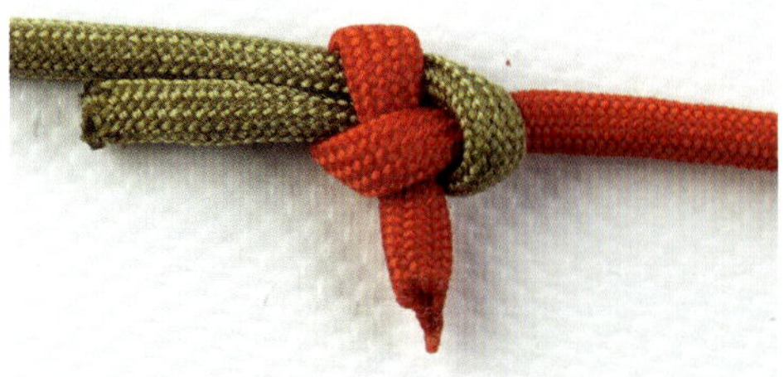

Der festgezogene Schotstek. Stellen Sie sicher, dass die Arbeitsenden sich auf derselben Seite befinden, damit der Knoten optimal gesichert ist.

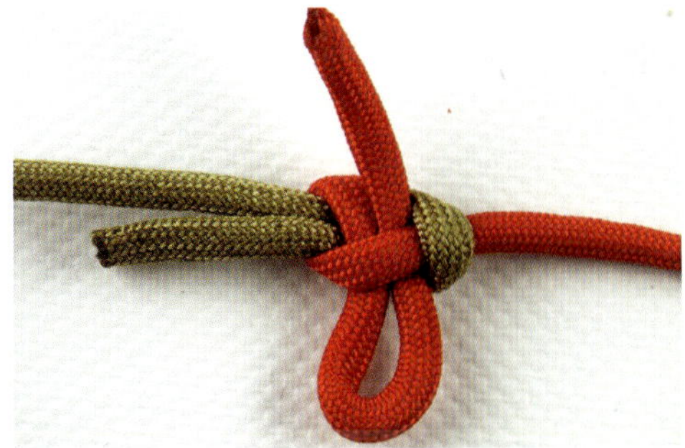

Dieser schnell zu öffnende Schotstek enthält eine Schlaufe zum schnellen Herausziehen.

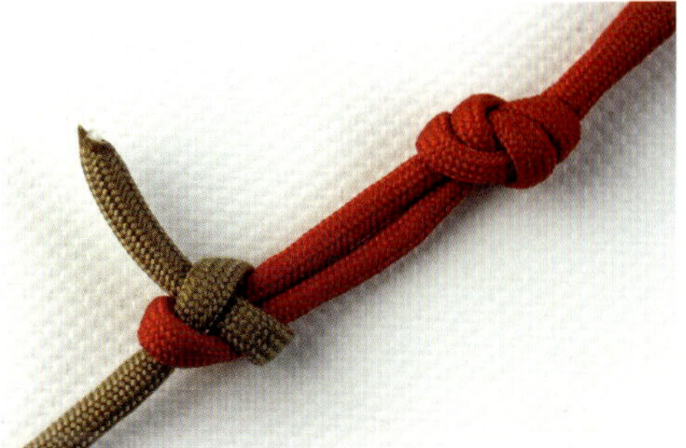

Eine Überhandschlaufe mit Schotstek führt zu einem guten Knoten bei der Montage von Ausrüstung.

entweder am stehenden oder am Arbeitsende ziehen, um die Verbindung enger zu machen oder zu lösen. Ziehen Sie den Knoten selbst wieder stramm! Benutzen Sie den Knoten, wenn Anpassungen zu erwarten sind: bei Schlaufen von Schulterhalftern, Neck Knives und Gürteladaptern.

Bei der Konfiguration von Ausrüstung wird die Kombination einer Überhandschlaufe mit dem Schotstek häufig verwendet. Diese Kombination erlaubt es, hart am Arbeitsende zu ziehen und alles festzuziehen.

2.7 Der doppelte Schotstek

Der doppelte Schotstek ist stabiler als der einfache Schotstek, besonders wenn das Seil an eine schwerere Trosse oder ein Gurtband gebunden wird. Das Seil mit dem kleineren Durchmesser geht immer durch die dickere oder schwerere/steifere Leine.

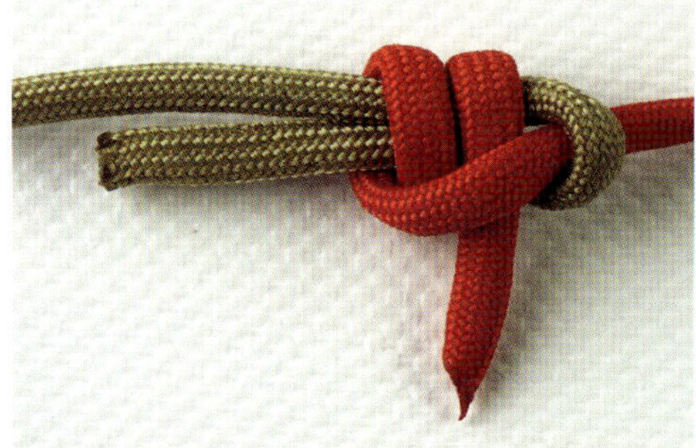

Ein lose geknoteter doppelter Schotstek.

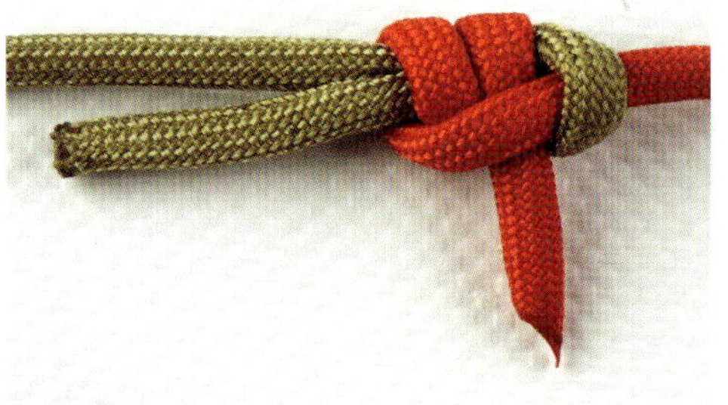

Der doppelte Schotstek ist sehr sicher. Das einzige Arbeitsende geht zweimal unter das stehende Ende.

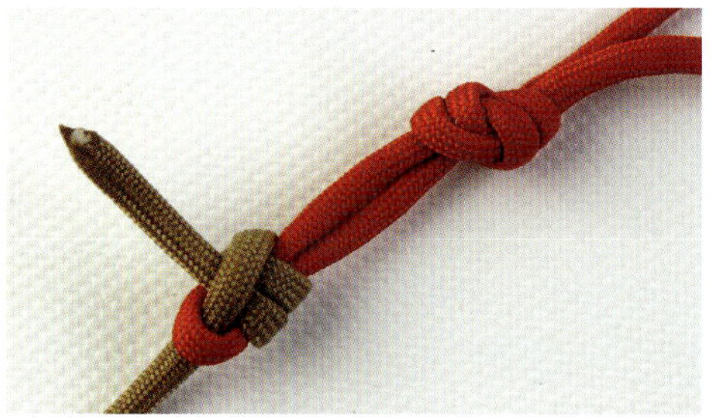

Stabiler als die einfache Ausführung: die Überhandschlaufe mit doppeltem Schotstek.

2.8 Der gesteckte Sackstich

Der gesteckte Sackstich ist ein ausgezeichneter Knoten für Flatline oder Gurtband. Die Basis ist ein einzelner Überhandknoten. Die Schnur, die von der Gegenrichtung kommt, wird dazu verwendet, den Knoten vom Arbeits- bis zum stehenden Ende zu verdoppeln.

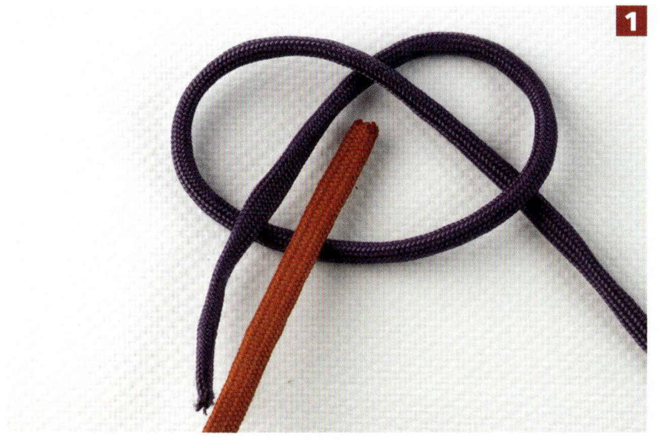

Beginnen Sie den gesteckten Sackstich, indem Sie am ersten Arbeitsende einen Überhandknoten machen.

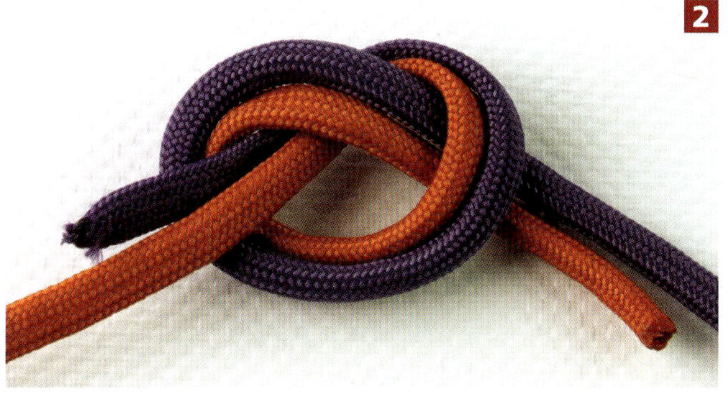

Führen Sie das zweite Arbeitsende parallel zum ersten. Verdoppeln Sie den Knoten in die Gegenrichtung.

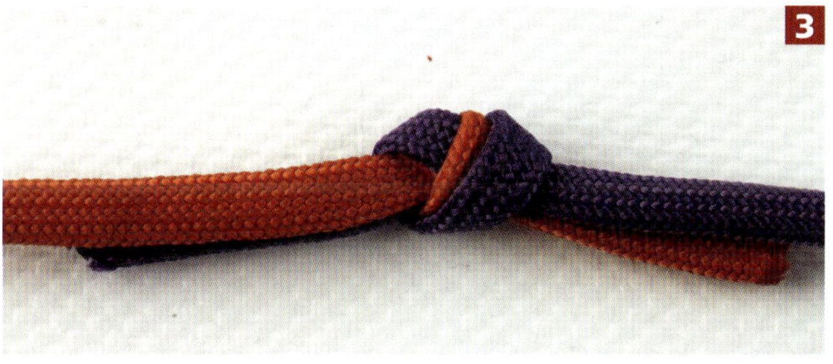

Ziehen Sie den Knoten fest. Stutzen Sie die Enden, schmelzen und formen Sie sie.

SCHLAUFENKNOTEN

3.1 Der Schlaufenknoten (Sackstich)

Der Schlaufenknoten ist die weltweit am meisten verwendete Methode, um einen Knoten zu knüpfen: Nehmen Sie einfach das Seil doppelt und machen Sie mit dem doppelten Seil einen Überhandknoten. Er ist nicht einfach zu entknoten, aber dafür eine sichere Schlaufe.

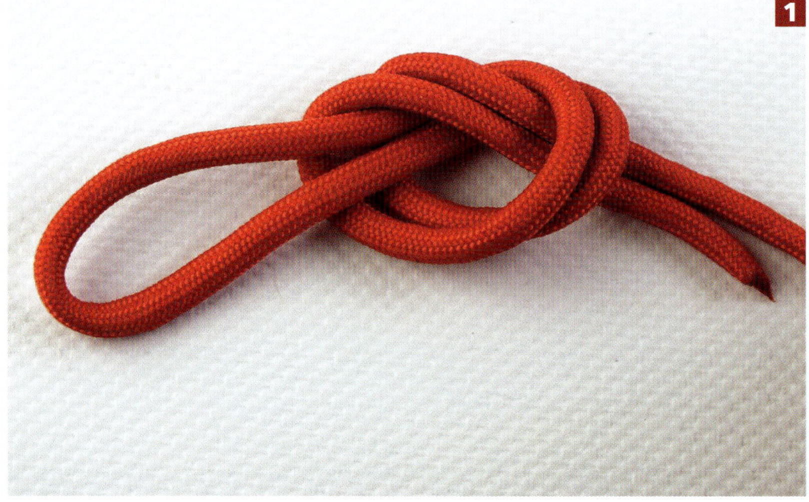

1 Falten Sie das Ende des Seils und machen Sie mit dem doppelten Ende einen Überhandknoten.

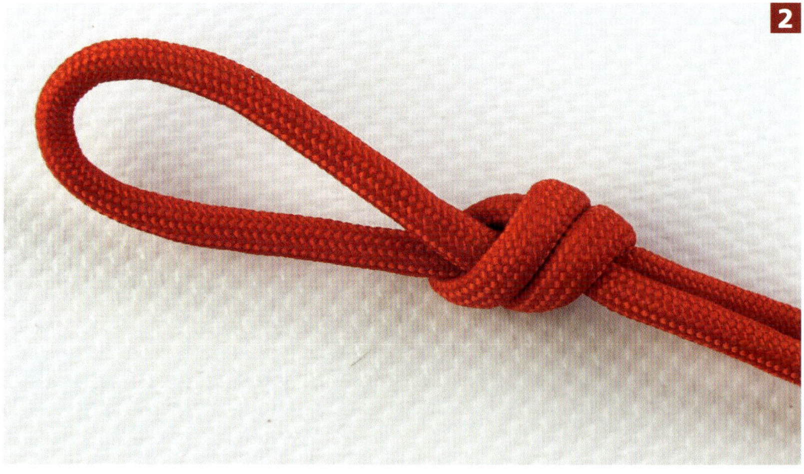

2 Der Schlaufenknoten wird festgezogen. Stutzen Sie das Ende, falls notwendig.

3.2 Der Palstek

Der Palstek ist eine gute Möglichkeit, eine Schlaufe mit dünnem und dickem Seil zu machen. Der Knoten hält nur, wenn er festgezogen ist. Der Knoten ist eigentlich ein Schotstek, der benutzt wird, um eine Schlaufe zu machen. Setzen Sie diesen Knoten ein, falls die Schlaufe wieder aufgemacht werden muss. Dieser Knoten hat seine eigene Version zum schnellen Lösen: Falten Sie das Ende doppelt, wenn Sie zurück in die kleine Schlaufe gehen.

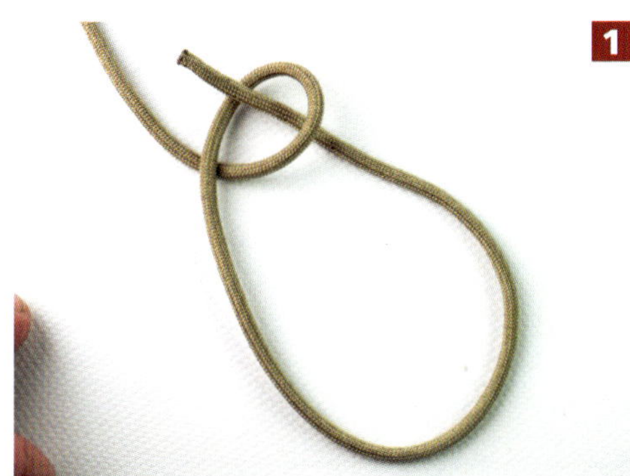

Beginnen Sie mit einer kleinen Schlaufe und einer großen Schlaufe in der nötigen Größe. Führen Sie das Arbeitsende aufwärts durch die kleine Schlaufe.

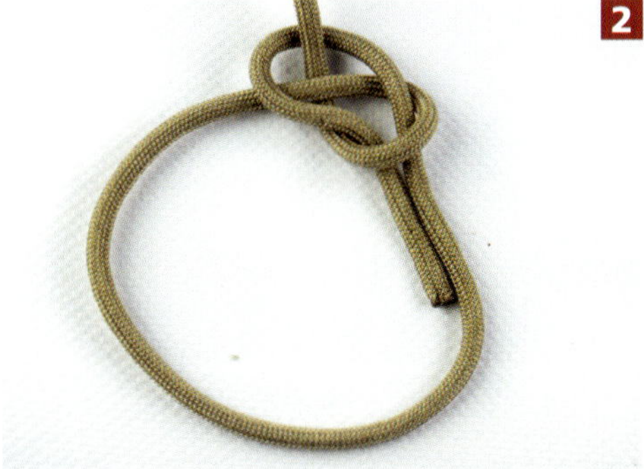

Das Arbeitsende geht um das stehende Ende und dann zurück in die Schlaufe, die dem Seilende am nächsten ist.

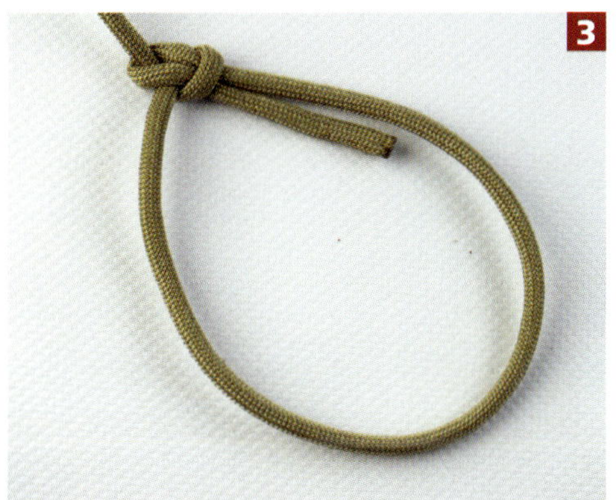

Der Palstek wird festgezogen und ist damit fertig.

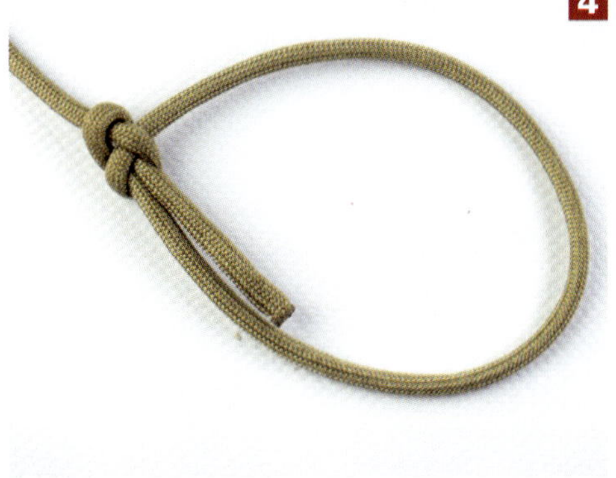

Der Palstek von hinten gesehen. Lösen durch Kippen der linken Schlaufe.

GLEITKNOTEN

4.1 Aktive Gleitknoten

Wenn sie über oder um andere Seile gemacht werden, dann funktionieren einfache, doppelte und dreifache Knoten als aktive Gleitknoten. Das kann zum Beispiel ein einstellbares Gleitsystem für ein Lanyard an einem Messer, eine Schlaufe für ein Neck Knife oder Paracord-Schmuck sein (Armreifen und Halsbänder). Doppelte und Dreifach-Knoten funktionieren besser als die einzelnen Knoten eines einfachen Fischerknotens. Sie sind stabiler und die Zugspannung ist einfacher einzustellen.

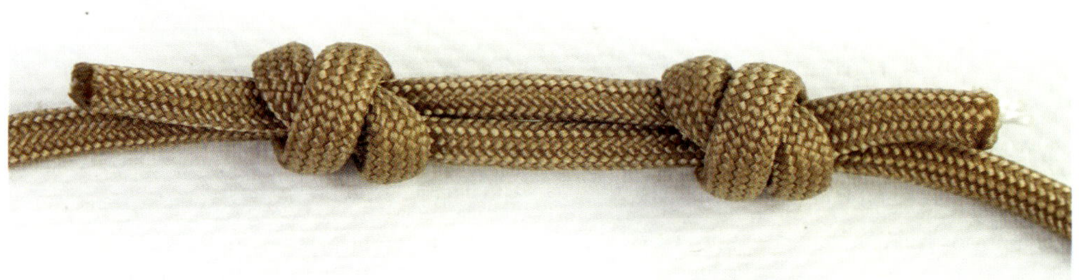

Zwei doppelte Gleitknoten machen dieses Halsband funktionsfähig.

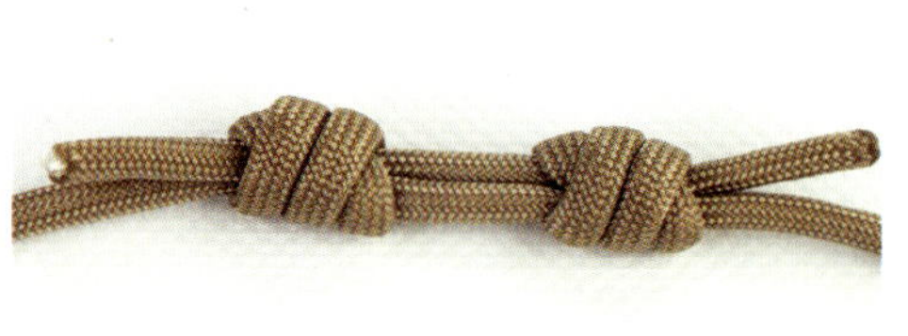

Zwei dreifache Knoten ergeben ein gut einstellbares System für Halsbänder oder Scheiden von Neck Knives.

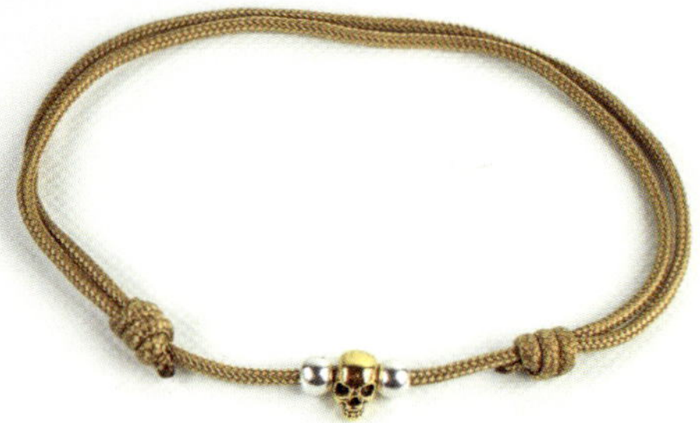

Dieses Halsband aus goldenem Paracord Typ II und Schmuckperlen besitzt zwei dreifache Knoten.

4.2 Statische Gleitknoten

Um eine verschleißfreie Schlaufe zu erzeugen, kann man eine Kausch nehmen, um das Paracord-Objekt mit einem Schlüsselring zu verbinden. Das wird zum Beispiel bei einzelnen Seil-Anhängern und eckigen und runden Schlüsselring-Anhängern gemacht. Hier wird ein doppelter oder dreifacher Knoten verwendet.

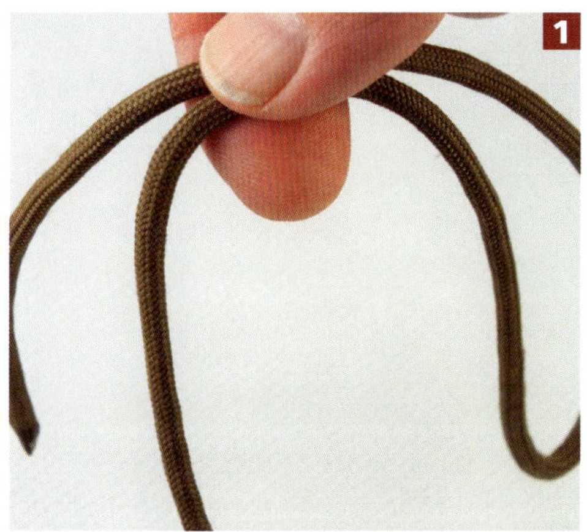

Machen Sie eine Schlaufe und halten Sie die Enden zwischen den Fingern.

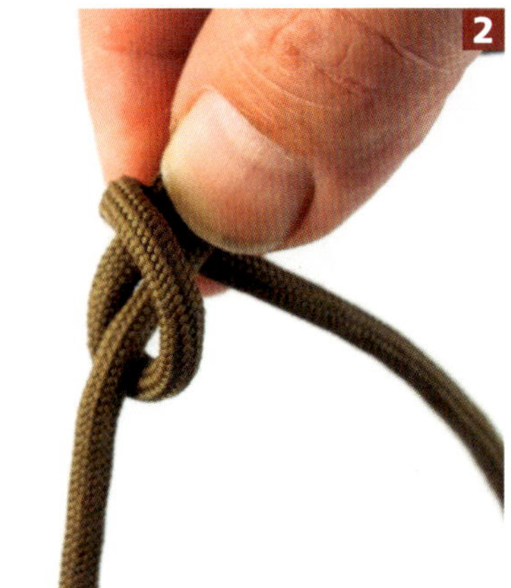

Nehmen Sie das Arbeitsende, drehen Sie es herum und führen Sie es hinter dem stehenden Ende nach unten.

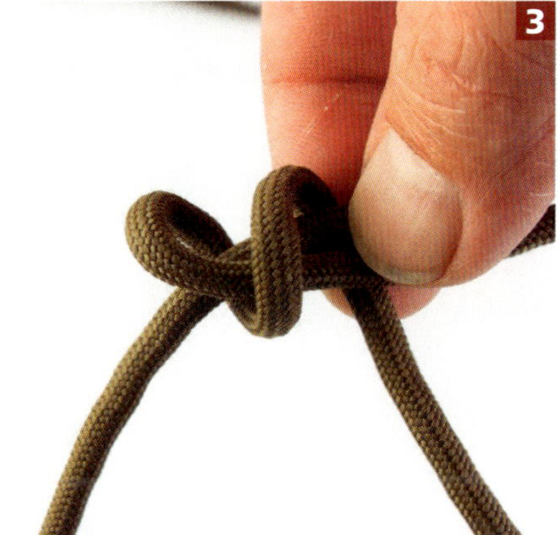

Führen Sie das Arbeitsende ein zweites Mal um die Schlaufe herum.

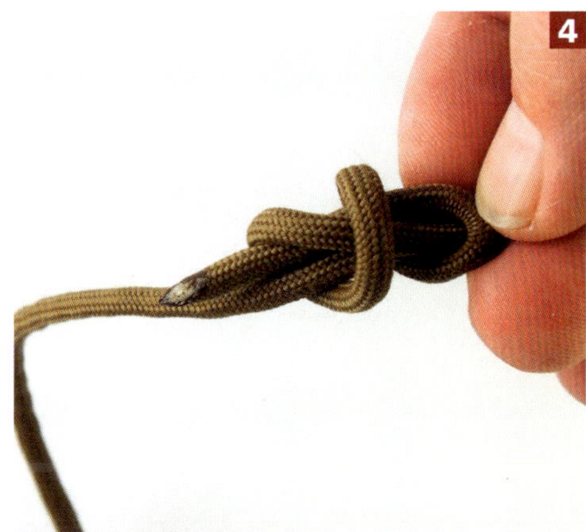

Bringen Sie das Ende durch beide vorherigen Schlaufen nach links.

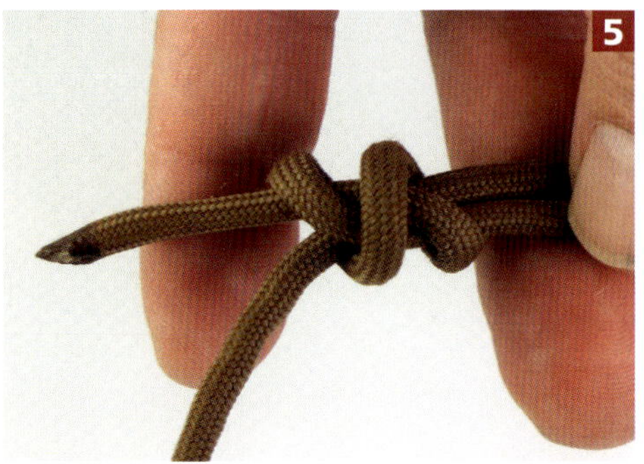

Ziehen Sie die Schlaufen fester, um den Aufbau zu prüfen.

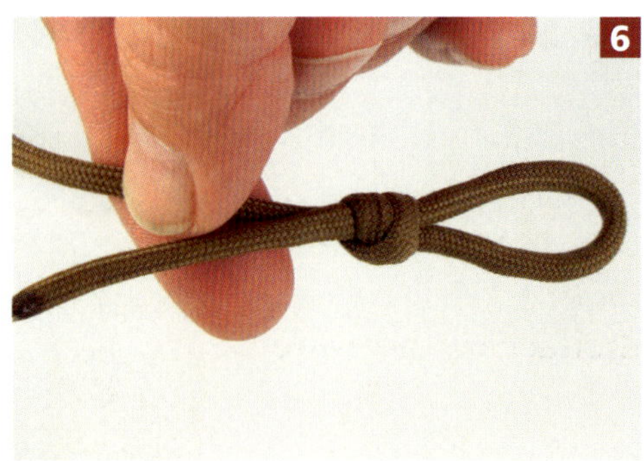

Der Knoten ist fest.

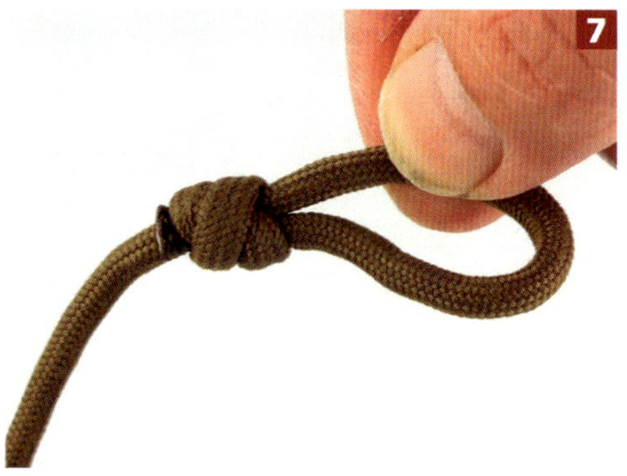

Das Arbeitsende wird gestutzt, geschmolzen und geformt.

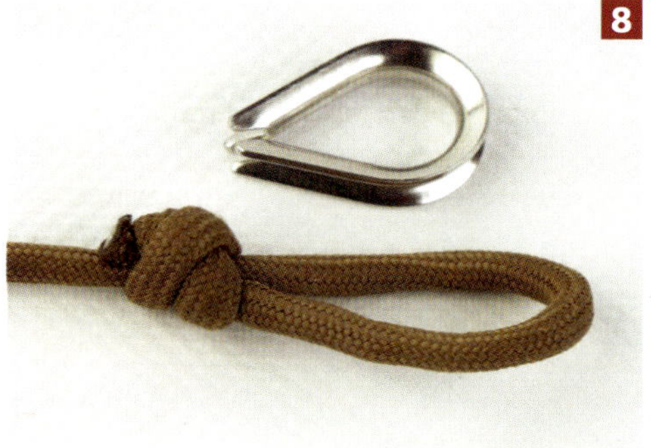

Die Schlaufe und eine Kausch. Stellen Sie sicher, dass das Seil vom Durchmesser her gut in die Rinne der Kausch passt.

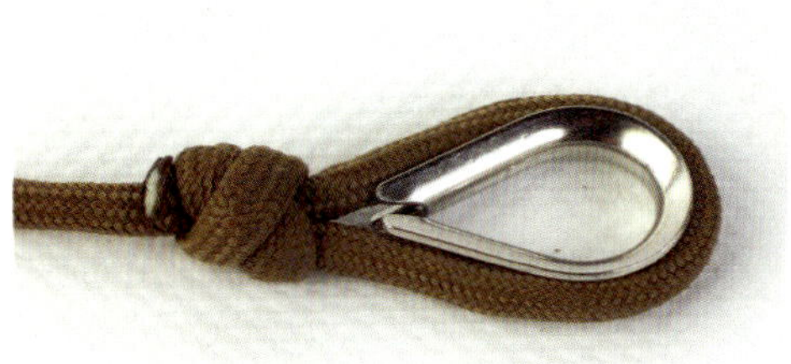

Positionieren Sie die Kausch in der Schlaufe. Das Seil müsste jetzt etwa zu einem Drittel in der Kausch verschwinden.

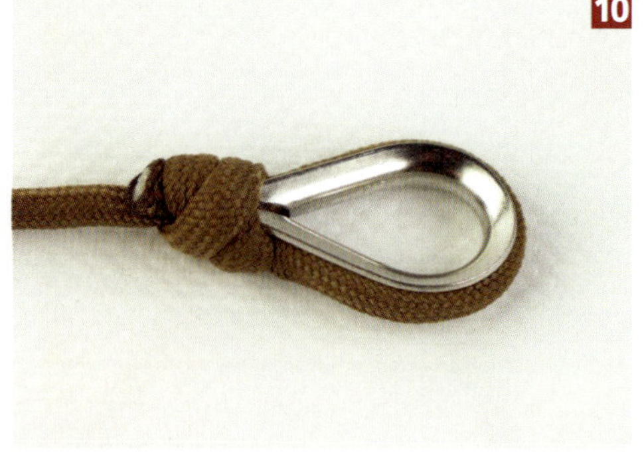

Ziehen Sie die Schlaufe so fest wie möglich. Wie Sie sehen, verschwinden die Kanten der Kausch im Knoten.

Hier eine Möglichkeit, um einen ballförmigen Anhänger mit einem einzigen Seil an einem Klappmesser zu befestigen, das ein kleines Loch im Griff hat.

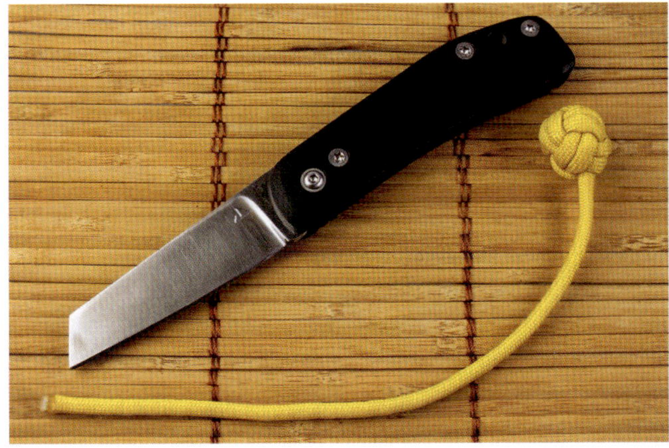

Friction Folder mit einem ballförmigen Anhänger. Das Paracord ist ungefähr 18 cm lang.

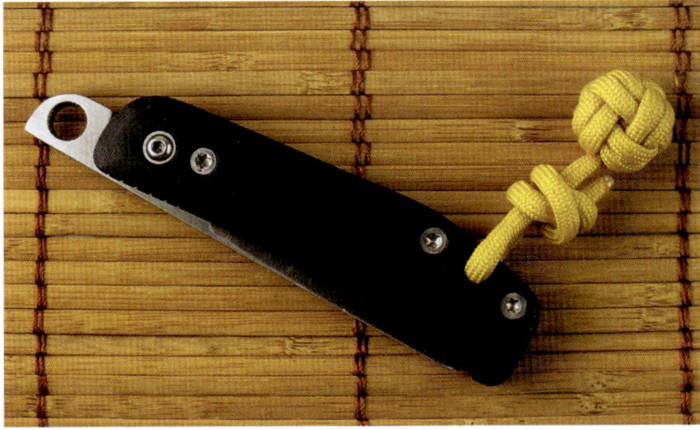

Der Anhänger-Ball ist lose an das Messer geknüpft. Sie benötigen genügend Seillänge, um den Knoten zu knüpfen. Falls die Endlänge zu lang ist, kann das Seil durch den Knoten gezogen werden. Der Überschuss kann abgeschnitten und geschmolzen werden.

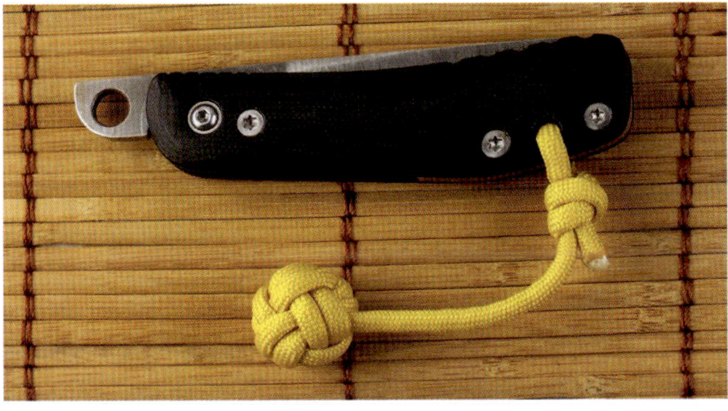

Der Anhänger-Ball ist befestigt, der Knoten wurde festgezogen.

BEFESTIGUNGSKNOTEN

5.1 Der Webleinenstek

Der Webleinenstek oder Mastwurf kann dazu benutzt werden, ein Seil an ein rundes Objekt wie zum Beispiel einen Pfahl, eine röhrenförmige Struktur oder einen Ast zu binden.

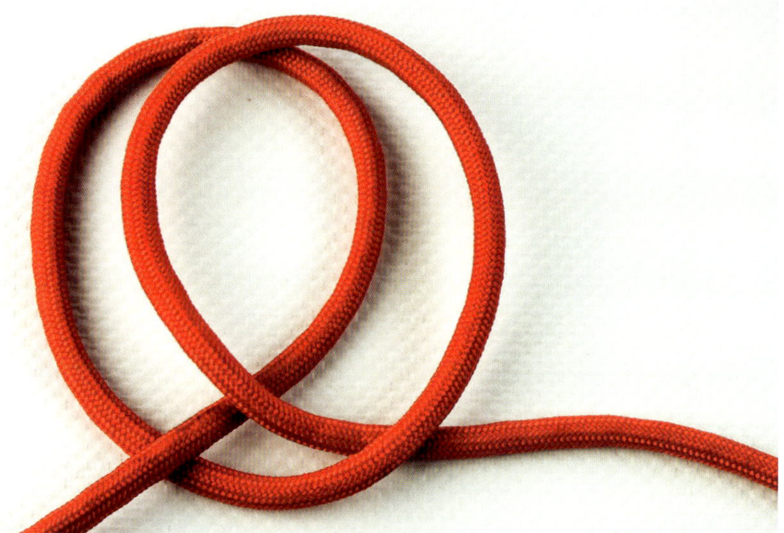

Der Webleinenstek ist aus zwei halben Knoten aufgebaut. Auf diese Weise kann er über einer Stange platziert und dann festgezogen werden.

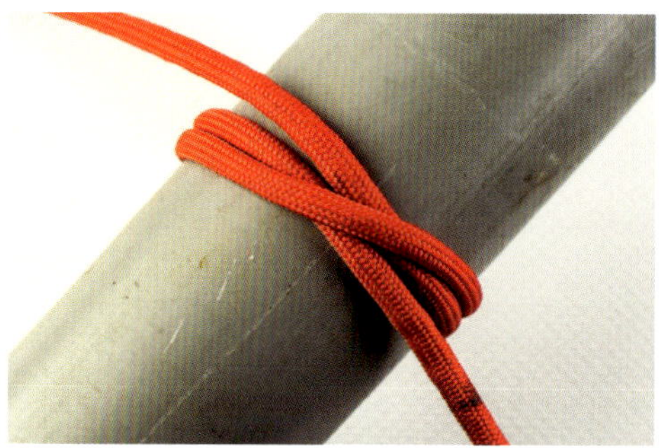

Der Webleinenstek über einer Stange.

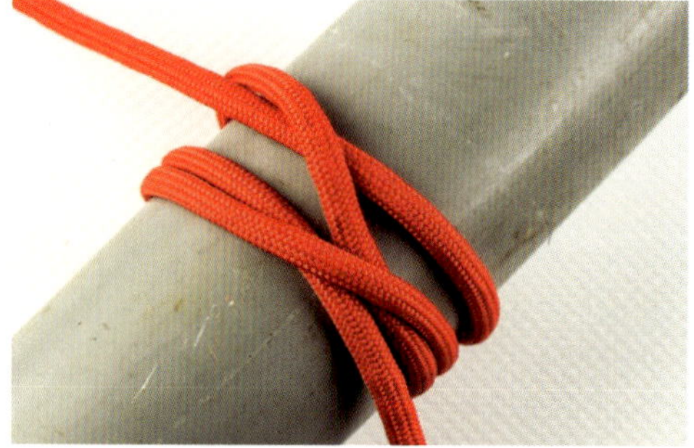

Der Webleinenstek wird mit einem zusätzlichen halben Knoten noch sicherer.

5.2 Der Ankerstich

Der Ankerstich kann dazu benutzt werden, eine Schlaufe oder ein Lanyard an ein Seil oder einen Ring zu hängen. Wir haben ihn für ein Schulterhalfter benutzt. Hier eine Möglichkeit, um einen ballförmigen Anhänger mit einem einzigen Seil an einem Klappmesser zu befestigen, das ein kleines Loch im Griff hat.

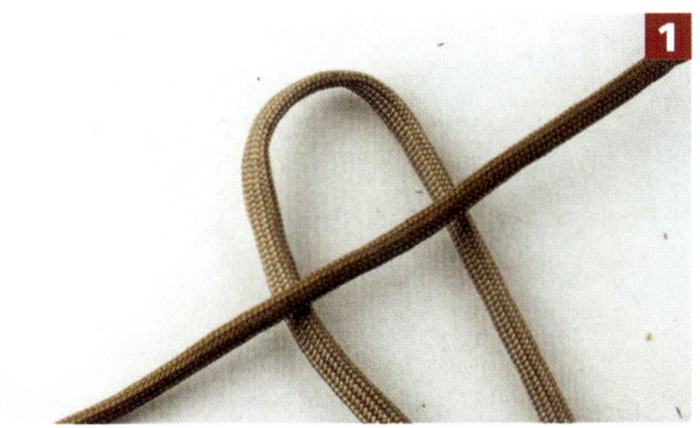

Der Ankerstich beginnt mit der Schlaufe unter dem Hauptseil.

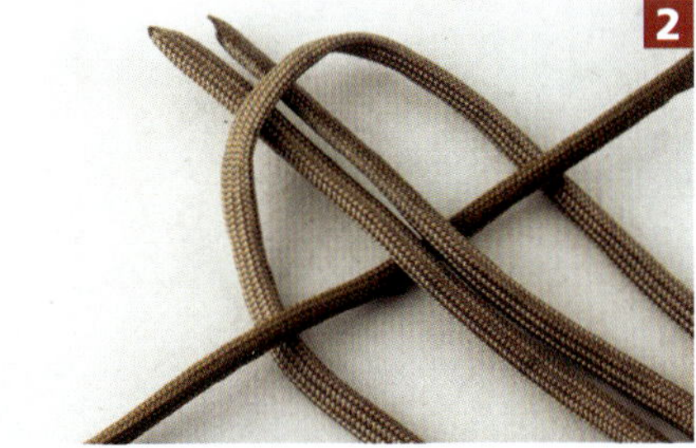

Die Enden der Schlaufe gehen über das Hauptseil und unter die Schlaufe.

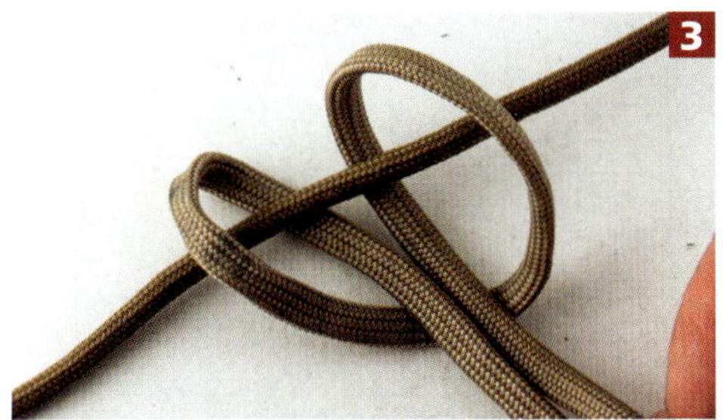

Die Enden der Schlaufe werden durchgezogen und nach unten gebracht, so dass der Aufbau des Knotens sichtbar wird.

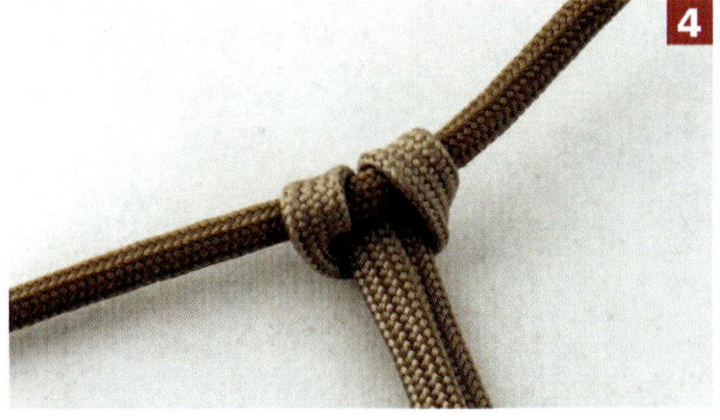

Der Ankerstich wird festgezogen. Dieser Knoten ist sehr sicher, wenn beide Enden festgezogen werden oder wenn der Knoten zusammen mit einer Überhandschlaufe benutzt wird.

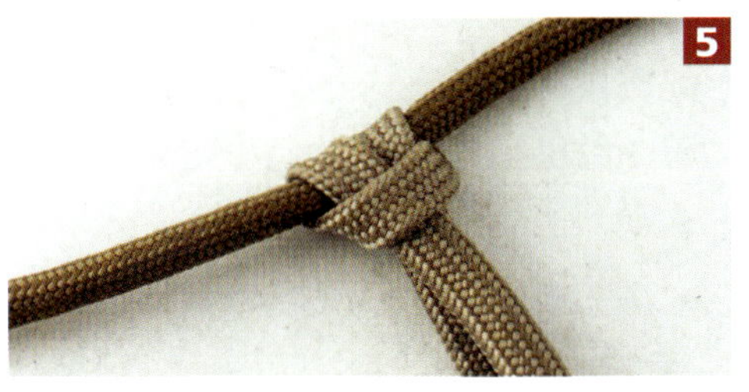

Der Ankerstich von der anderen Seite gesehen.

GENÄHTE VERBINDUNGEN

Einige Entwürfe können sehr hübsch sein, wenn zwei Farben von Paracord oder Flatline zusammengenäht werden. Die Stärke einer genähten Verbindung ist viel schwächer als ein ordentlicher Knoten, da nur die Umhüllung benutzt wird. Volles Paracord wird am besten mit einer leeren Umhüllung überstülpt und zusammengenäht oder Seite an Seite vernäht. Die Enden der Ummantelung werden zurückgezogen und die inneren Schnüre ein bisschen kürzer geschnitten. Dann wird die Hülle wieder darübergeschoben, sauber abgeschnitten, geschmolzen und geformt. Die leere Hülle kann mit bis zu drei Zentimetern der Ummantelung entweder innen beziehungsweise darüber angenäht werden oder Seite an Seite.

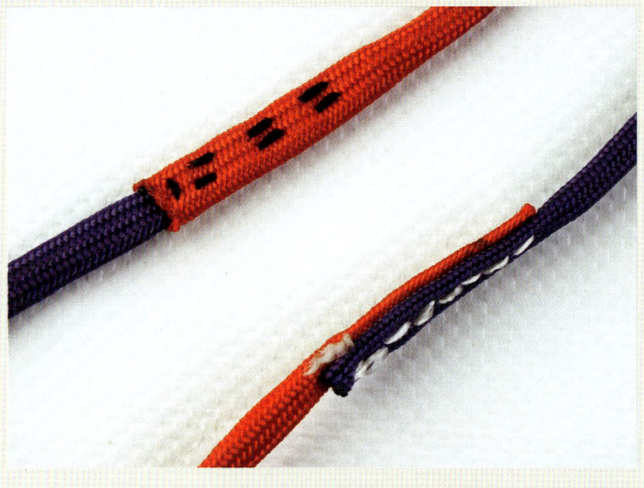

Die erste genähte Verbindung wurde gemacht, indem ein Ende in das andere eingeschoben wurde. Bei der zweiten wurden beide Enden flach aneinandergenäht.

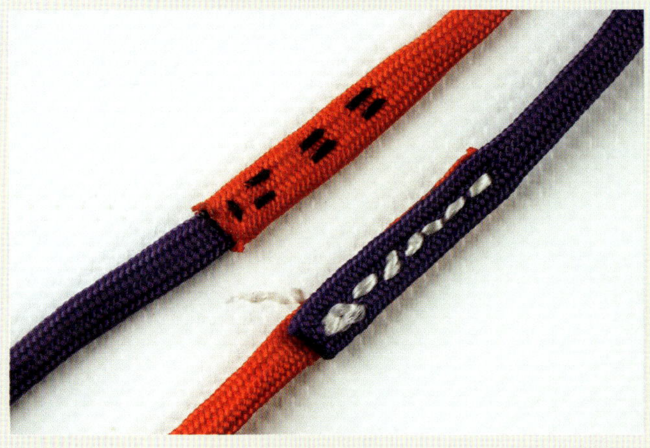

Die vernähten Verbindungen sind ungefähr 30 mm lang.

CORD LOCKS (PLASTIKSTOPPER)

Cord Locks sind kleine, gefederte Elemente mit Löchern, durch die ein Seil geführt werden kann, wenn der Kolben nach unten gedrückt wird. Wenn der Kolben wieder losgelassen wird, werden die Seile festgehalten. Cord Locks werden oft an elastischen Seilen von Jacken und bei Seilen an Rucksäcken benutzt. Sie gibt es in verschiedenen Typen und Formen bei Internetshops für Paracord.

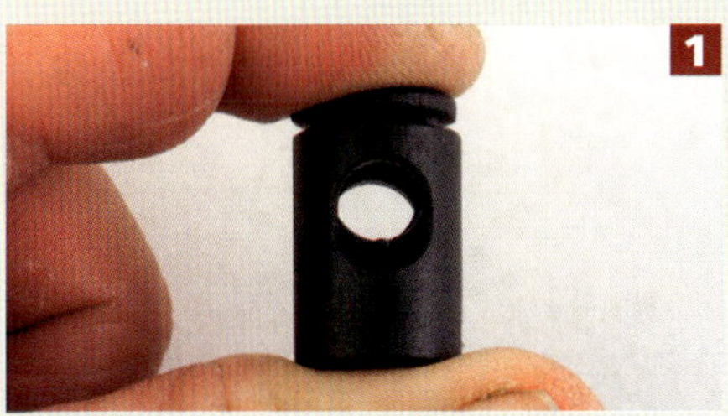

Wenn der Cord Lock zusammengepresst wird, lässt sich das Seil durch die nun entstandene Öffnung führen.

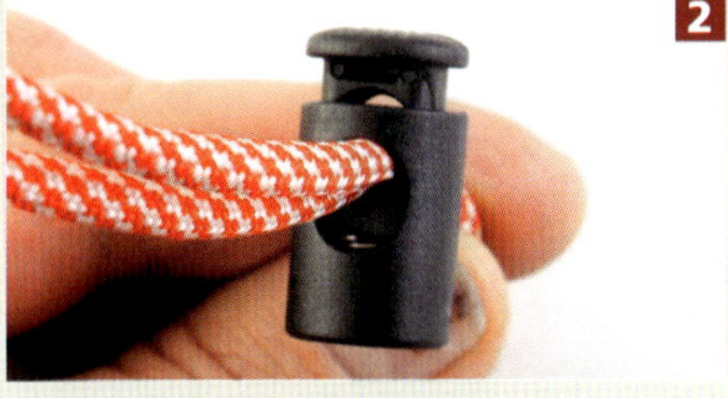

Dieser Cord Lock hat ein Loch in vernünftiger Größe und kann leicht zwei Seile vom Typ III aufnehmen.

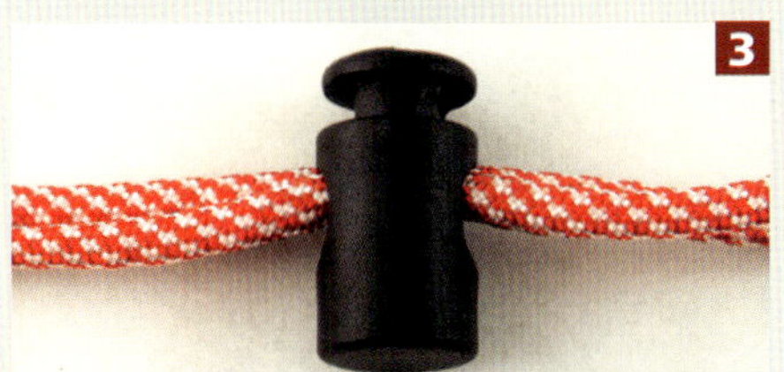

Platz ist genug vorhanden, aber die Seile können in einem Cord Lock verrutschen, wenn die Zugkraft groß genug ist.

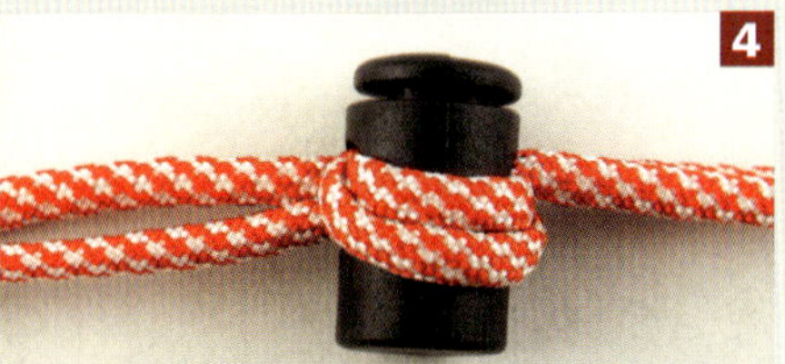

Falls das Seil nicht schnell justierbar sein muss und der Verschluss nicht verrutschen soll, dann kann das Seil zweimal durchs Loch geführt werden.

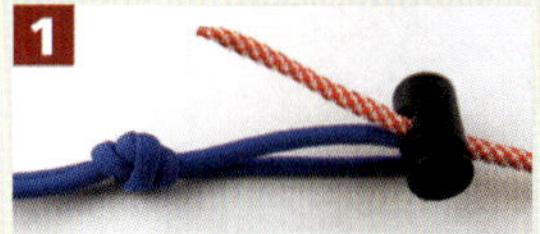

Um den Verlust eines Cord Locks zu verhindern kann dieses in eine Überhandschlaufe platziert werden.

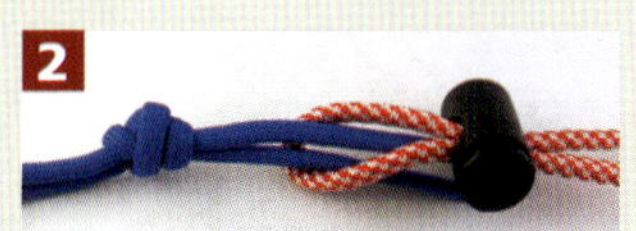

Das Seil durch das Cord Lock führen, um die Überhandschlaufe herum, und wieder zurück durch das Loch im Verschluss.

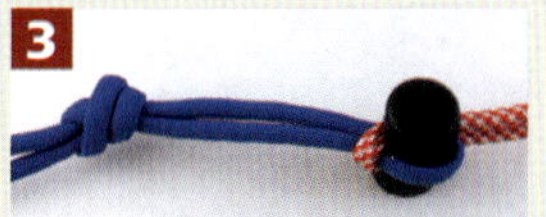

Wenn das Seil jetzt fest angezogen wird, ist es sicher verschlossen. Dennoch ist es einfach, es wieder zu öffnen.

DER TÜRKENBUND

Türkenbünde werden schon seit Jahrhunderten auf Segelbooten und Schiffen verwendet. Der Türkenbund oder türkische Bund kann auf funktionale oder dekorative Weise genutzt werden. Er kann als Handschutz oder Knauf fungieren.

Ich werde Ihnen verschiedene Türkenbünde mit leerem Mantel und vollem Paracord zeigen. Versuchen Sie einen Türkenbund mit vollem Paracord, einfach oder doppelt zu machen. Wenn das zu dick wird, gehen Sie zurück zum Türkenbund aus einfachem Seil. Falls das Ergebnis immer noch zu dick ist, dann können Sie den Knoten lösen, abschneiden und das Ende verkleben. Wenn Sie diese Varianten ausprobieren, kostet es Sie nicht mehr als ein bisschen Zeit, denn es wird dabei kein Seil verschwendet.

6.1 Der 3x5-Türkenbund

Der sogenannte 3x5-Türkenbund ist der gebräuchlichste aller Türkenbünde. Da seine Form auf dem einfachen Zopf mit drei Strängen basiert, ist es einfach zu erkennen, wo das Seil während der Arbeit hin muss. Wenn Sie mit einem 3x5 angefangen haben, das Objekt zu groß ist und der Zopf zu mager aussieht, ist es nicht kompliziert, mehr Seilschlaufen zu addieren.

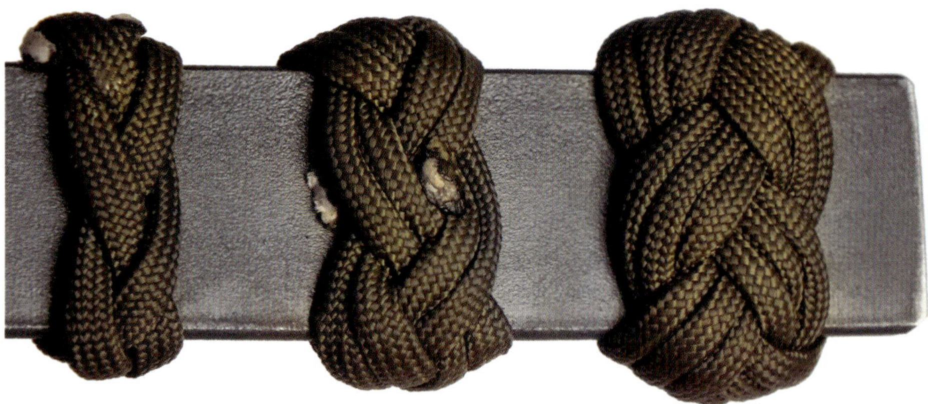

Beispiel eines einfachen, verdoppelten und dreifachen 3x5-Türkenbunds.

Der Türkenbund kann in zwei Richtungen ausgeführt werden: als linksgewundener oder rechtsgewundener Knoten. Der linksgewundene Knoten ist das Spiegelbild des rechtsgewundenen Knotens.

Der rechtsgewundene 3x5-Knoten

Der rechtsgewundene Türkenbund: Machen Sie den Knoten auf Ihrer linken Hand mit dem Arbeitsende in der rechten.

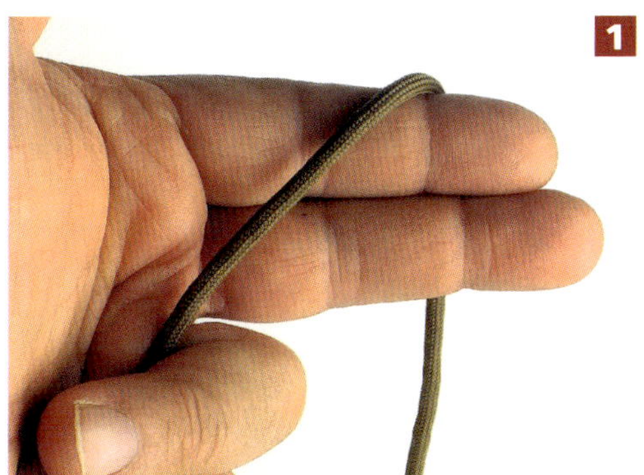

Messen Sie etwa sechs Umrundungen des Seils um Ihre Hand. Halten Sie das Seil mit dem Arbeitsende über Ihren Fingerspitzen.

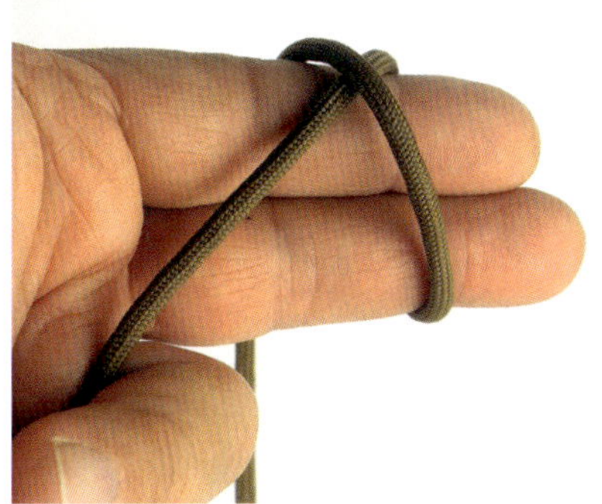

Beginnen Sie den Türkenbund, indem Sie das Seil hinter den Fingern und über das stehende Ende nach links oben führen.

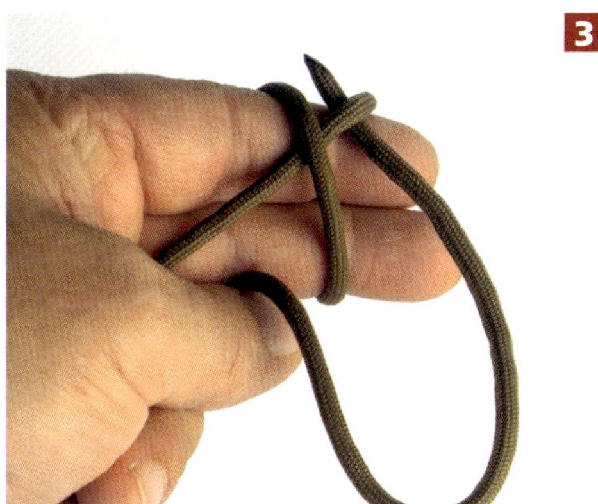

Das Arbeitsende geht senkrecht hinter der Hand nach unten und kommt auf der rechten Seite wieder nach vorne und oben, um unter das obere rechte Seilstück geschoben zu werden.

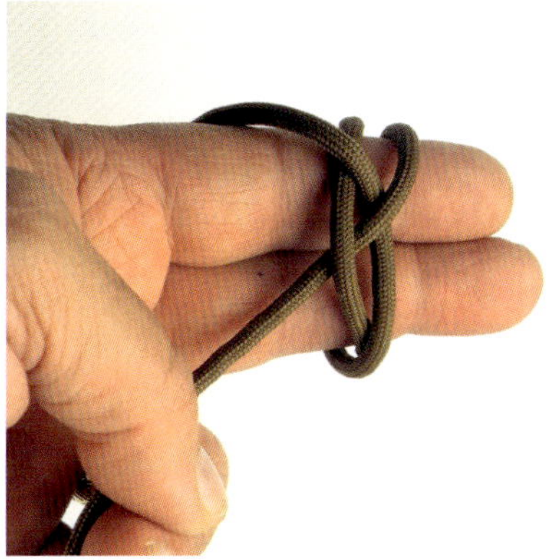

Das Arbeitsende wird vollständig durchgezogen.

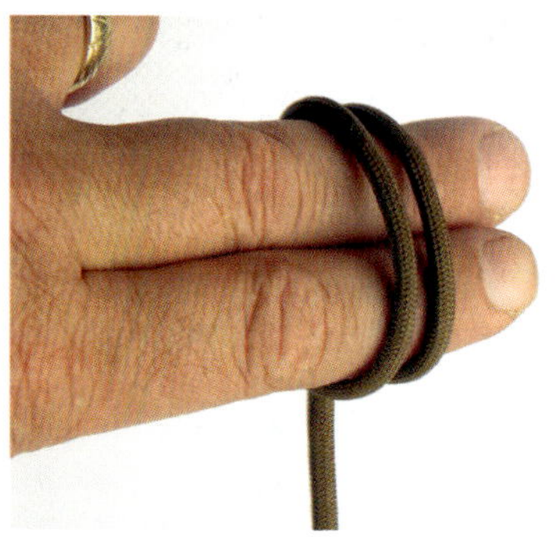

Drehen Sie die Hand um und sehen Sie auf die parallelen Seile auf der Rückseite.

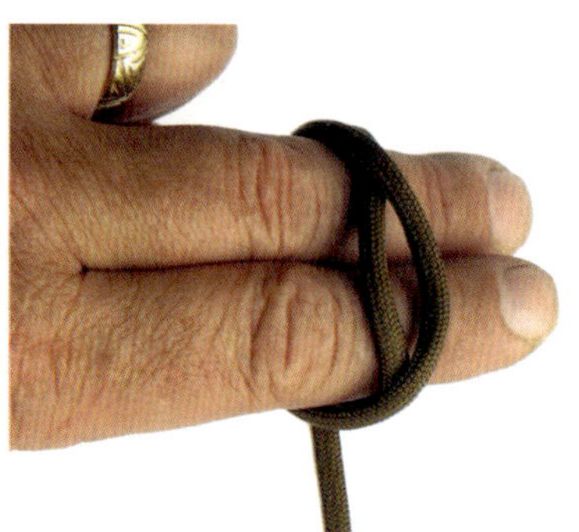

Führen Sie das rechte Seil nach links unter das linke Seil.

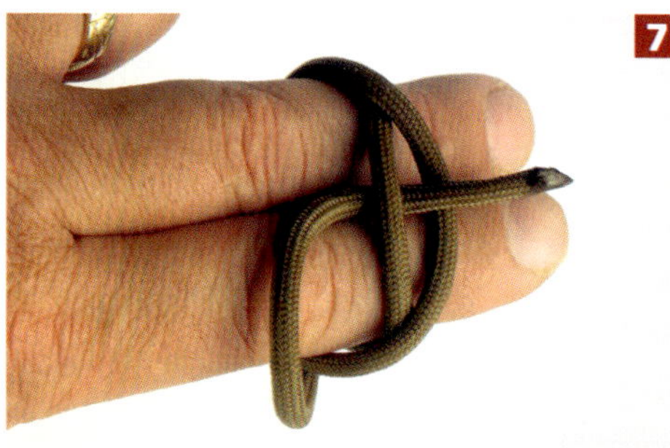

Weben Sie das Arbeitsende unter und über die Seile, von links nach rechts.

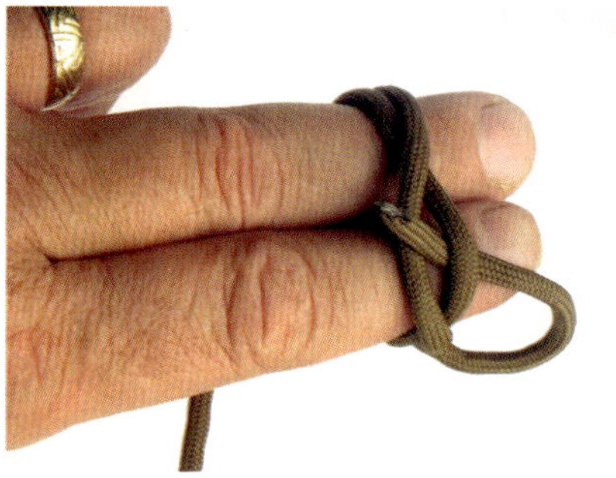

Schieben Sie den Knoten auf Ihren Fingern ein bisschen nach vorne und bringen Sie das Arbeitsende unter und über die Seile von rechts nach links.

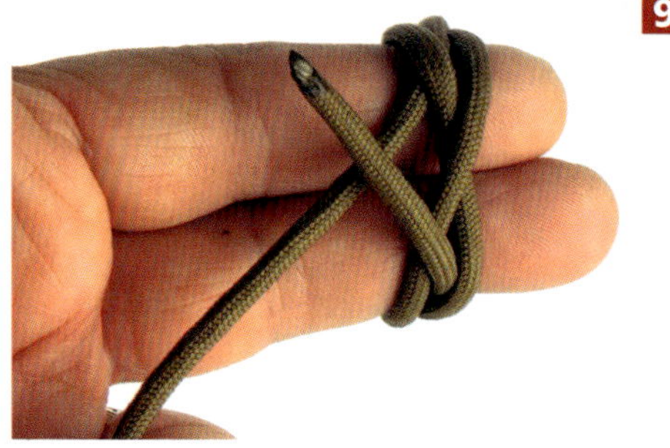

Wenn der Knoten ein bisschen weiter um die Finger gedreht wird, sieht man, dass das Arbeitsende das stehende Ende erreicht hat.

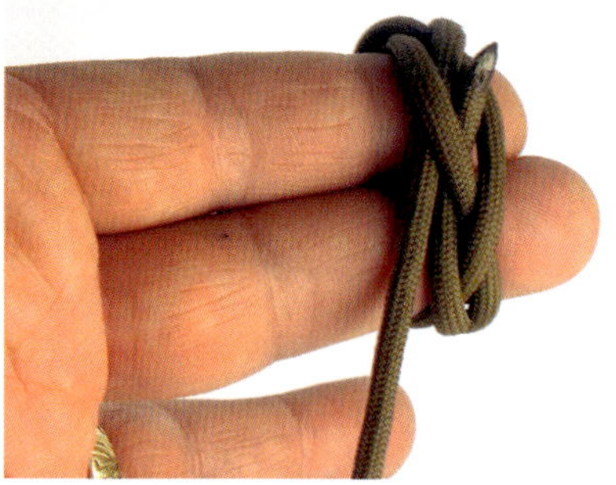

Vollenden Sie den einzelnen Türkenbund, indem Sie das Arbeitsende neben dem stehenden Ende einführen, oder beginnen Sie damit, den Knoten zu verdoppeln.

Wenn Sie einen doppelten oder dreifachen Türkenbund wollen, nehmen Sie etwas mehr als die doppelte oder dreifache Seillänge des einfachen Türkenbunds für das Arbeitsende.

Versetzen Sie den Türkenbund auf den Griff und beginnen Sie damit, das ganze straff zu ziehen, in umgekehrter Reihenfolge wie bei der Herstellung des Knotens.

Der linksgewundene 3x5-Knoten

Der linksgewundene Knoten wird mit der linken Hand auf den Fingern der rechten Hand gemacht. Halten Sie das stehende Ende mit den zwei unteren Fingern fest.

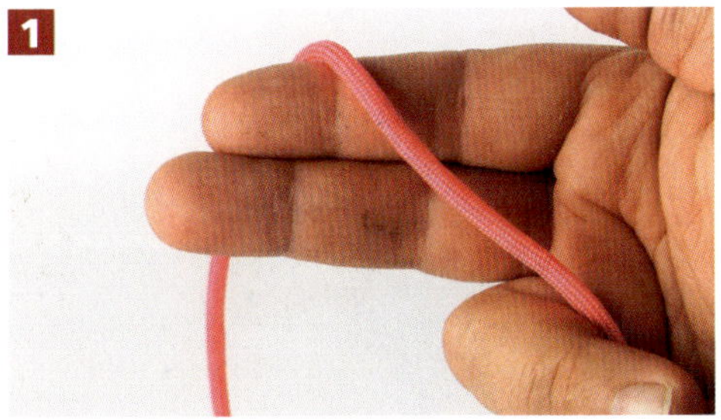

Halten Sie das stehende Ende in Ihrer rechten Hand, während das Arbeitsende nach oben über die linke Kante geht.

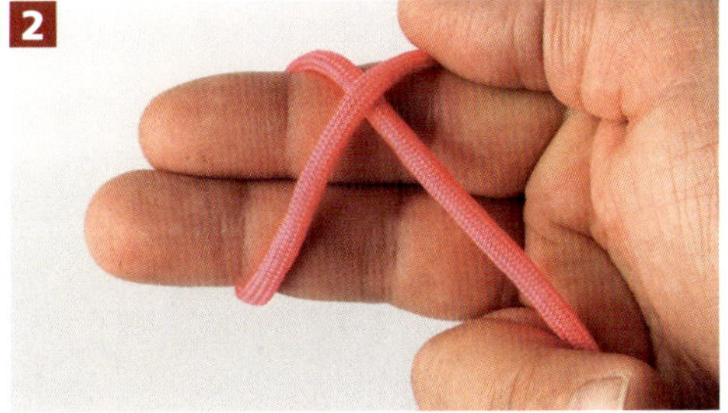

Führen Sie das Arbeitsende nach rechts oben.

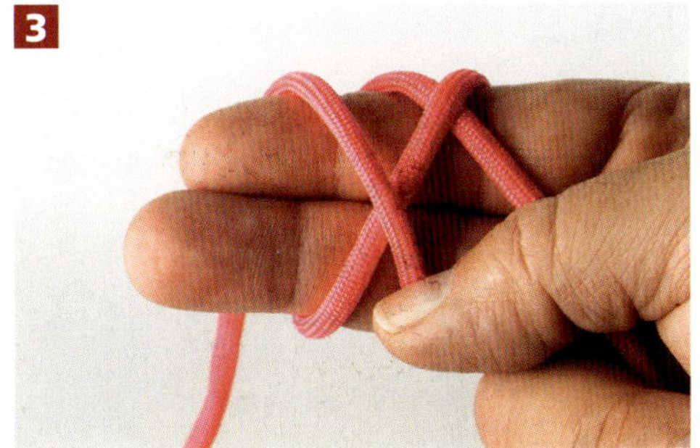

Kommen Sie hinter der Hand wieder nach unten und gehen Sie nach links oben.

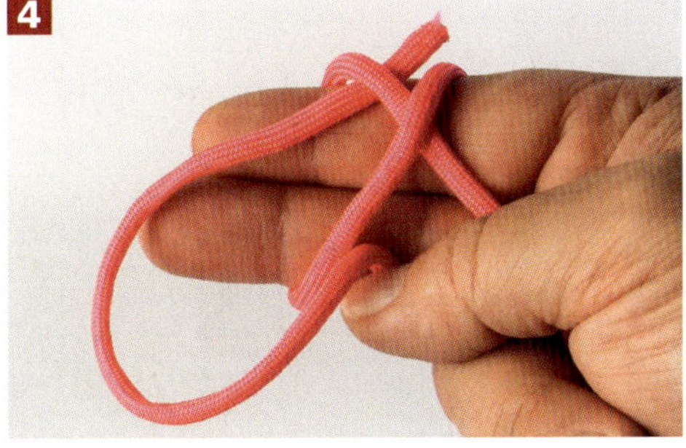

Von oben links gehen Sie nach rechts unter die linksgerichtete Biegung.

5

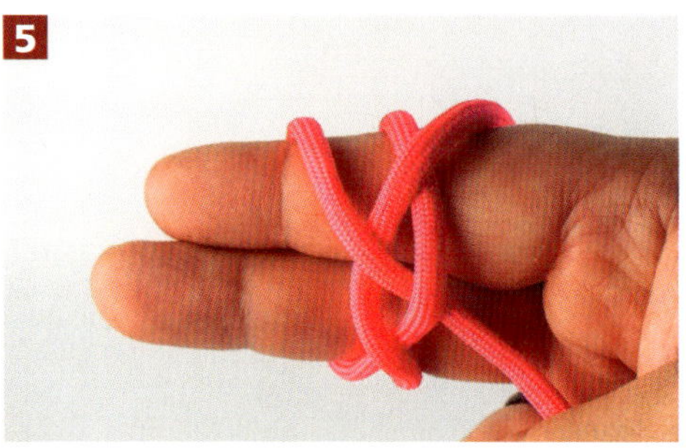

Nehmen Sie das Seil weiter mit nach rechts über den nächsten Seilabschnitt. Rücken Sie die Überkreuzungen näher zusammen.

6

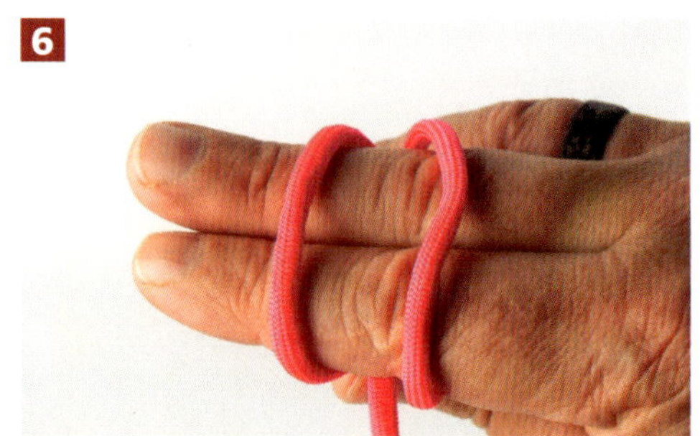

Drehen Sie die Hand vorwärts und nach unten.

7

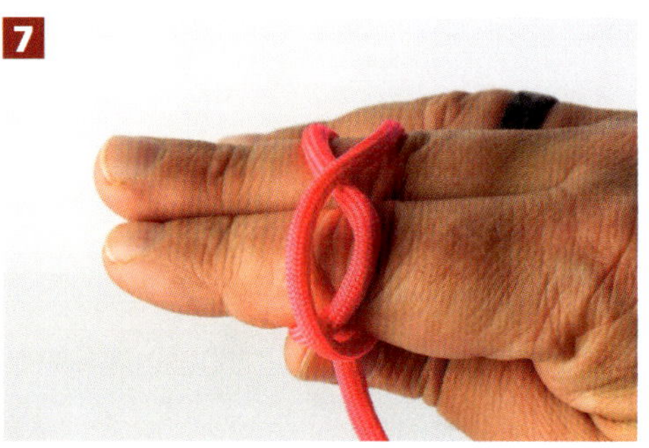

Führen Sie das linke Seil unter das rechte Seil.

8

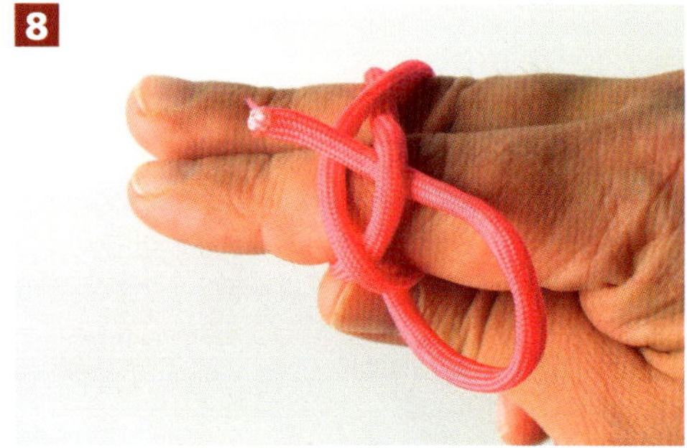

Nehmen Sie das Arbeitsende unter das rechte Seil und über das linke Seil.

9

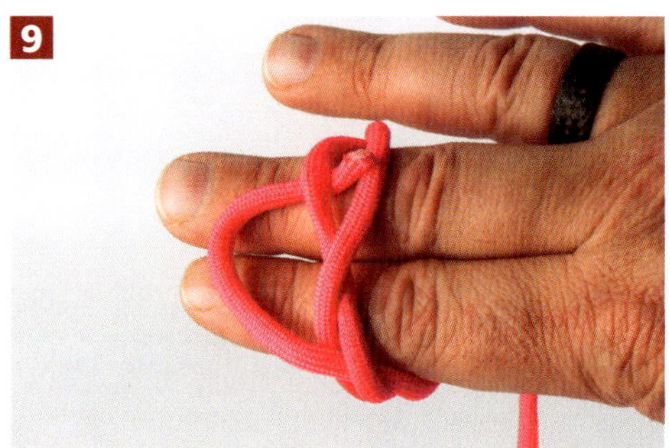

Gehen Sie in derselben Weise nach rechts, dann unter das linke und schließlich über das rechte Seil.

10

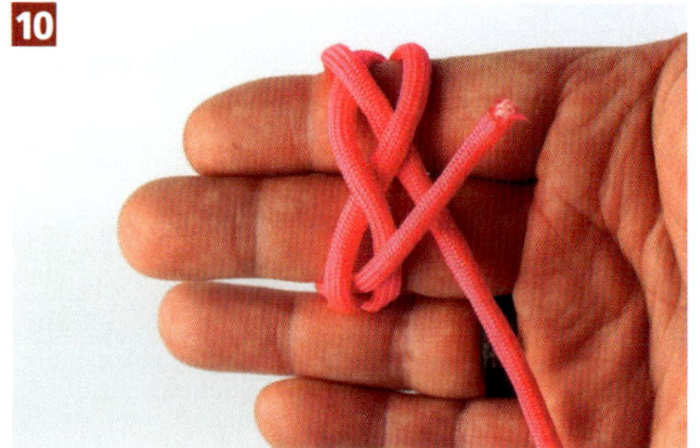

Drehen Sie den Knoten auf der Hand, um zu sehen, dass das Arbeitsende das stehende Ende erreicht hat.

11

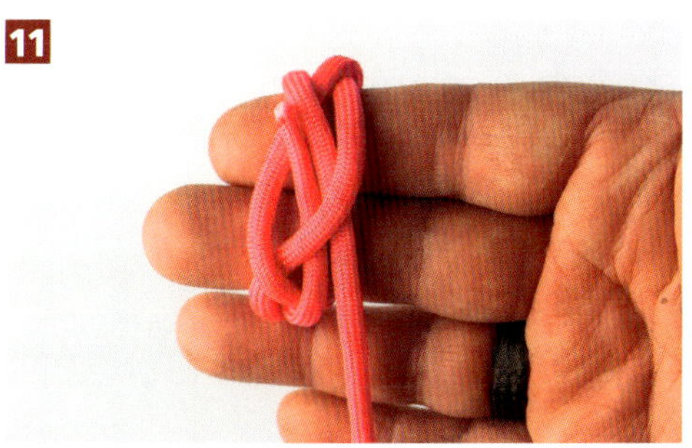

Führen Sie das Arbeitsende neben dem stehenden Ende ein. Sie können den Knoten entweder durch Festziehen beenden oder beginnen, ihn zu vervielfachen.

12

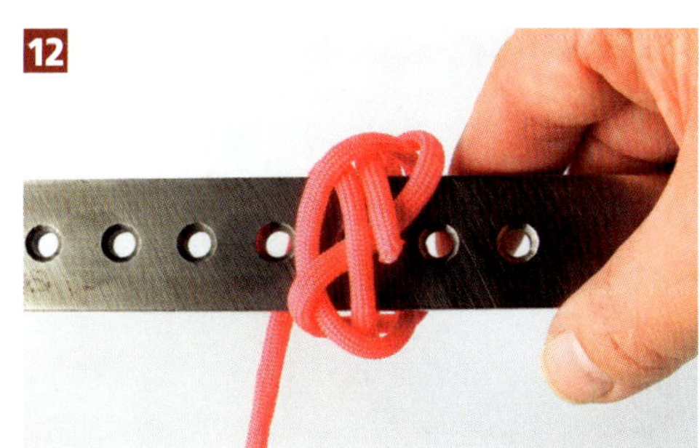

Übertragen Sie den Knoten auf Ihr Messer oder ein anderes Objekt und ziehen den Türkenbund fest.

13

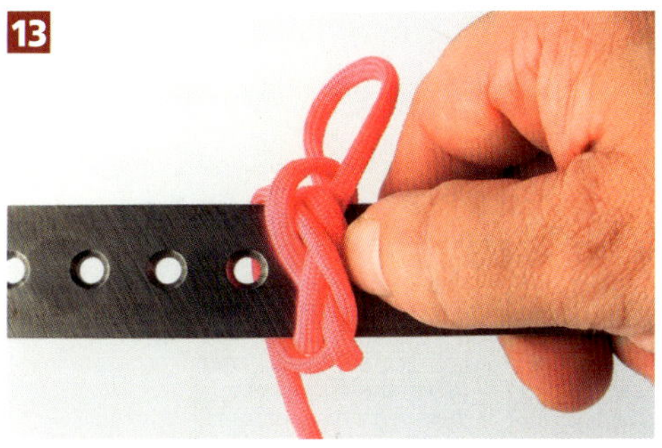

Ziehen Sie den Knoten am Platz fest, indem Sie das Arbeitsende festhalten und das Seil rückwärts ziehen.

14

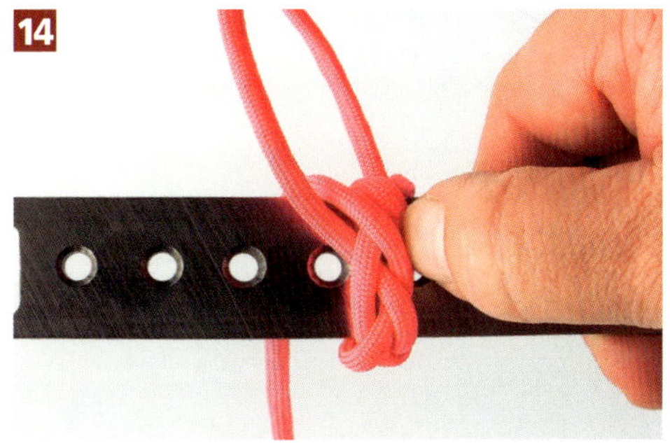

Der Knoten ist fast fertig.

15

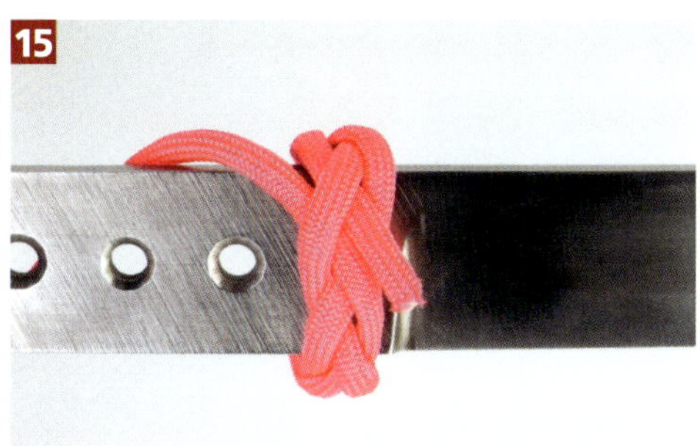

Der Türkenbund ist fertig.

16

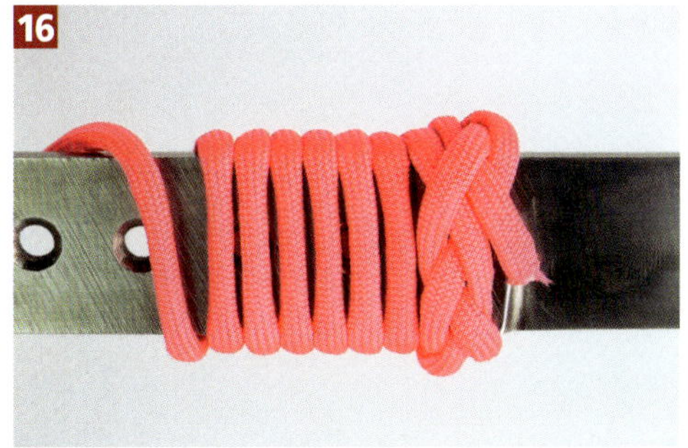

Der Knoten bietet jetzt die Möglichkeit, ihn als Ausgangspunkt einer Wicklung zu benutzen. Das Arbeitsende geht jetzt nach links und oben.

6.2 Der 4x3-Türkenbund

Der Name dieses Knotens stammen von den vier Schnüren („Schläge“) und drei Schlaufen („Buchten“). Wegen der geringen Anzahl von Schlaufen kann der Knoten auf einem Stück Holz mit der ganzen Webarbeit auf der Vorderseite und all den Durchgängen parallel auf der Rückseite gemacht werden.

Der Knoten ist breiter als die häufiger verwendeten 3x4- oder 3x5-Türkenbünde. Wegen der geringen Anzahl der Schlaufen ist er gut für schlanke Objekte wie zum Beispiel Messergriffe, aber es fehlt ihm an Substanz für größere Objekte.

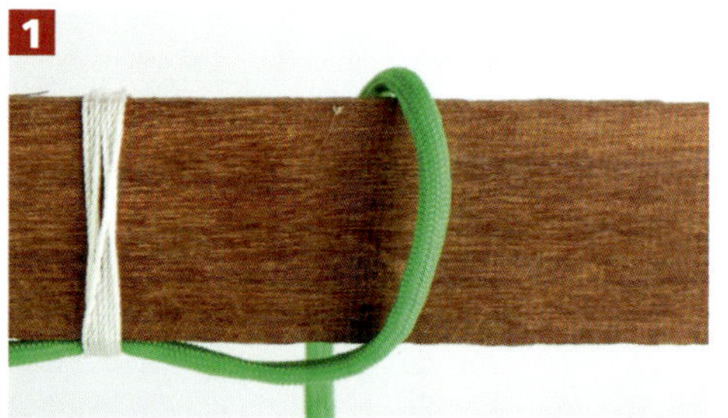

Befestigen Sie das stehende Ende am Holz oder einem anderen Objekt und gehen Sie über die Kante des Holzstücks.

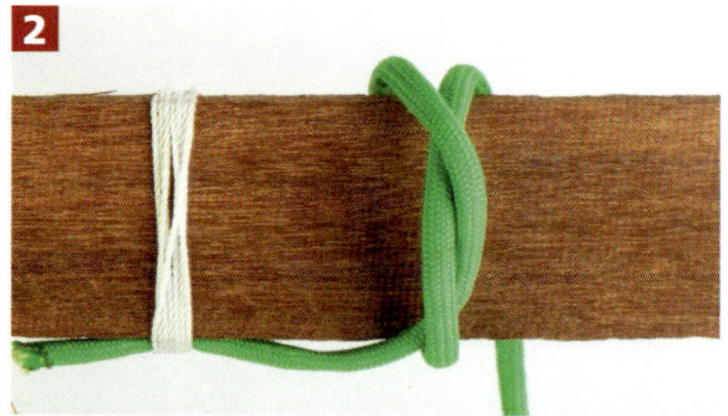

Kommen Sie über das stehende Ende auf der linken Seite und gehen Sie unter dem ersten Seil auf der rechten Seite durch.

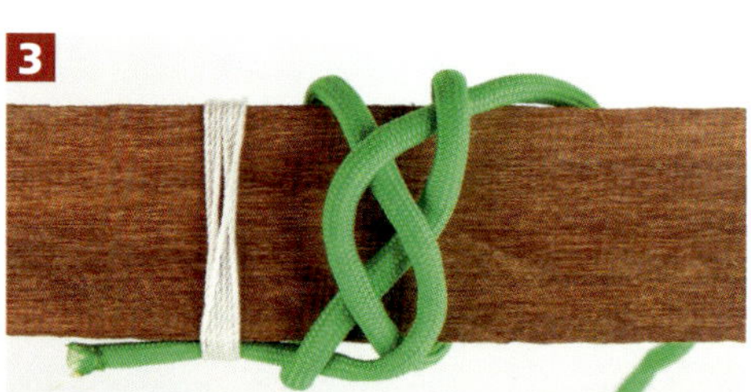

Führen Sie das Seil um die Rückseite herum und bringen Sie es wieder nach vorne. Gehen Sie unter das rechte untere Seil, über beide Seile zur linken und unter das obere rechte Seil. Das Arbeitsende geht hoch auf der rechten Seite über das Holz.

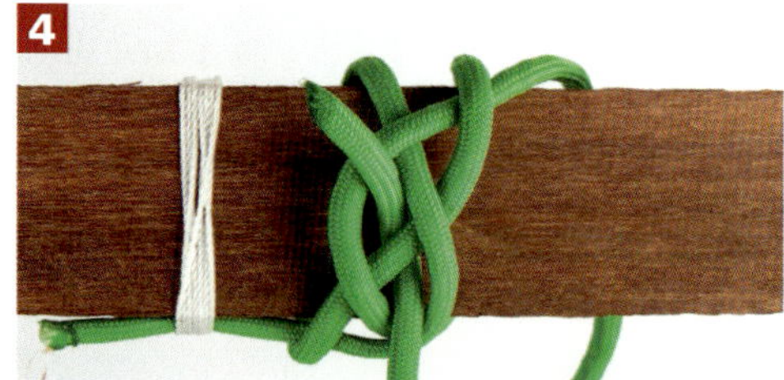

Nehmen Sie das zweite Seil, indem Sie von rechts unten über das erste Seil gehen, unter das zweite und über das folgende Seil hoch auf der linken Seite.

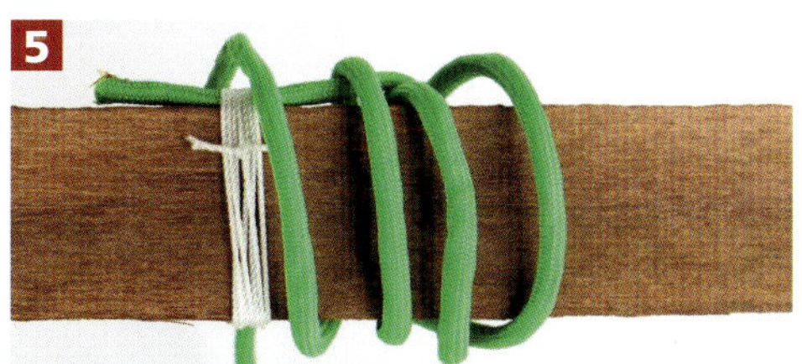

Wenn Sie die Rückseite betrachten, sehen Sie, dass alle Seilabschnitte parallel sind.

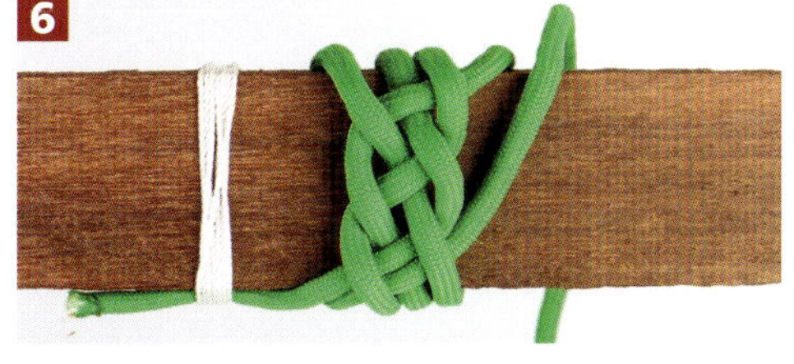

Das Arbeitsende ging über die Rückseite und wurde neben dem stehenden Ende eingeführt und durchgezogen.

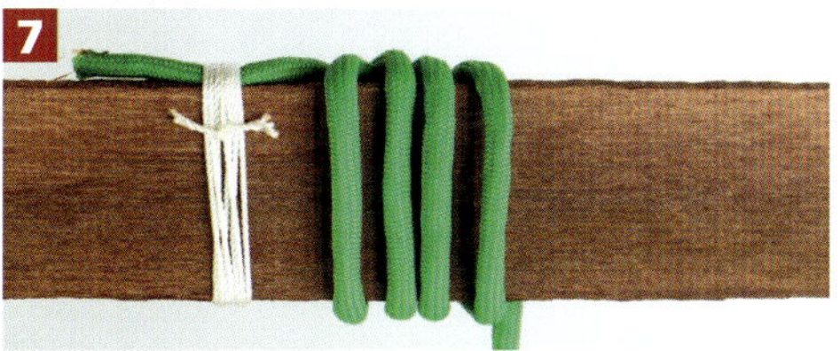

Alle Seilabschnitte werden auf der Rückseite festgezogen.

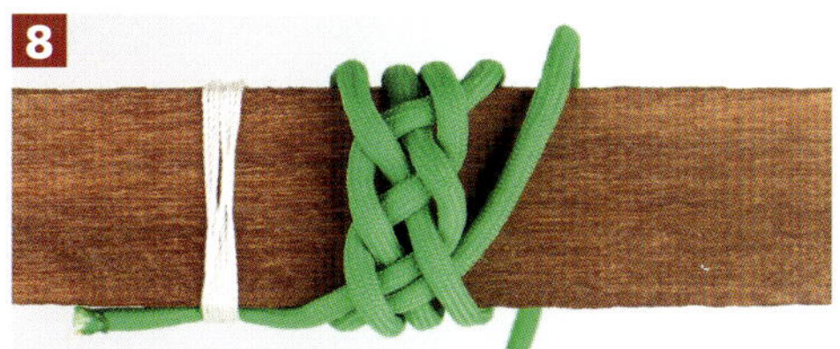

Es befindet sich die gesamte Webarbeit immer noch nur auf der Vorderseite. Der Türkenbund sieht gleichmäßig aus.

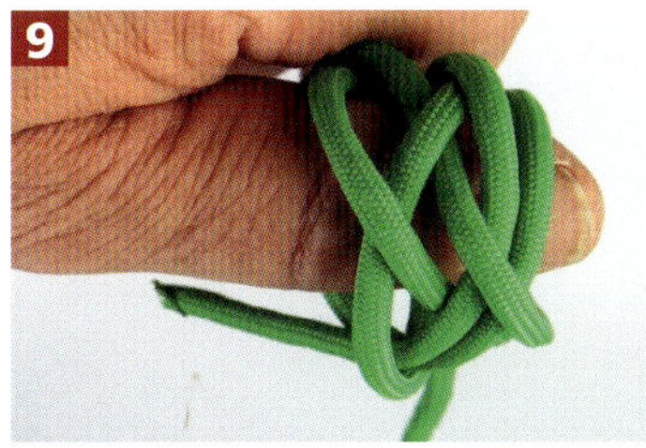

Der Knoten ist jetzt vom Holz weg und die Webarbeit ist über den gesamten Umfang des Knotens verteilt.

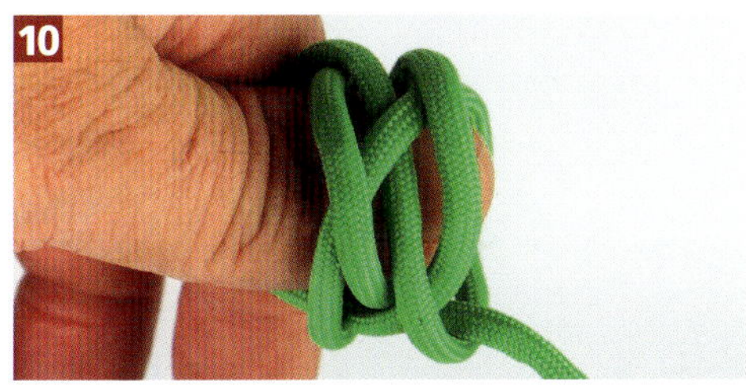

Wir haben jetzt einen einzelnen Türkenbund. Er ist bereit dazu, verdoppelt zu werden.

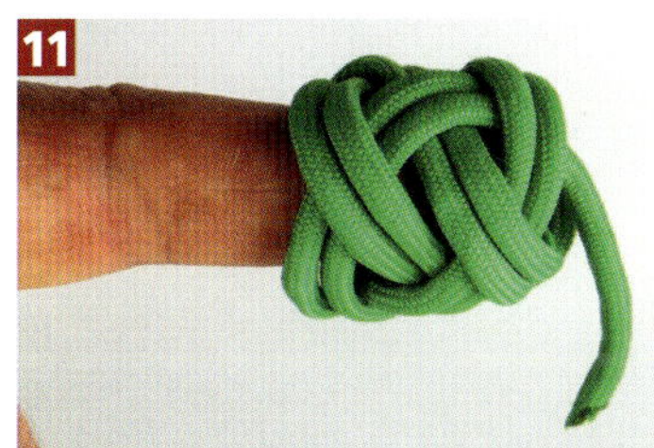

Nun ist der Knoten verdoppelt. Die vier Schläge sind jetzt deutlich sichtbar.

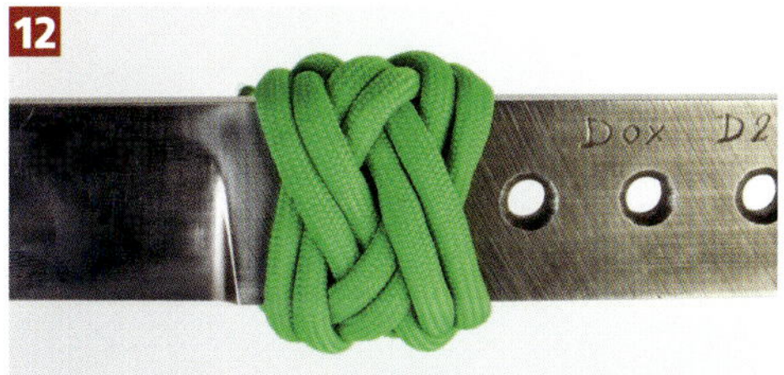

Der 4x3-Türkenbund wird als Handschutz auf einem Messergriff platziert.

6.3 Aus einem Türkenbund geformte Knäuel

Der 3x5-Türkenbund kann auf einer flachen Oberfläche gemacht werden. Auf Segelschiffen wurden die flachen Türkenbünde als Matten benutzt, um das Deck vor fallenden Seilblöcken zu schützen.

Wenn Sie auf einer flachen Oberfläche gemacht werden, dann ist es leicht, sie zusammenzupressen und in kleine Knäuel oder Bälle zu verwandeln, aus denen ein Seil herausragt. Dadurch werden sie zu handlichen kleinen Anhängern und Schlüsselkettchen.

Wenn der flache Knoten gemacht wird, dann ist es einfach, ihn in einen dreidimensionalen zu verwandeln und über einen Messergriff zu schieben.

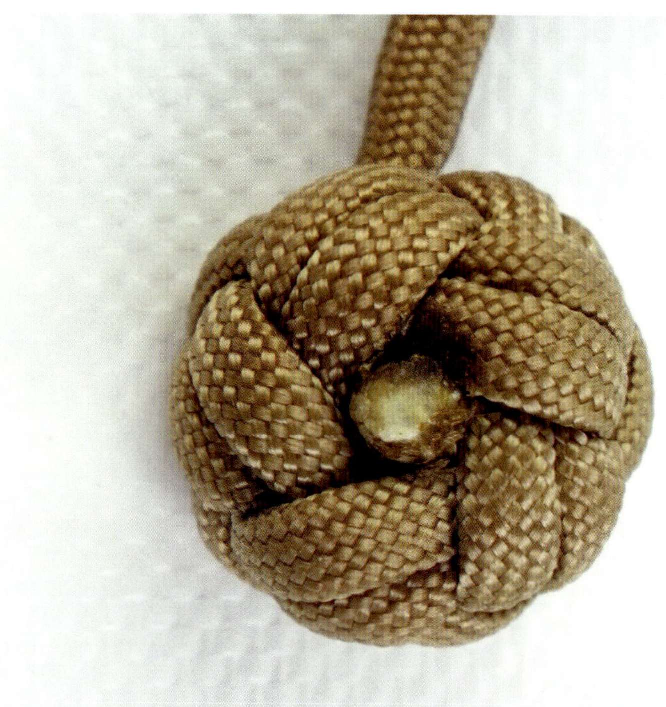

Der 3x5-Türkenbund-Ball mit gestutztem Arbeitsende hat nach dem Abschneiden des Arbeitsendes und Schmelzen eine gewisse Ähnlichkeit mit japanischen Kirschblüten.

Der flache Türkenbund und -ball

1

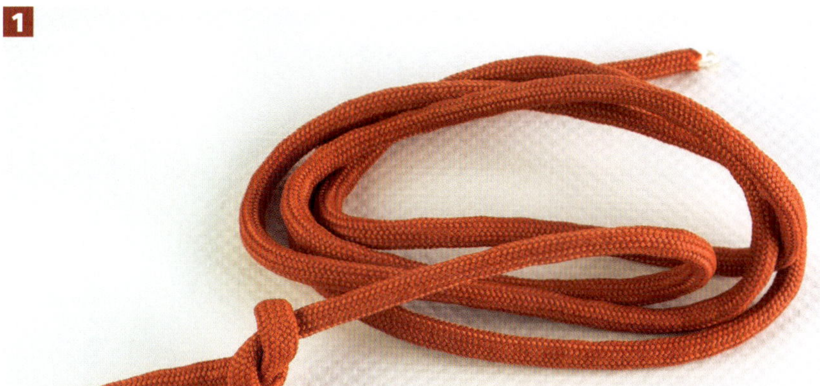

Um den flachen 3x5-Türkenbund zu machen, sind gut 70 cm Seil erforderlich.

2

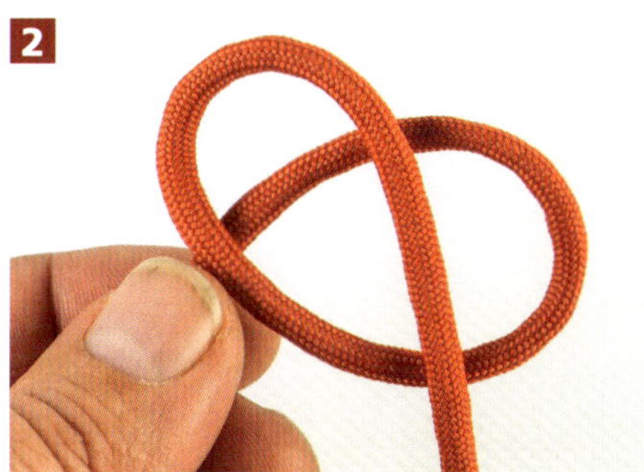

Beginnen Sie mit einer Doppelschlaufe.

3

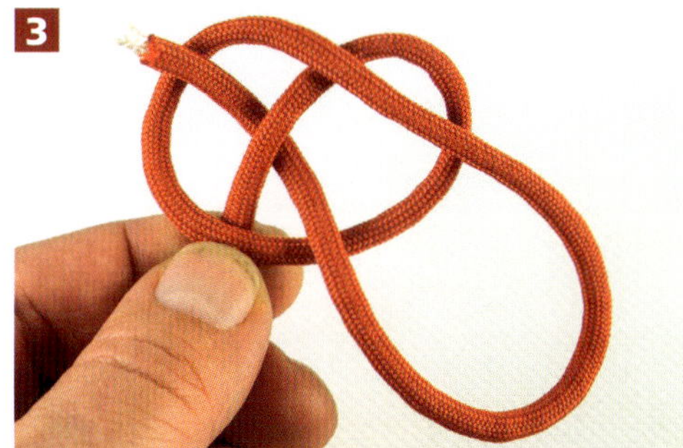

Biegen Sie das Arbeitsende zu einer dritten Schlaufe und gehen Sie durch die Doppelschlaufe (über-unter-über) wieder zurück.

4

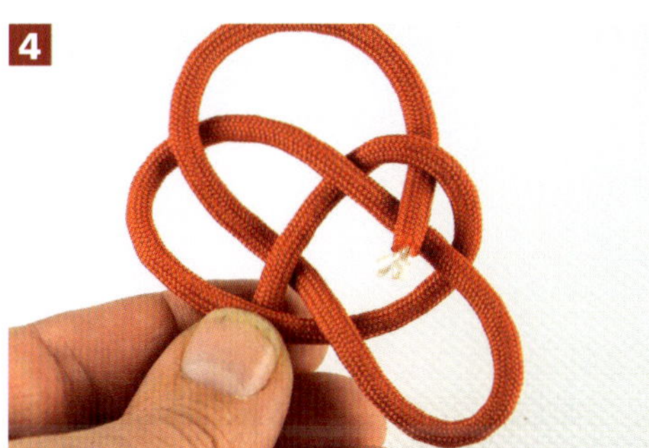

Führen Sie das Seil nach rechts und fädeln Sie es von unten durch den äußeren Teil der Mittelschlaufe. Schieben Sie dann...

5

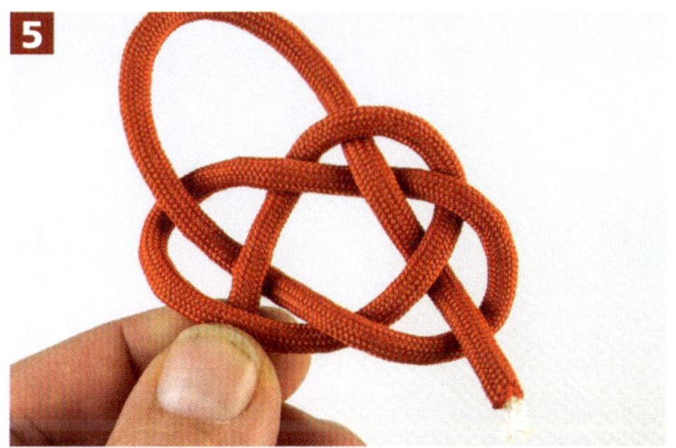

...das Ende nach unten, führen Sie es um die mittlere Schlaufe herum durch die Öse der rechten Schlaufe wieder nach oben.

6

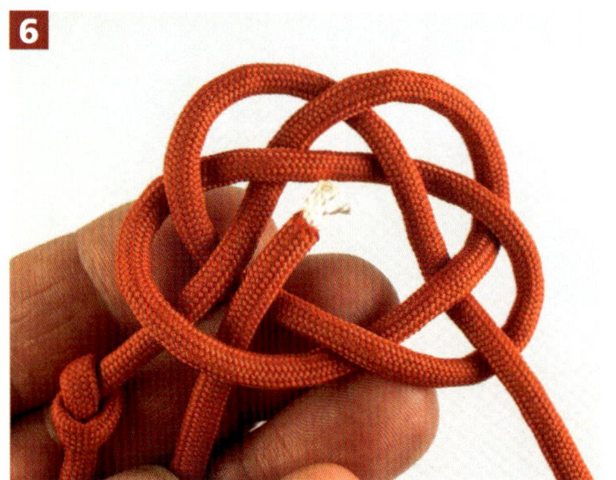

Das Arbeitsende hat das stehende Ende erreicht. Beginnen Sie damit, den Türkenbund zu verdoppeln, indem das Arbeitsende neben dem stehenden Ende in den Knoten eingeführt wird.

7

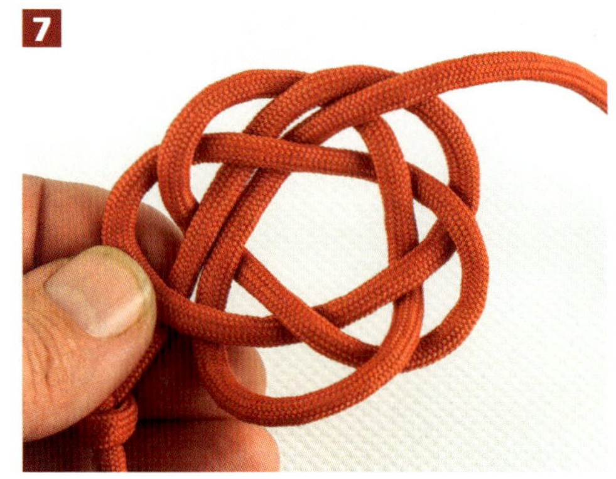

Verdoppeln des Knotens: Folgen Sie dem Seil systematisch.

8

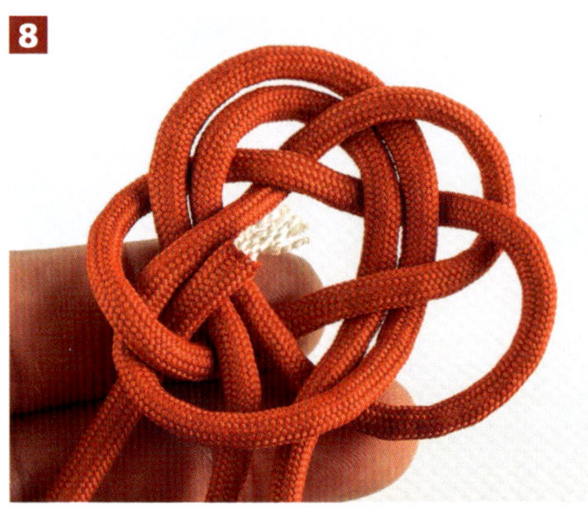

Halbwegs fertig mit dem Verdoppeln.

9

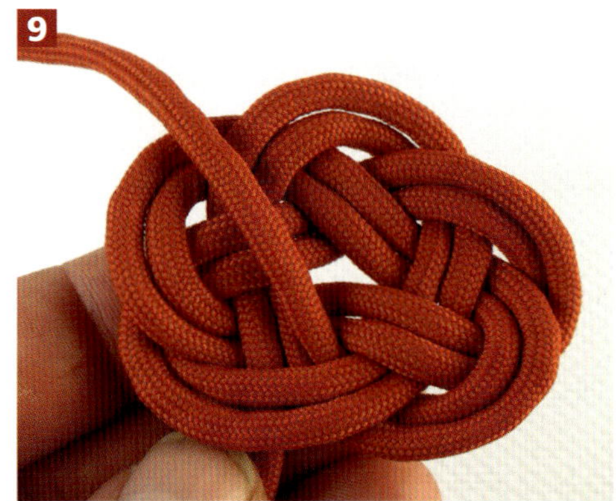

Das Verdoppeln des Knotens wird abgeschlossen, indem man das Arbeitsende zum letzten Mal aufwärts in den Knoten führt.

Im nächsten Schritt wandeln wir den Türkenbund in einen Ball um, der Schlüsselkettchen, Anhänger oder Stopperknoten sein kann.

1

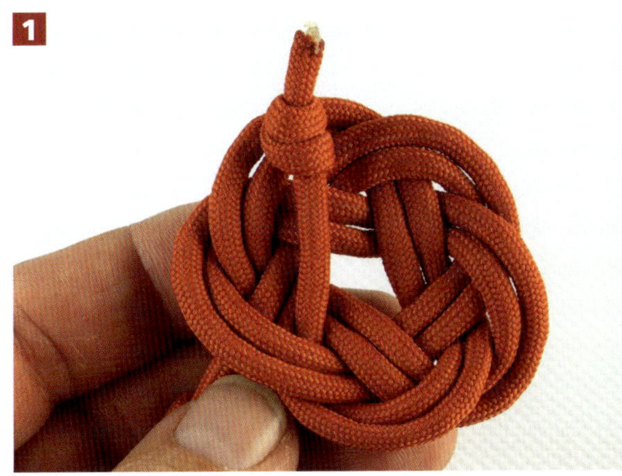

Machen Sie in das Arbeitsende einen verdoppelten Überhandknoten. Er hat mehr Volumen als einfache Überhandknoten und hilft dabei, die Form des Balls zu bewahren. Ich bevorzuge ein nicht zu kurzes Ende, das aus dem Ball hervorragt und später gekürzt und geschmolzen werden kann.

2

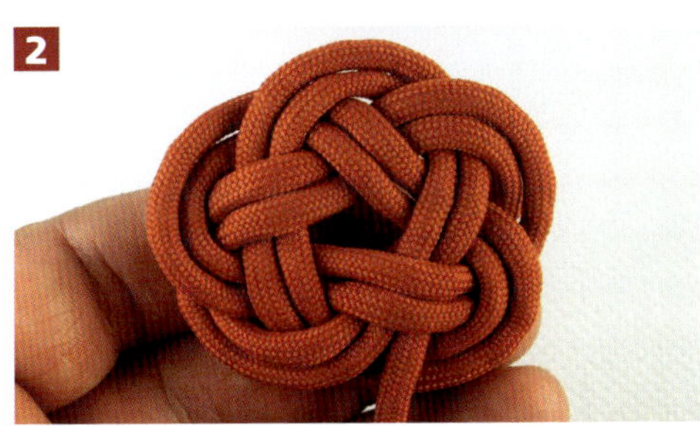

Der herumgedrehte Türkenbund: Wenn Sie genau hinschauen, sind die drei Schläge und fünf Schlaufen sichtbar.

3

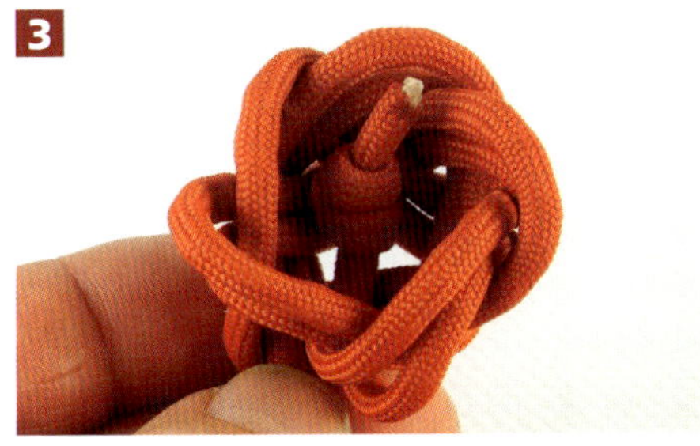

Falten Sie den Knoten um das Arbeitsende wie eine Blume.

4

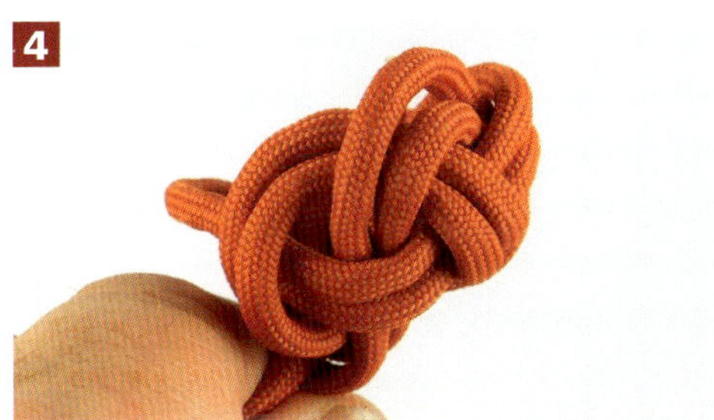

Am Anfang sieht das Ergebnis ein bisschen unordentlich aus. Ziehen Sie alle Seile fest. Beginnen Sie am Knoten in der Blume.

5

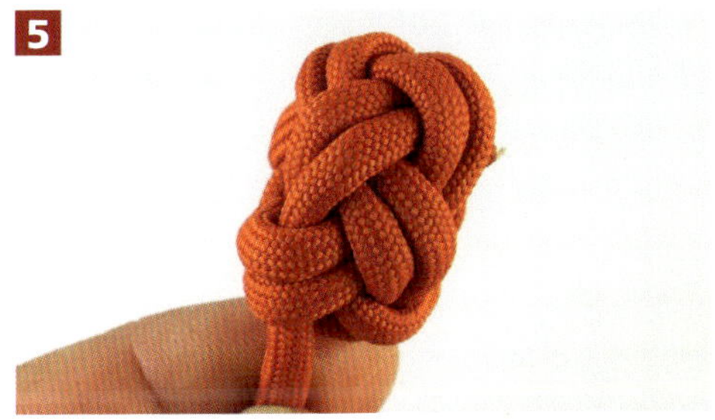

Der Ball wird geformt. Er muss immer noch mit der Spitzzange festgezogen werden, damit er gut und fest wird.

6

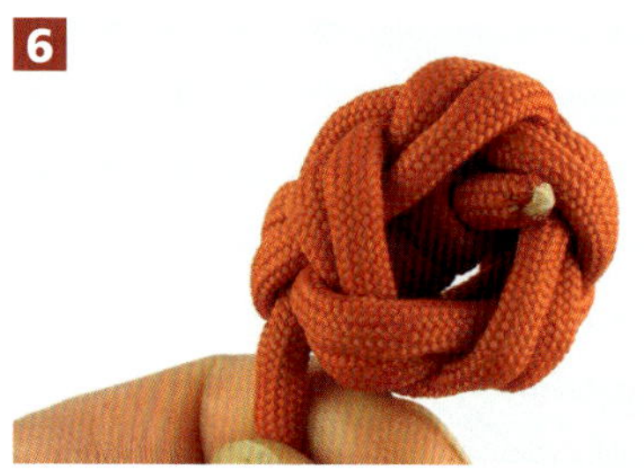

Der Knoten ist innerhalb des Türkenbunds sichtbar.

7

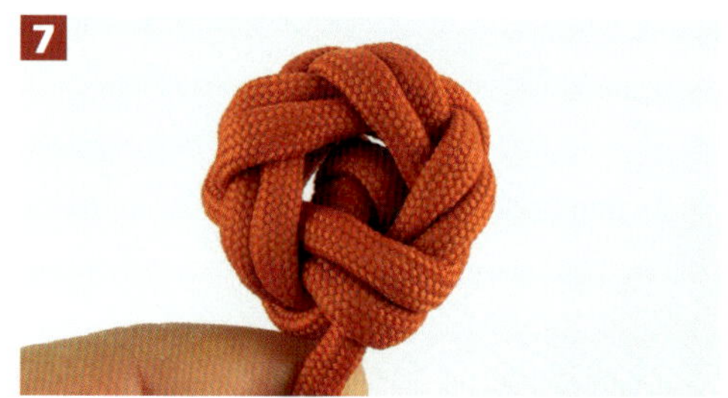

Die Ansicht von hinten zeigt die offene Struktur des Türkenbunds, bevor alles geschlossen wird.

8

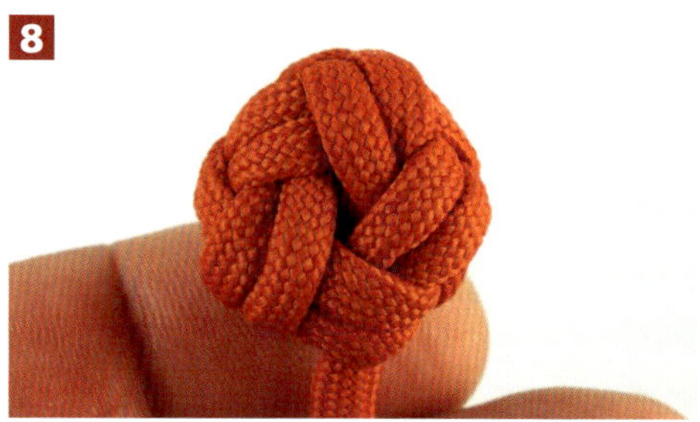

Nach dem Festziehen mit der Spitzzange ist der Türkenbund ein geschlossener Ball.

9

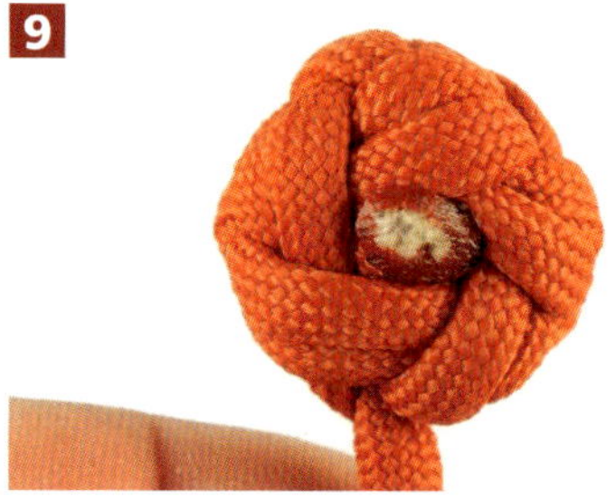

Auf der anderen Seite ragt das Seil des zentralen Knotens heraus. Es wird zurechtgestutzt, geschmolzen und geformt. Für mich sieht der fertige Knoten wie eine Blume aus und weist auf die fünfblättrigen japanischen Kirschblüten hin, die in den Wappen vieler Samurai vorkommen.

10

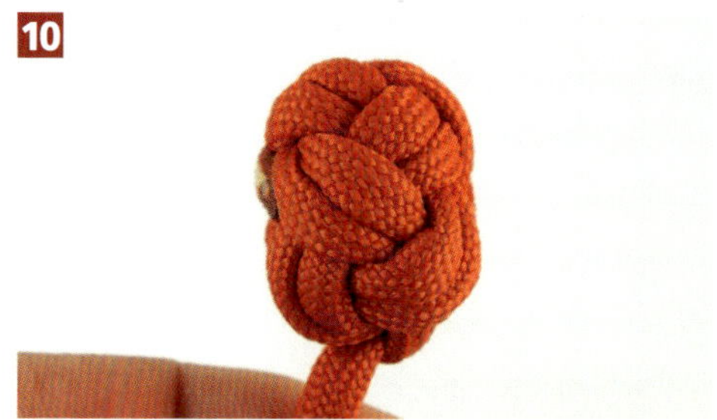

Seitliche Ansicht: Der Zopf zeigt sich. Der 3x5-Ball behält mehr Eigenschaften des ursprünglichen Türkenbunds als der daraus hergestellte 4x3-Ball.

11

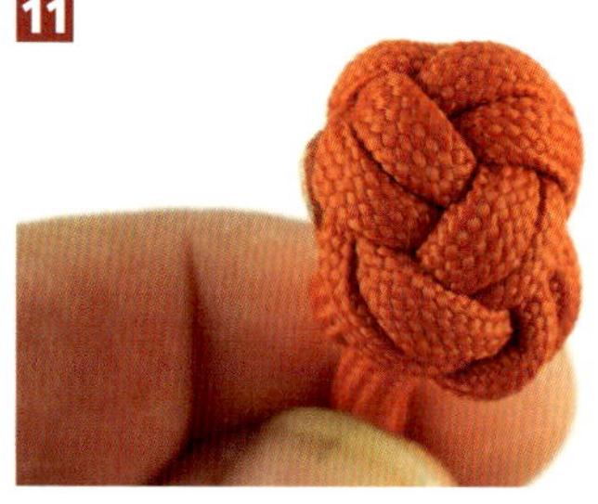

Nahaufnahme der Seite. Das geknüpfte Objekt ist kein wirklicher Ball, sondern sieht von der Seite betrachtet mehr wie ein flaches Rad aus.

KETTENSTEKS

Kettensteks werden benutzt, um Armreifen, Gürtel, Anhänger, Messergriffe, Reißverschluss-Zipper und anderes herzustellen. Im Kapitel über Tragesysteme werden wir sie verwenden, um einen Gleitverschluss am Schulterseil eines Schulterhalfters zu machen. Für die meisten Gegenstände, die man mit Kettensteks herstellen kann, ist die Technik dieselbe.

7.1 Gleitverschluss

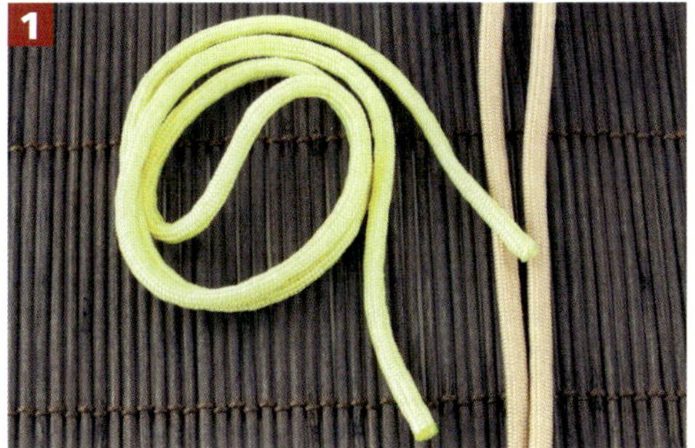

Um einen Gleitverschluss auf einer Schlaufe zu machen, wird nur ein kurzes Seil benötigt. Eine alte Formel lautet: zehnmal die Länge des Riegels, den Sie machen wollen.

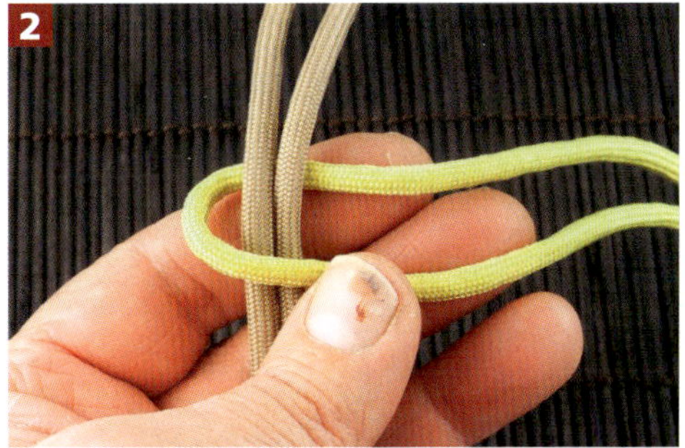

Beginnen Sie, indem Sie das Seil über die Grundschlaufe falten.

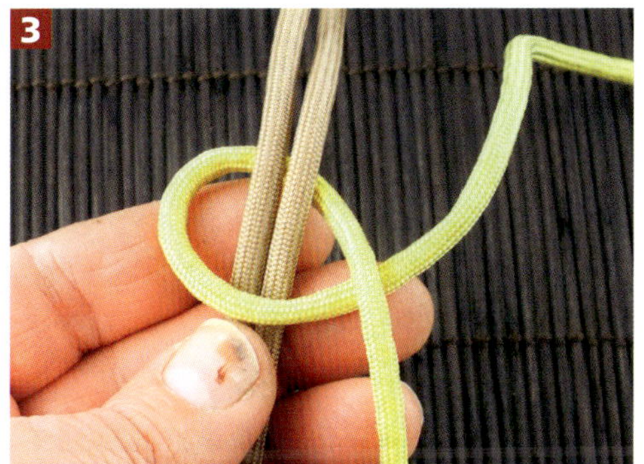

Führen Sie das Seil von hinten über das Seil auf der Vorderseite.

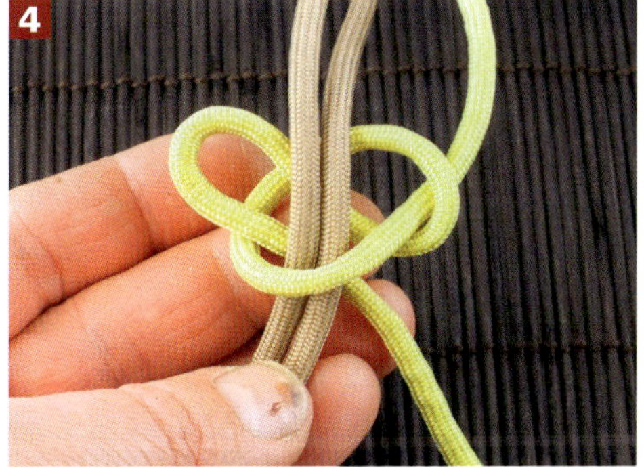

Nehmen Sie das Seil hinter die Schlaufe und nach oben durch die Schlaufe, mit der wir angefangen haben.

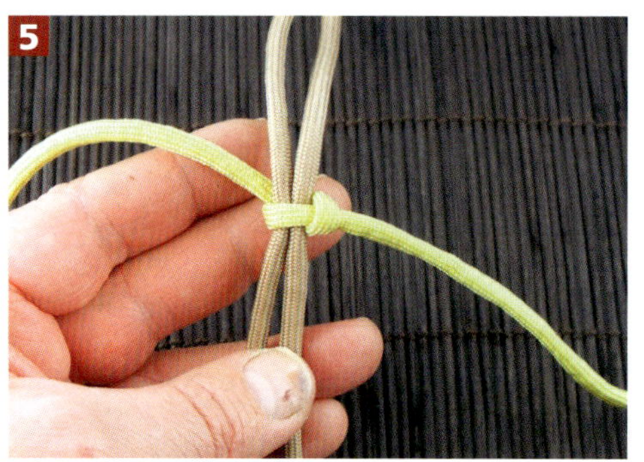

Der erste Knoten wird festgezogen.

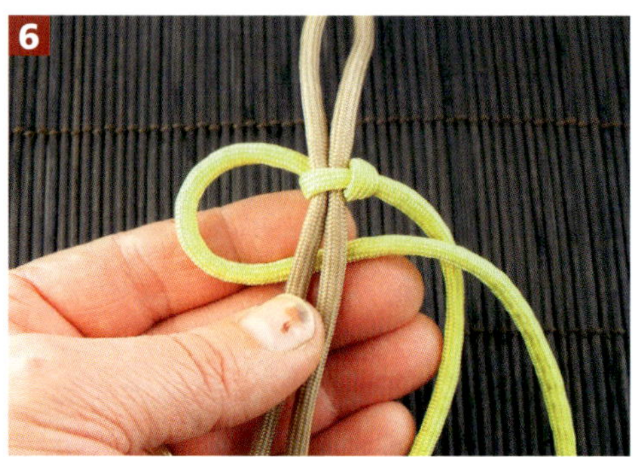

Das linke Seil kehrt hinter der Schlaufe nach rechts zurück.

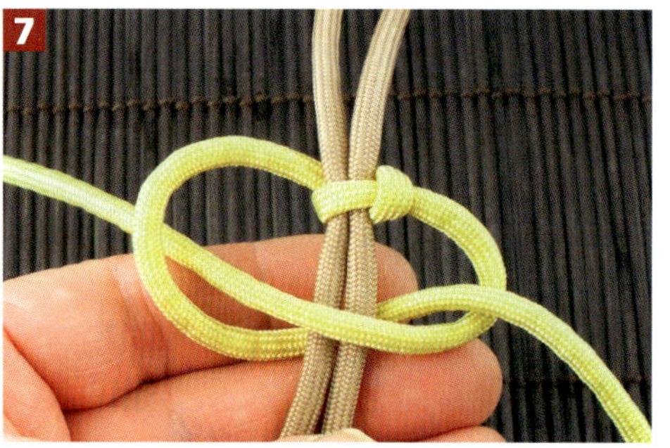

Das rechte Seil geht unter das andere, über die hellbraune Schlaufe und taucht in die Kurve ein.

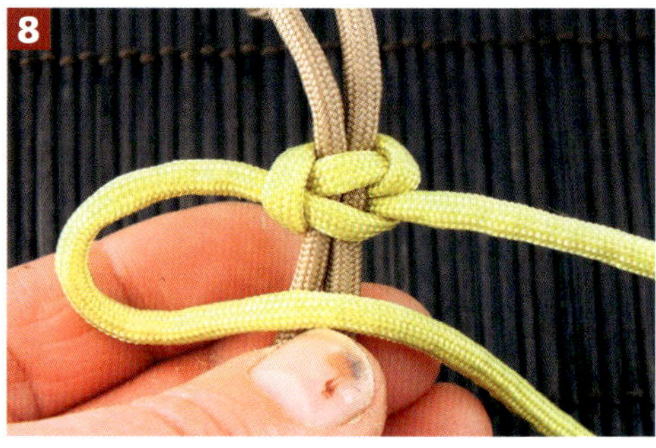

Der zweite Knoten ist gemacht. Das linke Seil wird nach rechts genommen.

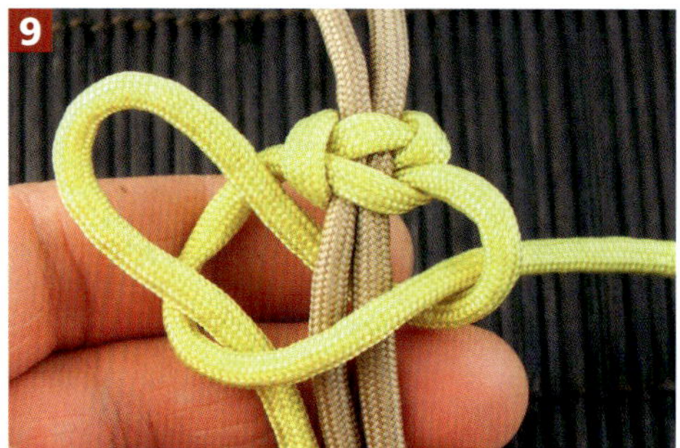

Das rechte Seil kommt über das vorherige, unter die Schlaufe, dann kommt es durch die vom linken Seil geformte Schlaufe nach oben.

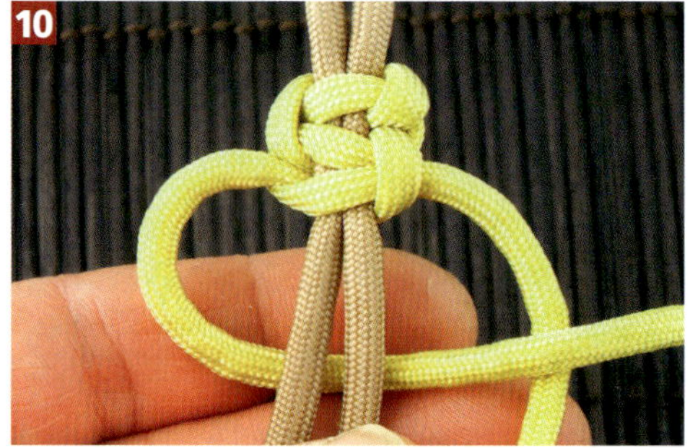

Der dritte Knoten ist gemacht und der vierte beginnt wie der zweite. So verfährt man weiter, bis der Kettenstek die gewünschte Länge erreicht hat.

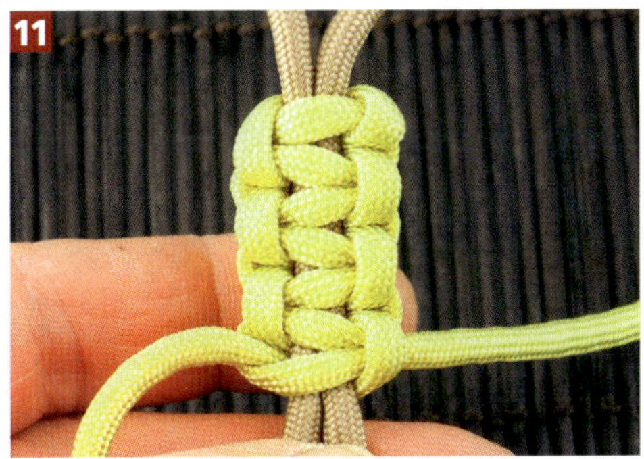

Wenn der Kettenstek lang genug ist, wird die Zugspannung der Schlaufe getestet.

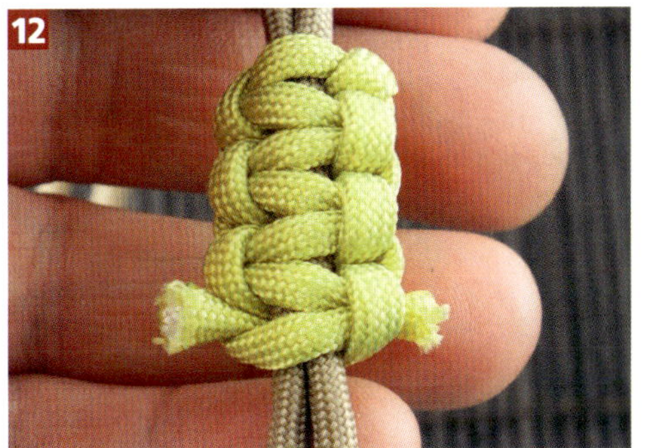

Wenn der Kettenstek unter vernünftigem Druck über die Schlaufe gleitet, werden die Enden abgeschnitten.

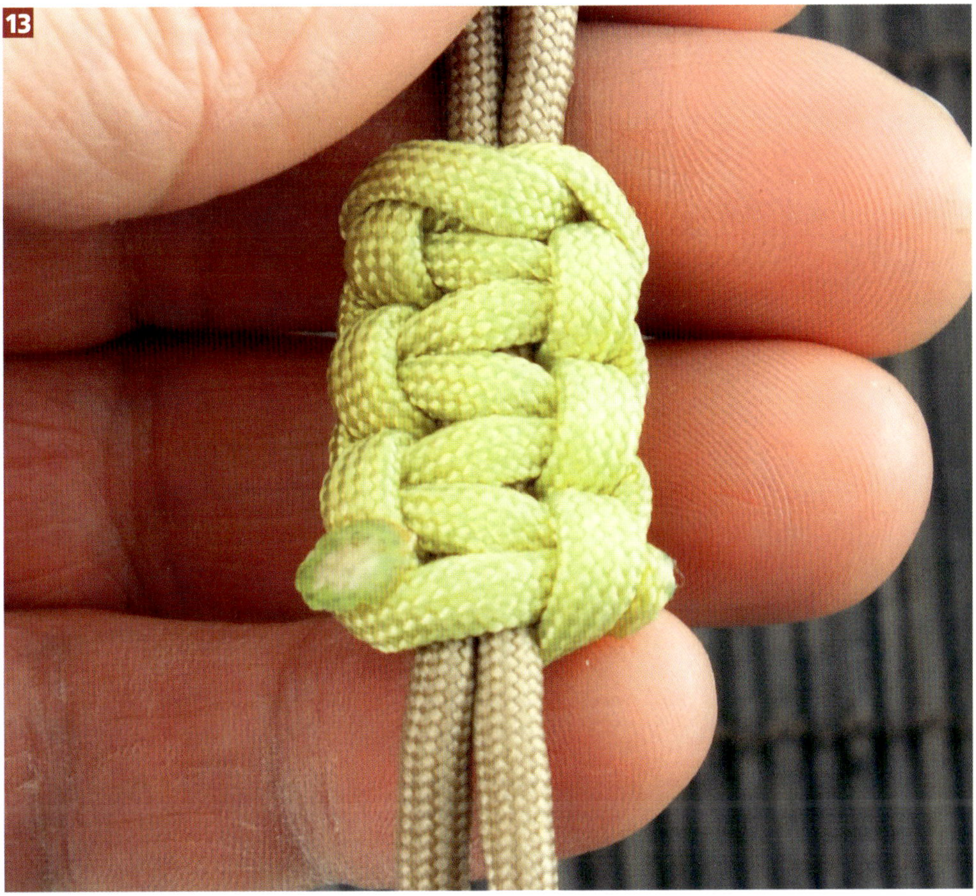

13

Die Enden werden geschmolzen und geformt.

7.2 Kettenstek-Anhänger

Kettenstek-Anhänger sind die Anhänger, die am schnellsten herzustellen sind. Sie sind eine großartige Methode, die abgeschnittenen Reste von anderen Projekten zu nutzen.

Hier sehen Sie eine Reihe von Möglichkeiten. Die Techniken dazu finden Sie im Kapitel 2.

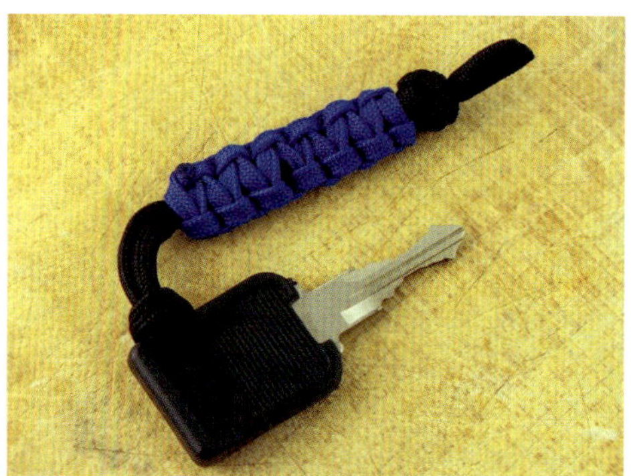

Eine Schlaufe in Flatline mit einem Lanyard-Knoten, auf dem ein separater Flatline-Kettenstek ausgeführt wird. Hier wurde das Ganze in kontrastierendem Schwarz und Blau ausgeführt.

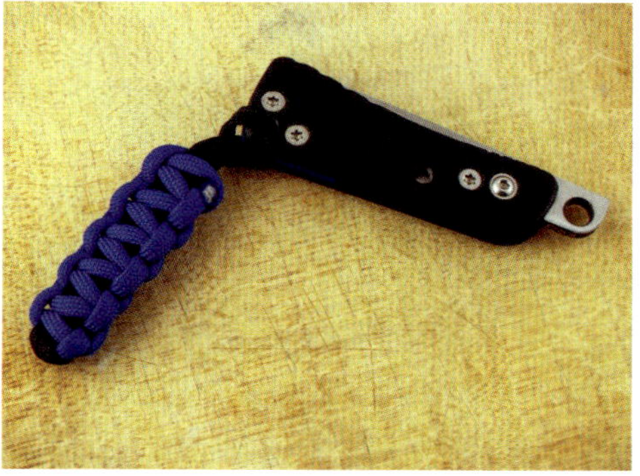

Schwarze Flatline-Schlaufe, deren Seile innerhalb des vollen, blauen Seils zurücklaufen.

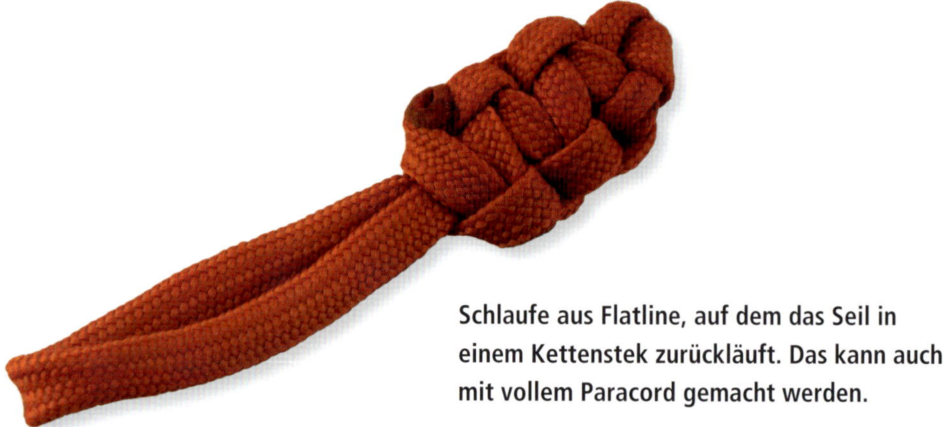

Schlaufe aus Flatline, auf dem das Seil in einem Kettenstek zurückläuft. Das kann auch mit vollem Paracord gemacht werden.

LANYARD-KNOTEN

Der Lanyard-Knoten hat eine gewebte Struktur wie beim Türkenbund oder dem so genannten Diamantknoten. Er bietet eine hübsche Möglichkeit, eine Schlaufe für verschiedene Gelegenheiten zu machen:

- Als Anfang, um die Schlaufe für Anhänger zu machen, die auch ohne Schmuckperlen gut aussehen.
- Als ein selbstständiger Anhänger, in einer einfachen oder doppelten Version, falls mehr Volumen benötigt wird.
- Wenn ein Messer einen kurzen Erl hat, kann ein Standard- oder doppelter Lanyard-Knoten den Griff verlängern und die Griffigkeit signifikant verbessern.
- Der Lanyard-Knoten kann wie ein Knebel benutzt werden. Wenn der Knoten durch eine Schlaufe geführt und unter Zugspannung gesetzt wird, dann wird der Knoten in der Biegung der Schlaufe halten.

8.1 Der Standard-Lanyard-Knoten

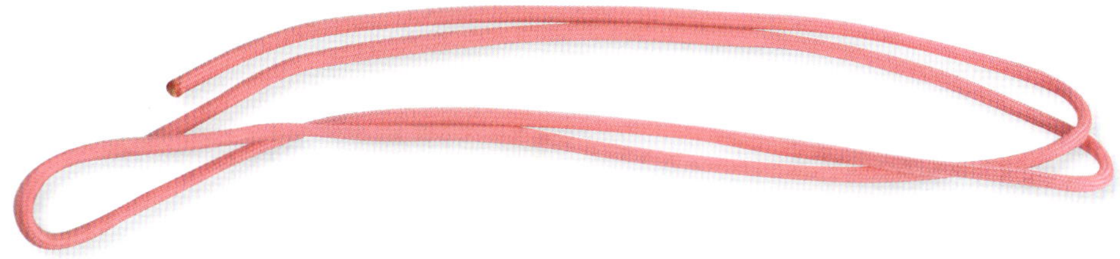

1 **Falten Sie das Seil in der Mitte.**

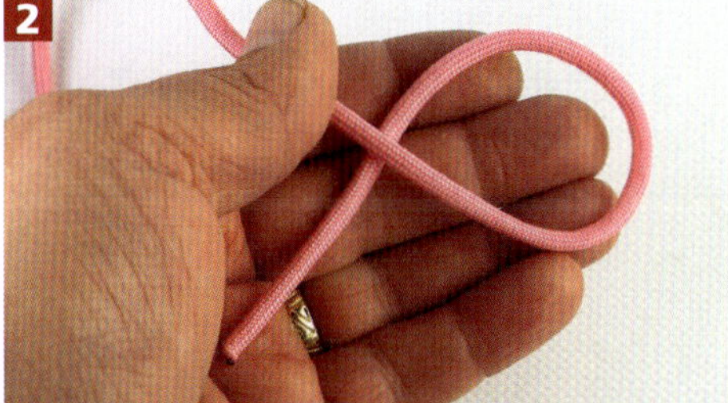

2 **Nehmen Sie ein Ende. Kommen Sie von der Oberseite Ihrer Hand und machen Sie eine Schlaufe mit dem Arbeitsende darunter.**

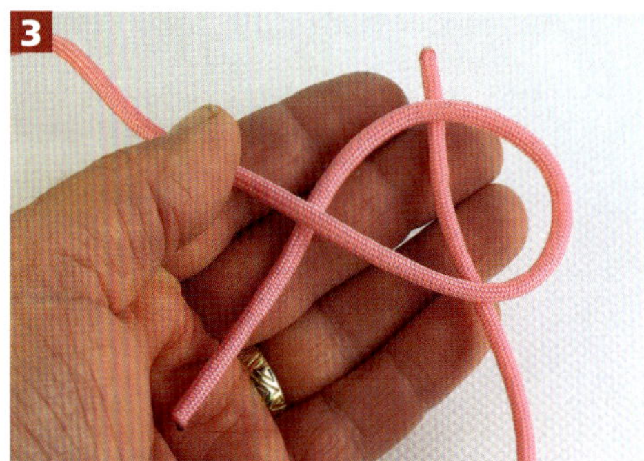

Kommen Sie mit dem zweiten Arbeitsende nach oben und unter die Schlaufe.

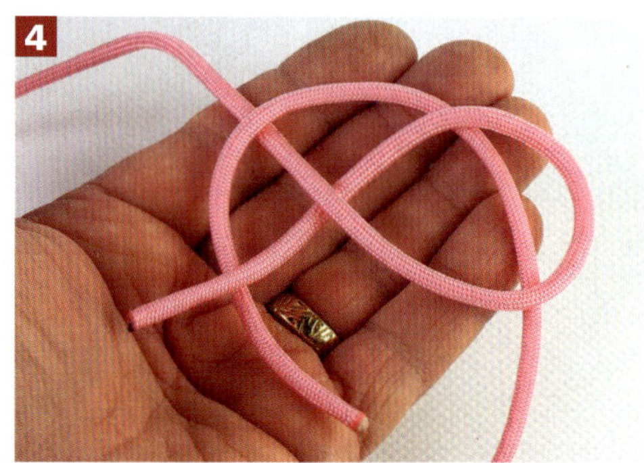

Bringen Sie das zweite Arbeitsende über das erste stehende Ende und unter das erste Arbeitsende.

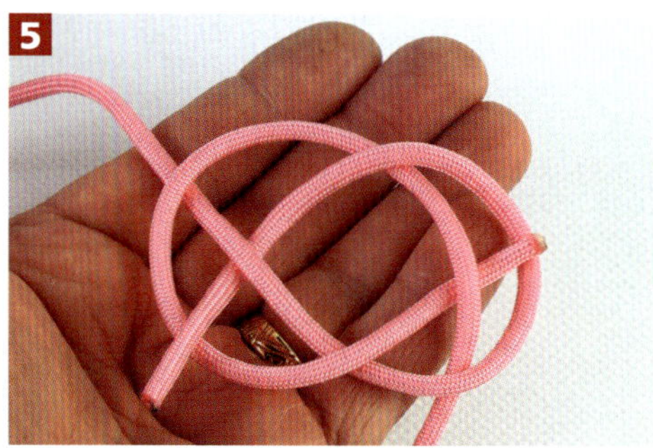

Führen Sie das zweite Arbeitsende über die Schlaufe, unter sich selbst und über die Schlaufe an der rechten Seite.

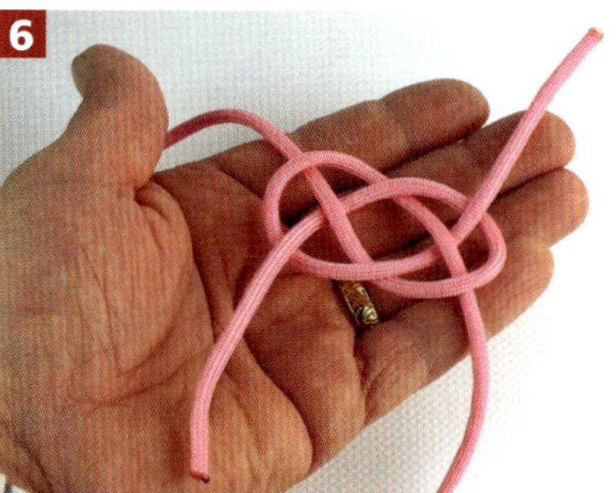

Ziehen Sie den Knoten fester und machen Sie die Arbeitsenden länger.

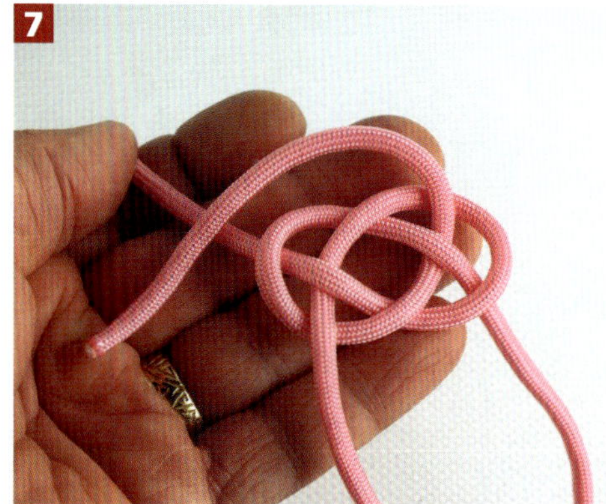

Bringen Sie das obere Arbeitsende nach links über das erste stehende Ende.

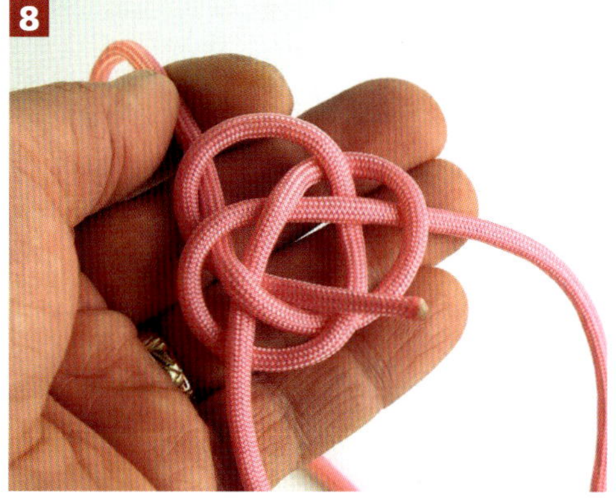

Führen Sie das Arbeitsende nach oben durch den Mittelpunkt des Knotens.

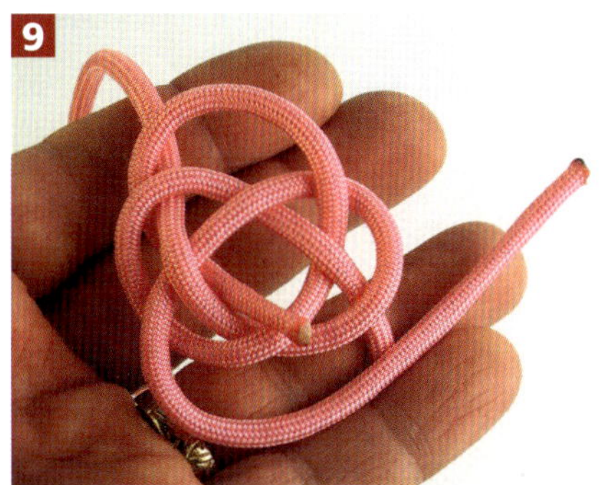

Bringen Sie das untere Arbeitsende nach links herum und über das zweite stehende Ende.

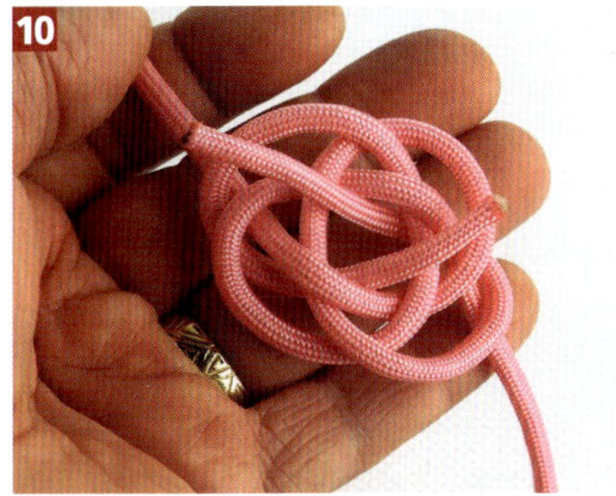

Das Arbeitsende geht unter und nach oben durch das Zentrum des Knotens.

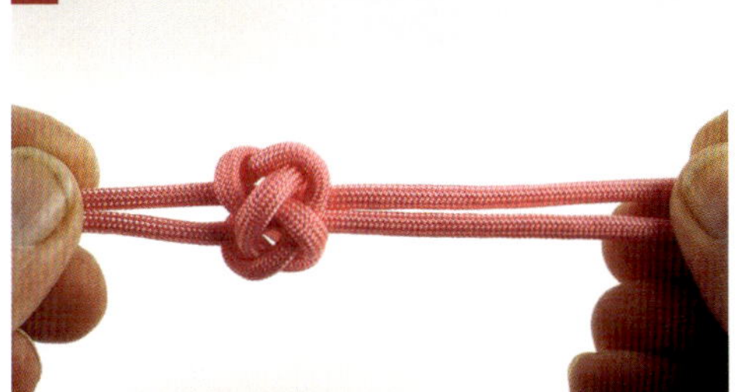

Ziehen Sie am Knoten, mit der Schlaufe links und den Arbeitsenden rechts.

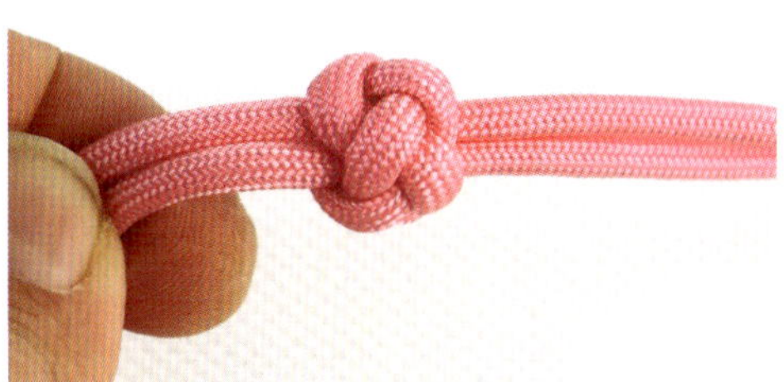

Ziehen Sie den Knoten stramm, indem Sie systematisch an allen Seilen ziehen.

13 Der Lanyard ist fertig.

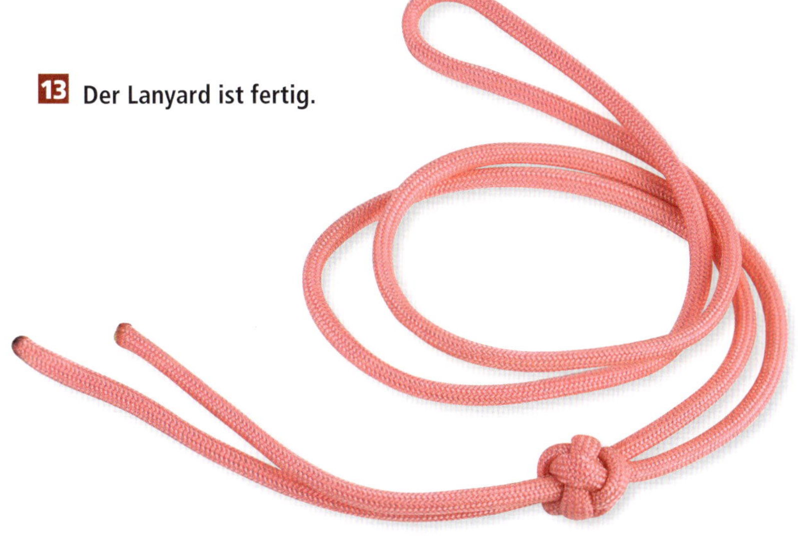

8.2 Doppelter Lanyard-Knoten

Falls die Schlaufe zu groß ist, wenn Sie mit dem Festziehen beginnen, kann man die Schlaufe durch den Knoten kürzer ziehen und den Knoten straff ziehen, indem man an allen Schlaufen im Knoten systematisch zieht. Wenn die Hauptschlaufe zu klein ist, ziehen Sie den Knoten fest, indem Sie die Enden, die in den Knoten führen, kürzen und alle Kurven systematisch festziehen. Meistens muss man den Knoten in zwei Stufen festziehen. Zwischen den Stufen muss die Größe der Hauptschlaufe überprüft werden und der Knoten bei Bedarf angepasst werden.

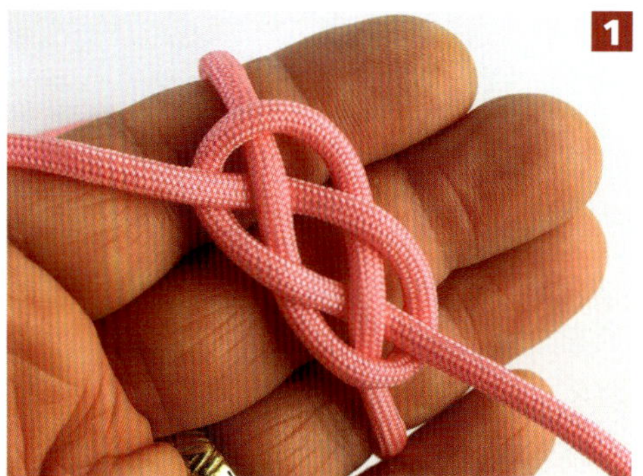

Die ersten sechs Schritte sind dieselben wie beim Standard-Lanyard-Knoten.

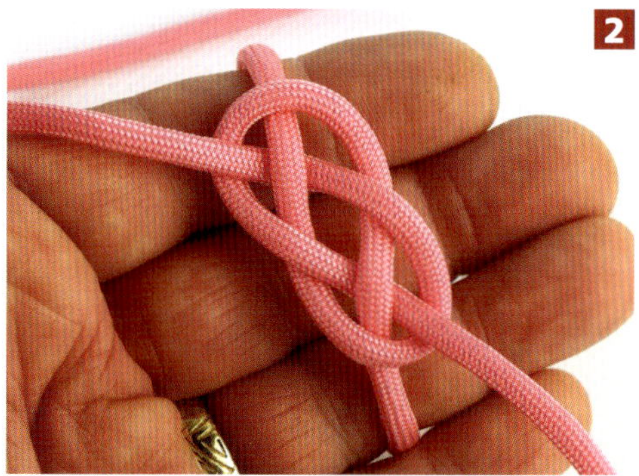

Machen Sie die Arbeitsenden lang genug.

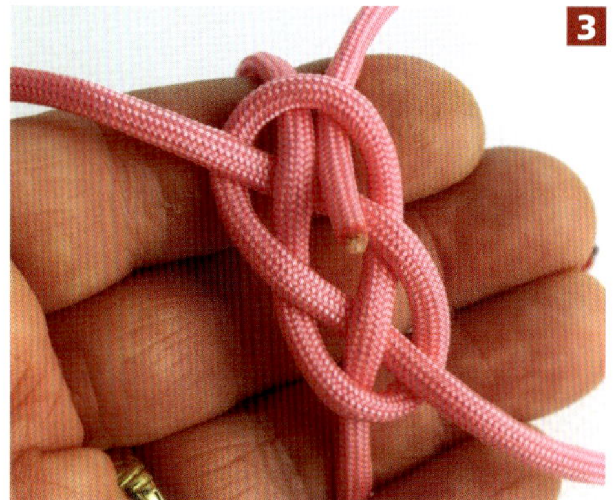

Nehmen Sie das rechte Arbeitsende herum zum stehenden Ende an der Spitze und folgen Sie diesem Seil.

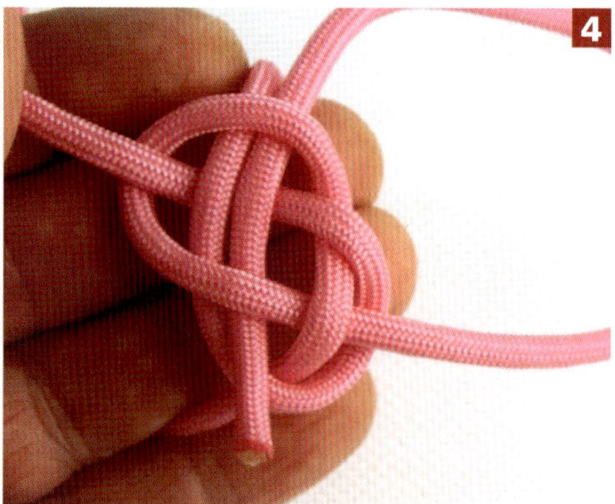

Führen Sie das Arbeitsende parallel zum stehenden Ende und nach unten, nach oben und wieder nach unten.

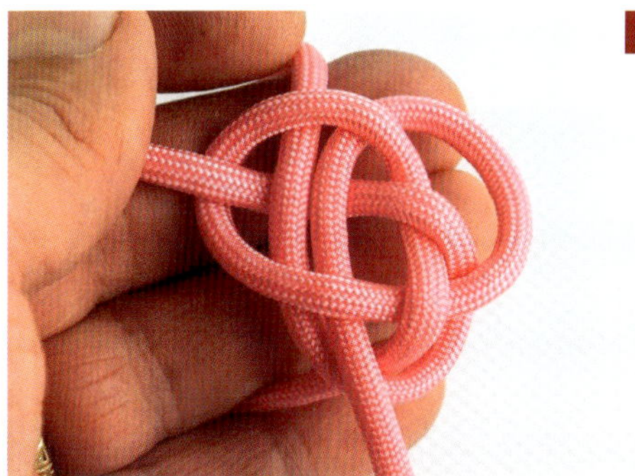

Ziehen Sie das Arbeitsende durch.

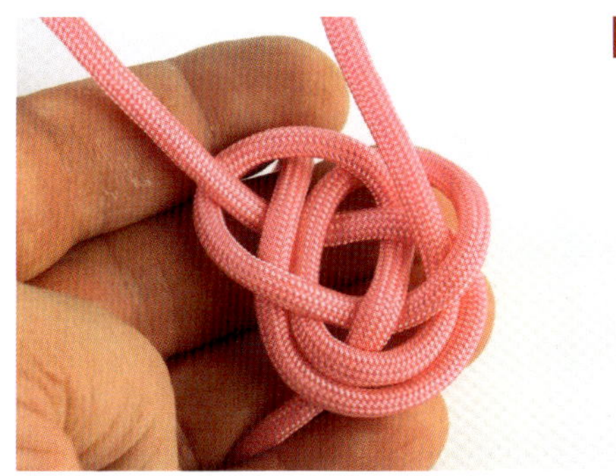

Fahren Sie damit fort, den Knoten zu verdoppeln.

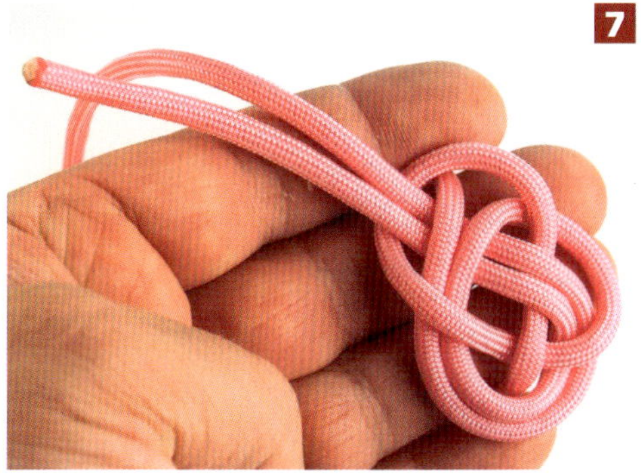

Legen Sie das Arbeitsende parallel zum anderen Arbeitsende und ziehen Sie es durch.

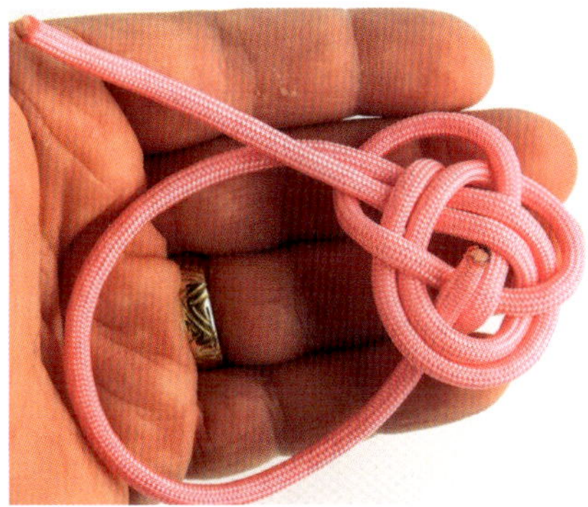

Nehmen Sie das obere Ende und bringen Sie es nach oben neben das untere Ende.

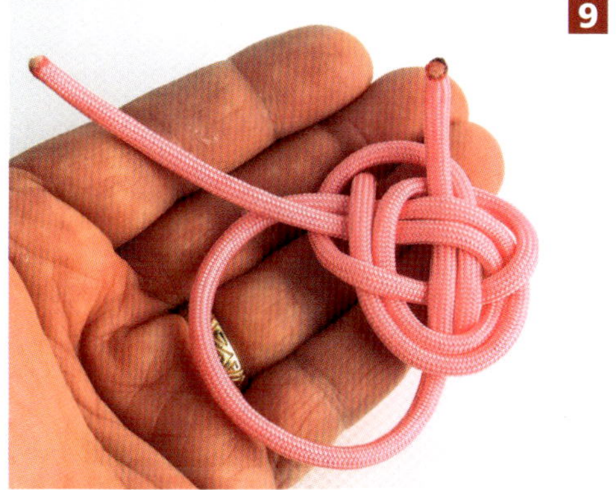

Folgen Sie dem Seil nach oben und unten und ziehen Sie das Arbeitsende durch.

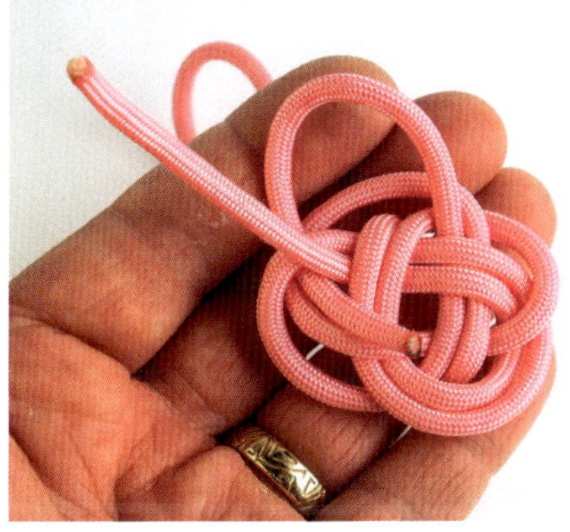

Machen Sie eine Linkskurve, um dem Seil zu folgen.

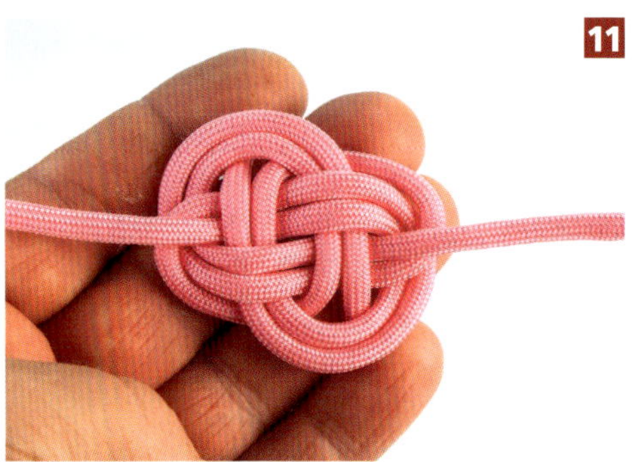

Fahren Sie nach oben, unten und oben fort und ziehen Sie das Seil durch. Überprüfen Sie den Knoten.

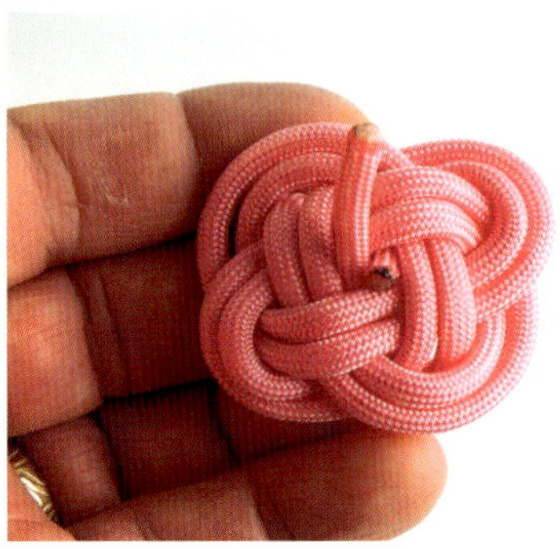

Bringen Sie die Arbeitsenden neben die Seile, unter den Knoten und durch das Loch in der Mitte.

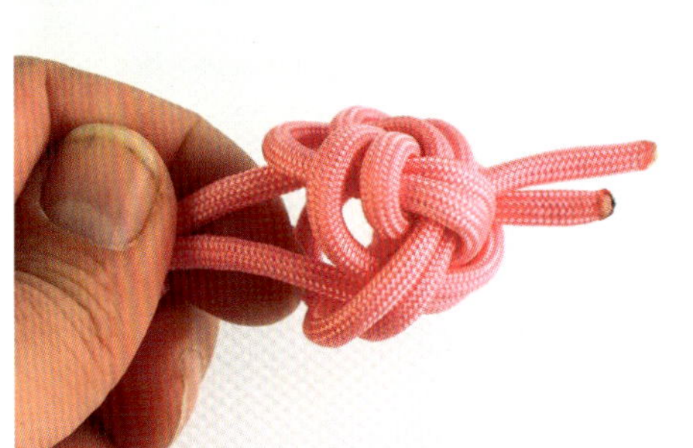

Ziehen Sie das Arbeitsende nach vorne und drücken Sie den Knoten nach hinten.

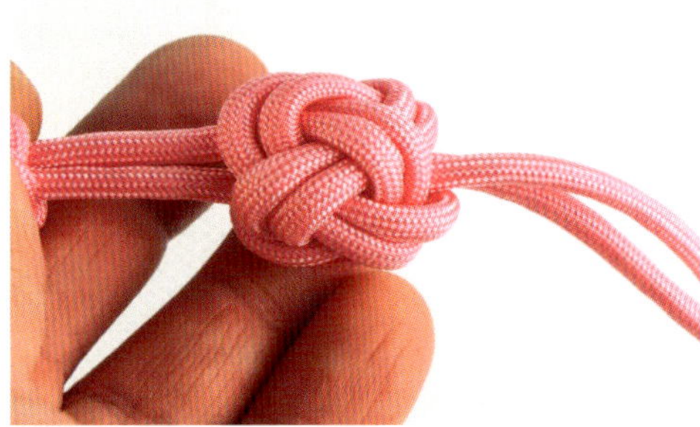

Ziehen Sie den Knoten fest, indem Sie die Biegungen systematisch straffziehen.

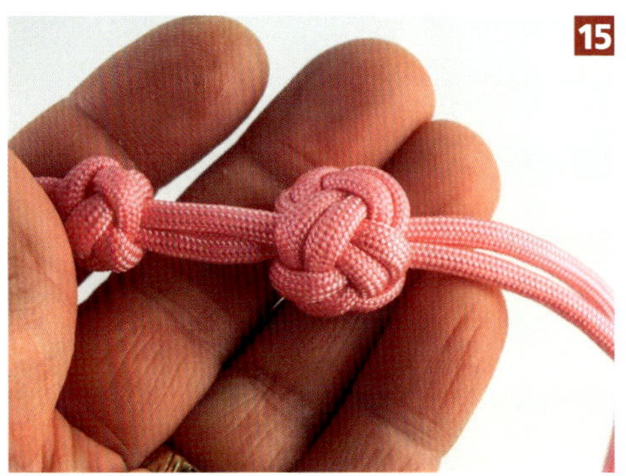

Der Knoten wurde manuell festgezogen.

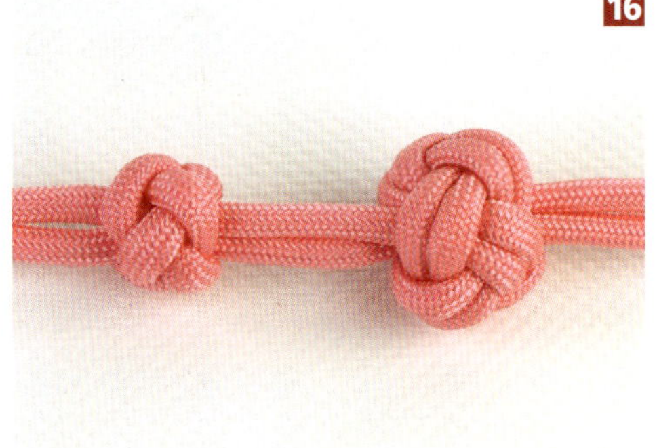

Bei den festgezogenen Knoten kann man den Größenunterschied zwischen Standard- und verdoppeltem Lanyard-Knoten sehen.

8.3 Variationen des doppelten Lanyard-Knotens

Der Lanyard-Knoten kann auch auf andere Weise verdoppelt werden. Der leichte Weg ist es, eine einfache Struktur des Lanyard-Knotens mit zwei Arbeitsenden zu machen. Dann nimmt man die zwei Arbeitsenden des zweiten Seils und verdoppelt den Knoten, indem man den Seilen im Knoten folgt. Das reduziert die Chance, die beiden Seile zu verdrehen, anstatt sie perfekt parallel zu halten. Auf diese Weise kann der Lanyard-Knoten mit zwei Farben gemacht werden.

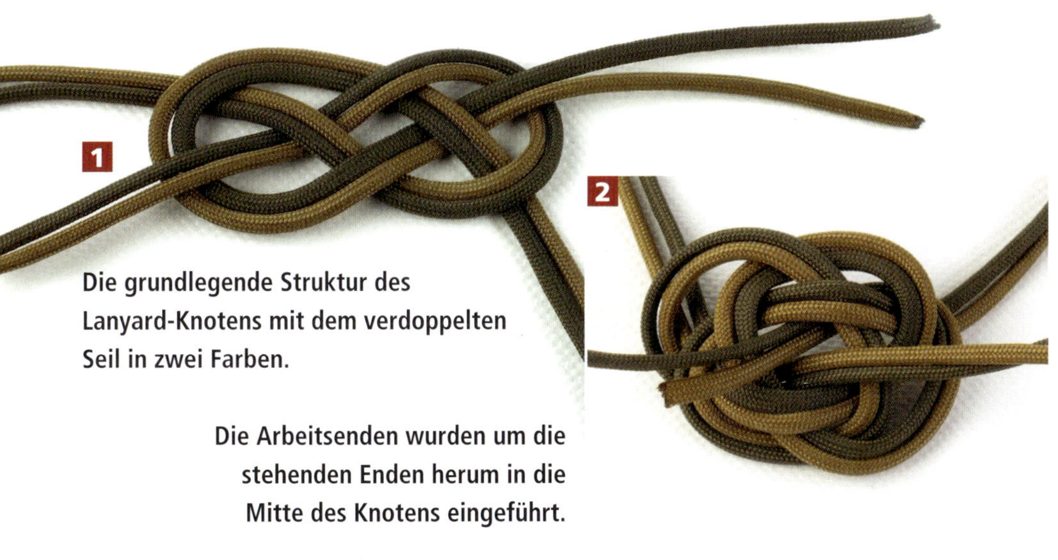

1 **Die grundlegende Struktur des Lanyard-Knotens mit dem verdoppelten Seil in zwei Farben.**

2 **Die Arbeitsenden wurden um die stehenden Enden herum in die Mitte des Knotens eingeführt.**

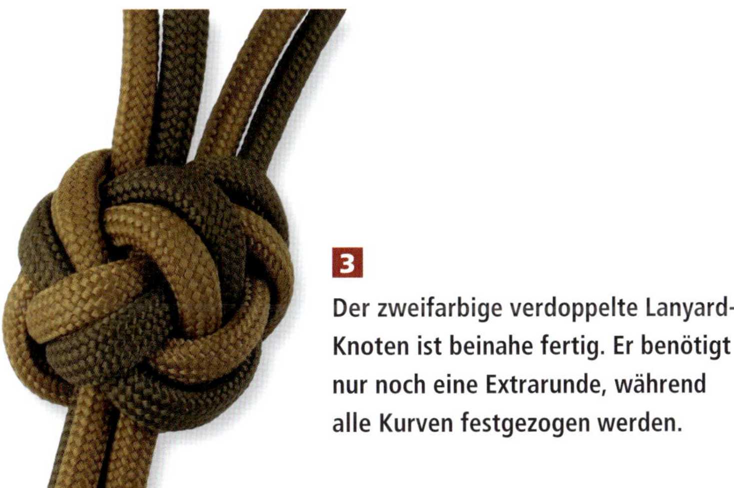

3 **Der zweifarbige verdoppelte Lanyard-Knoten ist beinahe fertig. Er benötigt nur noch eine Extrarunde, während alle Kurven festgezogen werden.**

SCHLÜSSELBÄNDER

Viele der hier vorgestellten Techniken sind vom sogenannten Scoubidou bekannt (dem Zusammenschnüren von dünnen, flexiblen Plastikröhrchen): eckiger Knoten (square stitch), runder Knoten (circle stitch), twist stitch und cobra stitch sind diejenigen, die am häufigsten mit Paracord verwendet werden. Deutsche Ausdrücke dafür scheinen nicht gebräuchlich zu sein.

Der eckige Scoubidou-Knoten ist ideal für Flatline-Paracord. Er schafft eine hübsche quadratische oder rechteckige Form, selbst wenn die Größe der zwei Flatlines, die oft von unterschiedlicher Farbe sind, nicht identisch ist. Im Beispiel ist die schwarze Hülle schmaler als die rote Flatline.

Der runde Stich ergibt mit Flatline mehr Kanten. Mit vollem Paracord ist die Form glatter. Abhängig vom Seiltyp (Durchmesser) und der Anzahl der Seile (vier oder mehr) ändern sich die Maße sehr stark.

Um zu vermeiden, dass das Seil des Schlüsselanhängers dauernd am Ende des Schlüsselrings hängenbleibt, ist es eine gute Idee, feste Ringe, glatte Verbindungsglieder einer Kette oder eine Kausch zu benutzen, um Schlüsselring und Anhänger zu verbinden. Wenn Sie mehrere Schlüsselbünde herumtragen, einen Schlüsselbund für Zuhause und einen Satz Schlüssel für die Arbeit, dann ist es bequem, unterschiedlich geformte Schlüsselanhänger für beide zu haben.

9.1 Eckiger Schlüsselanhänger mit Kettenglied

Nehmen Sie zwei Seile von ungefähr 90 Zentimeter Länge in verschiedenen Farben. Wir machen einen hübschen Endknoten, der an einen Türkenbund erinnert. Für den Endknoten werden 15 bis 20 Zentimeter Seil benötigt. Wenn kein Endknoten gewünscht wird, dann kann der Schlüsselanhänger mit kürzeren Seilen gemacht werden. Die Enden können gestutzt werden, geschmolzen und geformt.

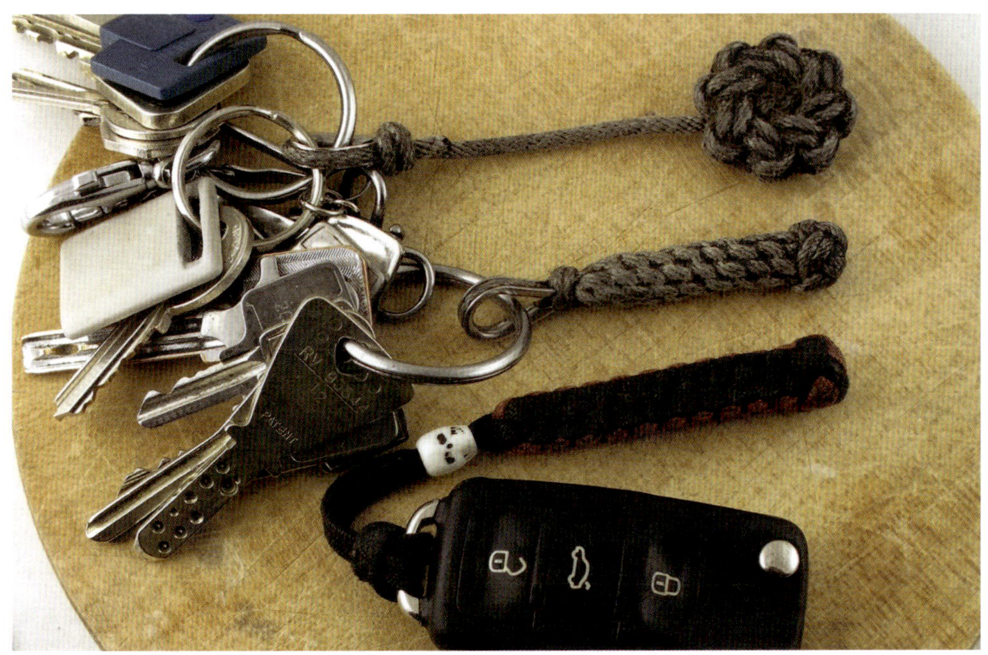

Anhänger und Schlüsselbändchen helfen dabei, Schlüssel in der Tasche zu erkennen. Das hier sind die Schlüssel zu meinem Zuhause, dem Arbeitsplatz und meinem Auto.

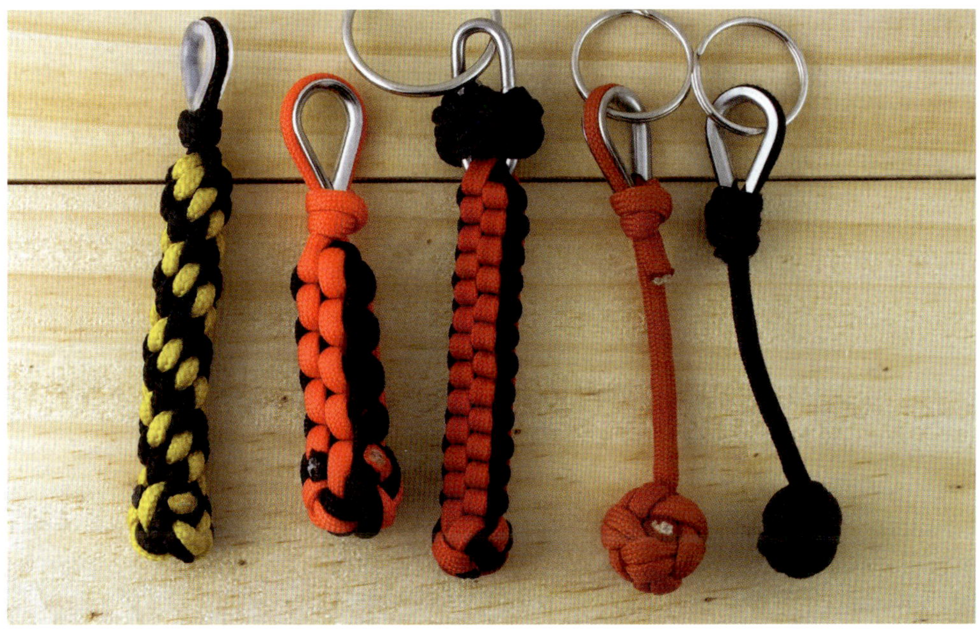

Eine gemischte Auswahl von Schlüsselanhängern.

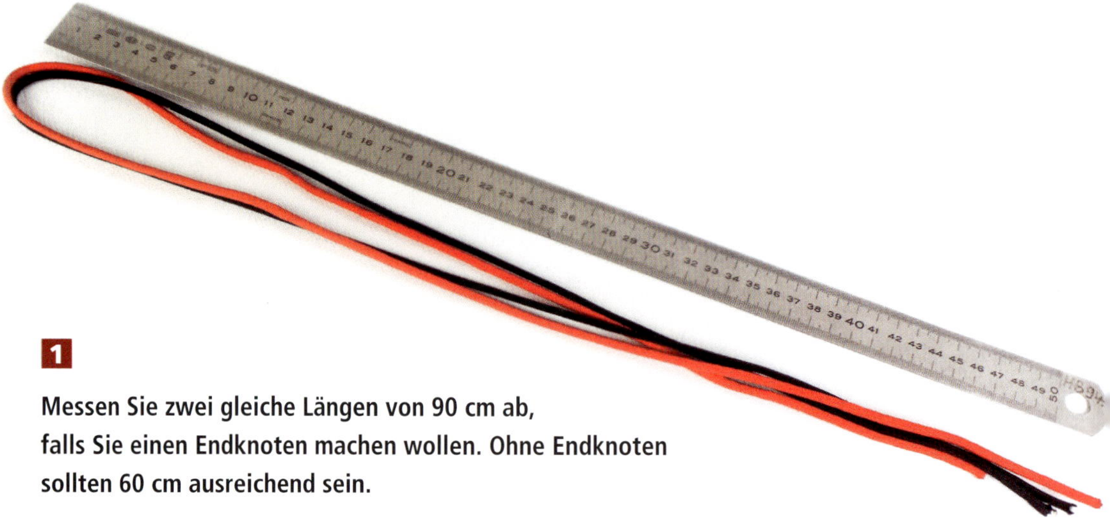

1

Messen Sie zwei gleiche Längen von 90 cm ab, falls Sie einen Endknoten machen wollen. Ohne Endknoten sollten 60 cm ausreichend sein.

2

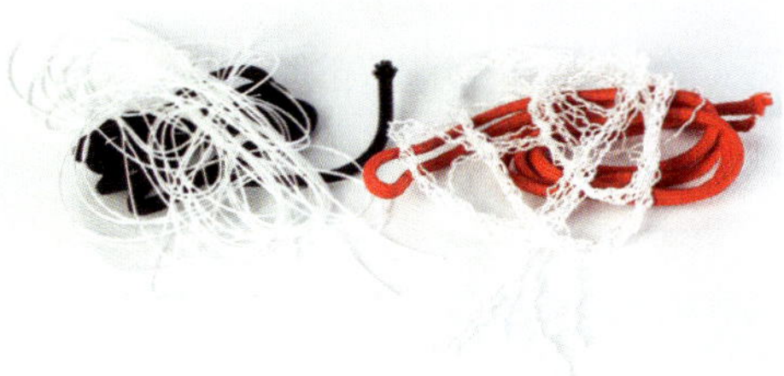

Entfernen Sie die Seele. Die Schnüre haben eine unterschiedliche Form, abhängig vom Hersteller.

3

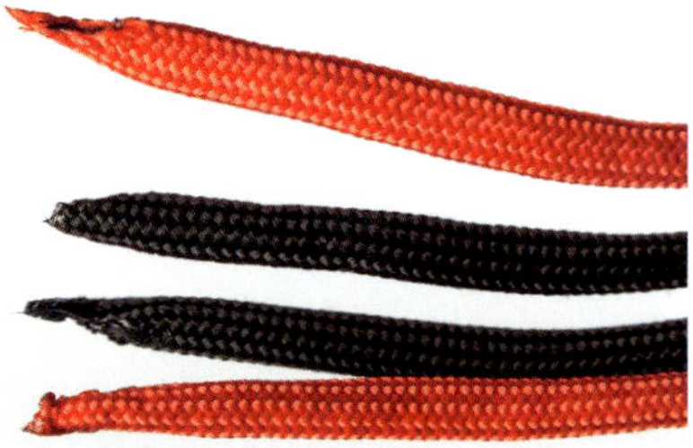

Geben Sie allen vier Seilenden eine schlanke Spitze. Dadurch wird es viel leichter, den Endknoten zu machen.

4

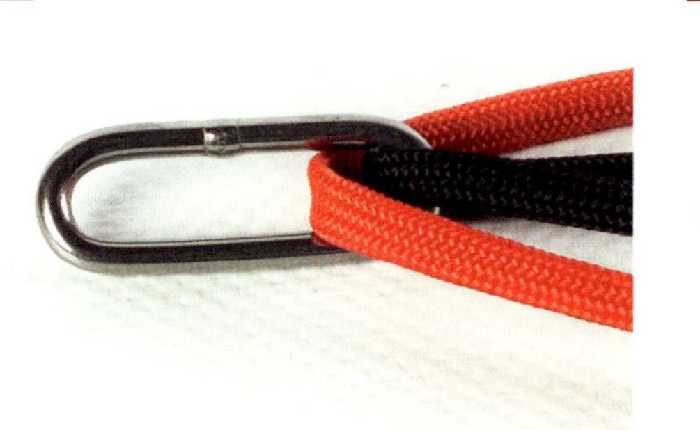

Platzieren Sie den festen Ring oder das Kettenglied in der Mitte der Seile und halten Sie ihn dort gut fest.

5

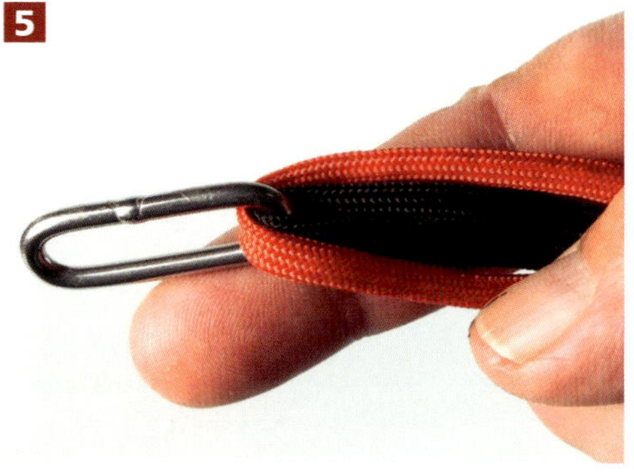

Legen Sie die Seile überkreuzt in das Kettenglied, damit die Farben sich im Anhänger abwechseln.

6

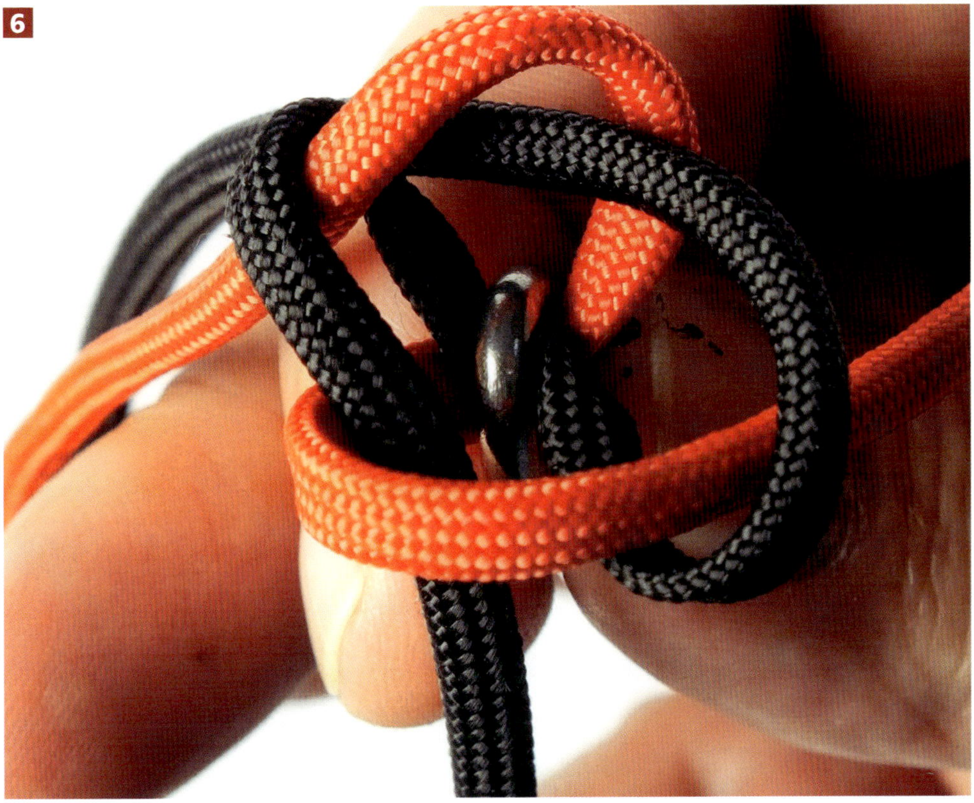

Der erste Knoten: Falten Sie das schwarze Ende mit einer Schlaufe nach oben. Falten Sie das obere rechte orange Ende über das schwarze. Falten Sie das obere linke Schwarz nach unten über Orange und das untere linke Orange über das Schwarz durch die Schlaufe.

7

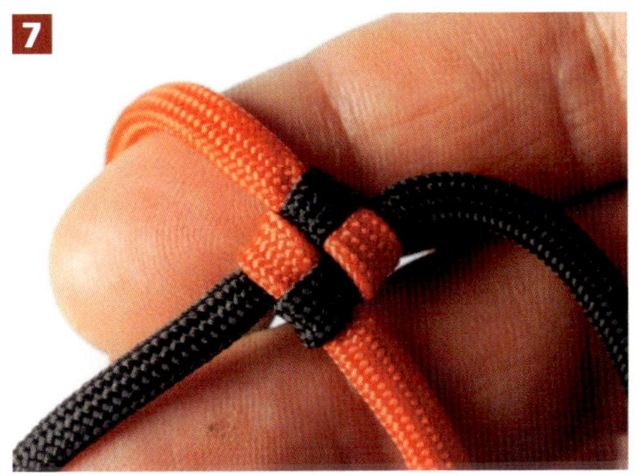

Ziehen Sie abwechselnd an den Enden, um den Knoten einzustellen und zu straffen.

8

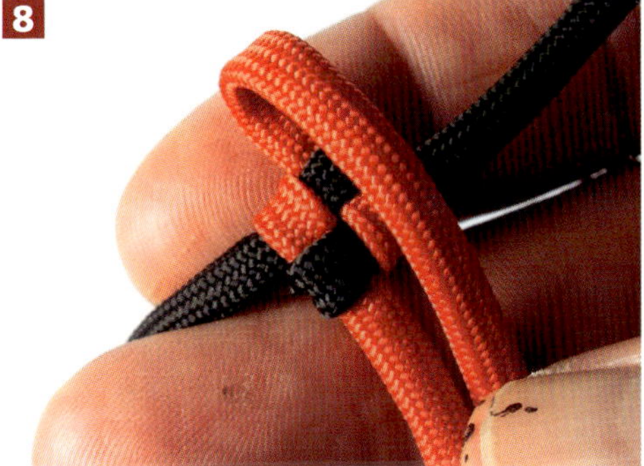

Falten Sie das obere Orange nach unten. Behalten Sie die Schlaufe.

9

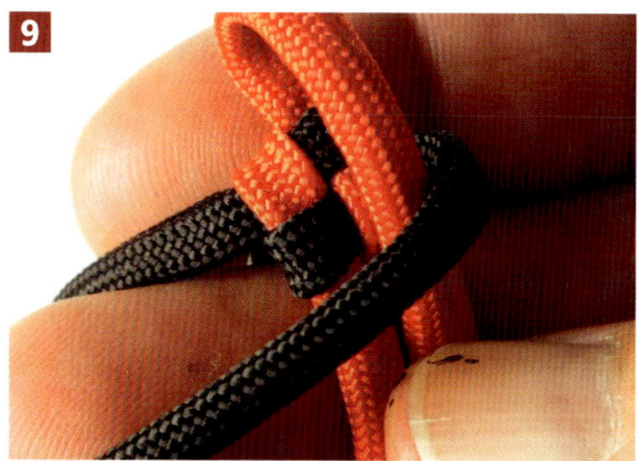

Falten Sie das rechte Schwarz über Orange.

10

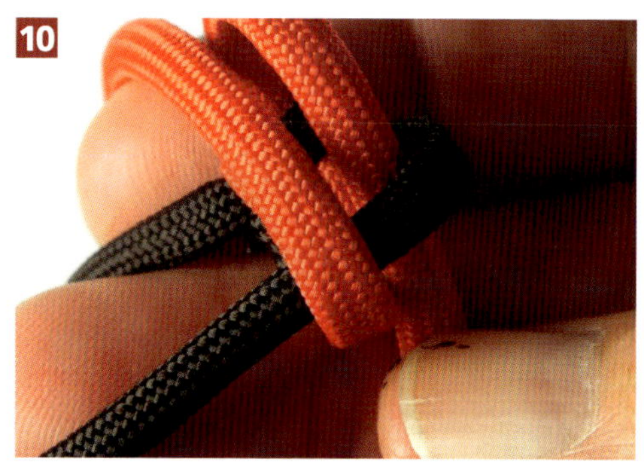

Falten Sie das untere Orange nach oben über Schwarz.

11

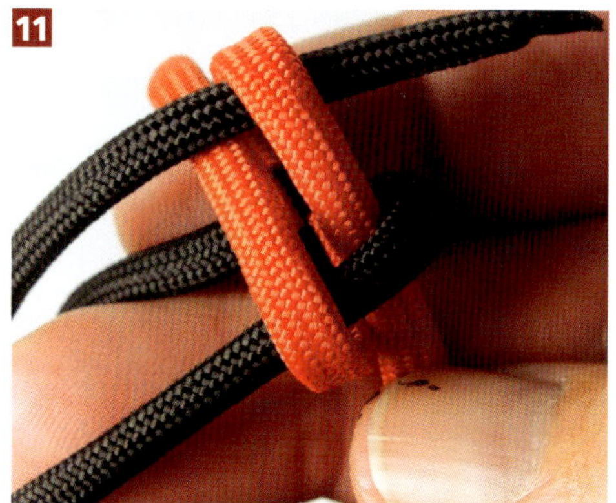

Falten Sie das obere linke Schwarz über das Orange und durch die orange Schlaufe.

12

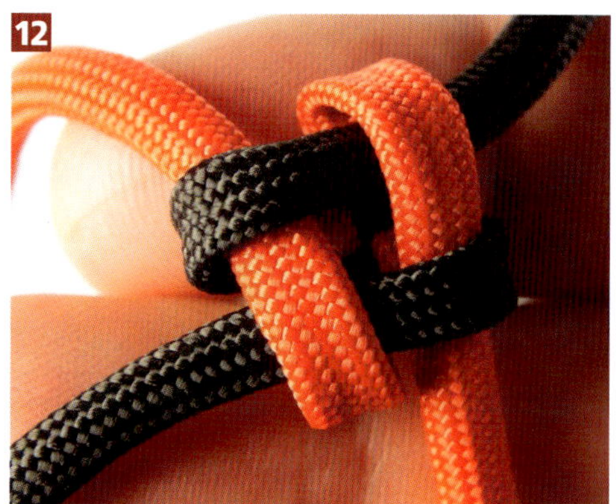

Ziehen Sie alle Seile fest und überprüfen Sie die Struktur.

13

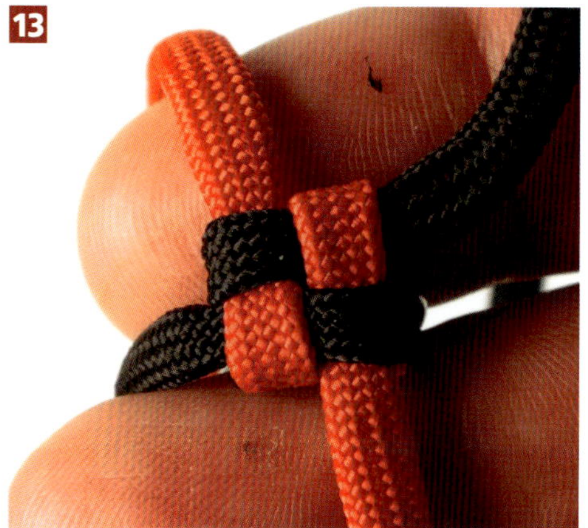

Ziehen Sie alles straff und quadratisch.

14

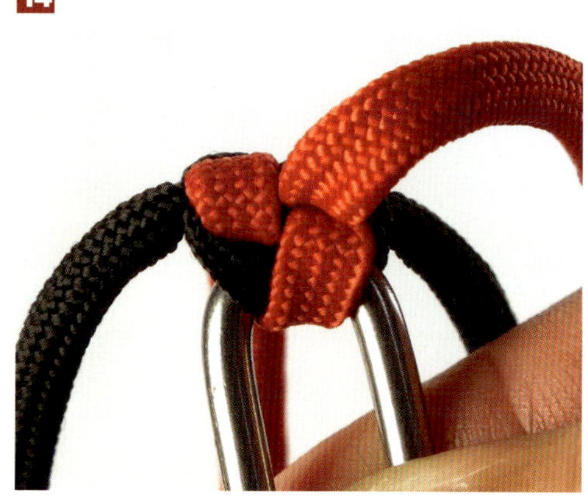

Der zweite Knoten ist fertig.

15

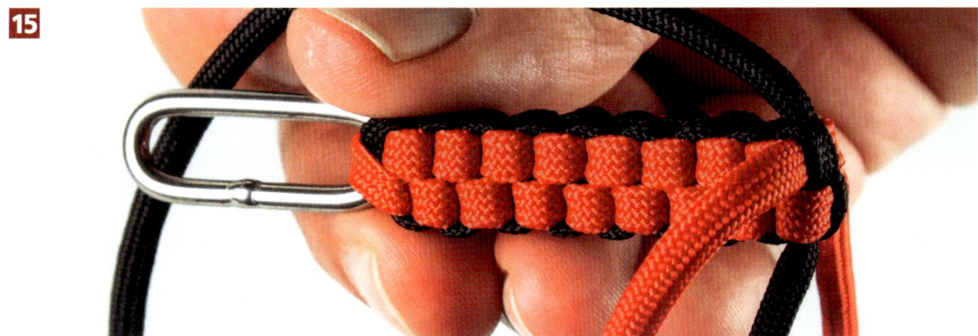

Wiederholen Sie die Knoten in abwechselnder Richtung. Überprüfen Sie, ob genügend Seil für den Endknoten übrig ist (mindestens 20 cm, um auf der sicheren Seite zu sein).

16

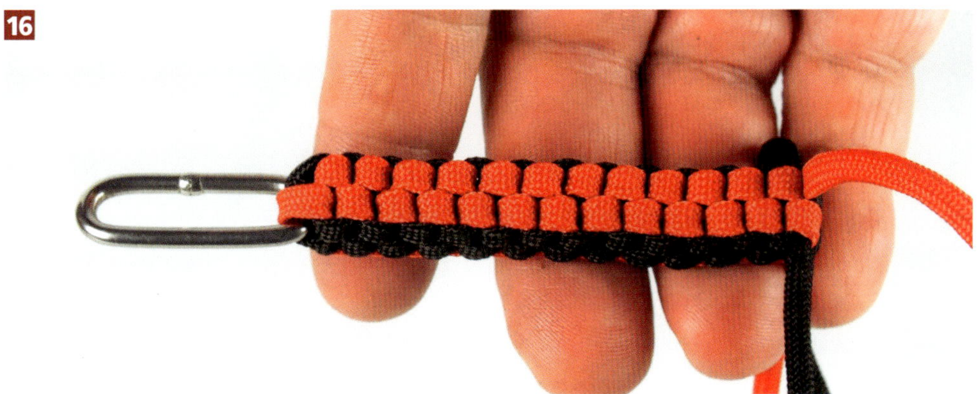

Die Endlänge des Anhängers ist erreicht. Lassen Sie 15 bis 20 cm für den Endknoten übrig. Falls kein Endknoten gemacht wird, stutzen, schmelzen und formen Sie die Enden.

17

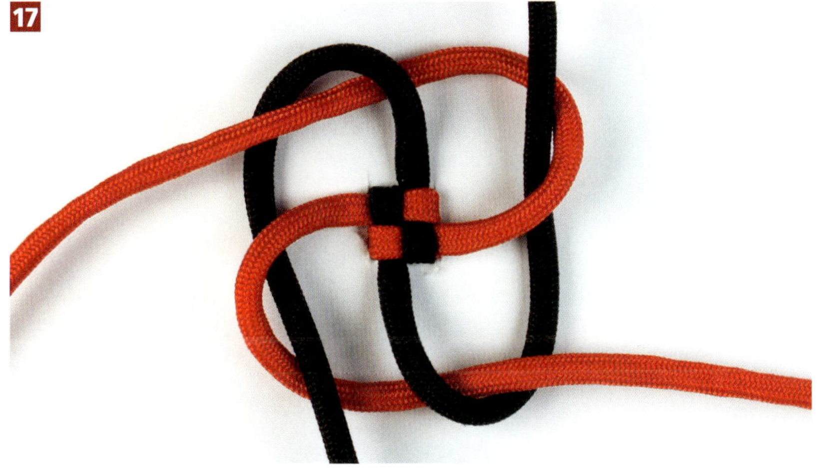

Beginn des Endknoten, der Ähnlichkeit mit dem Türkenbund aufweist (siehe Kasten auf S. 62).

TÜRKISCHER ENDKNOTEN

Diesen Endknoten habe ich dem bekannten Ashley-Buch der Knoten entnommen. Hier trägt er die Nummer 847.

1

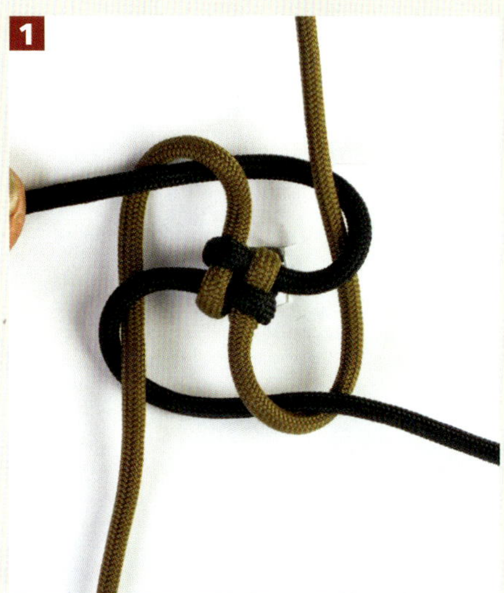

Ausgangsposition wie S. 61, Abb. 17.

2

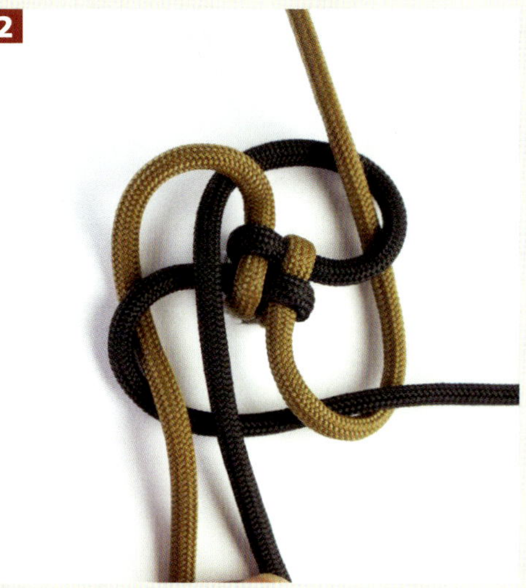

Das schwarze Seilende von oben rechts geht nach unten.

3

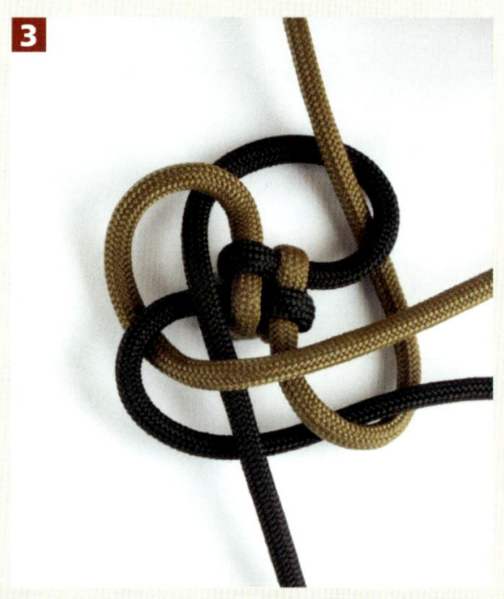

Das khakifarbene geht von links nach rechts.

4

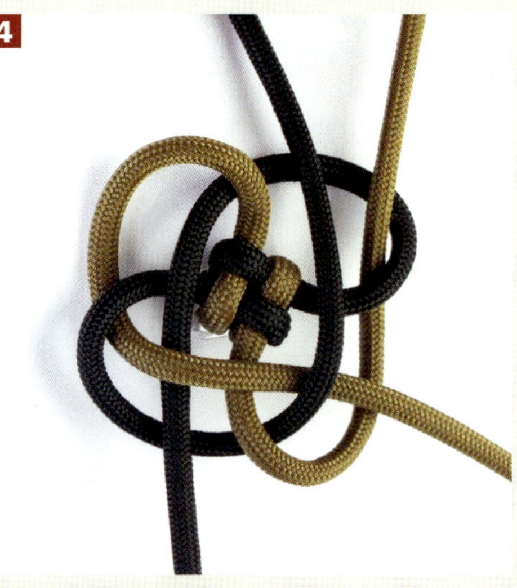

Rechtes Schwarz nach oben.

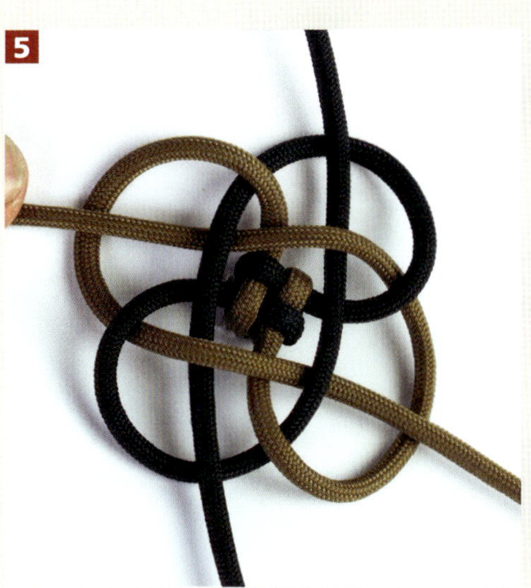

Oberes Khaki nach links.

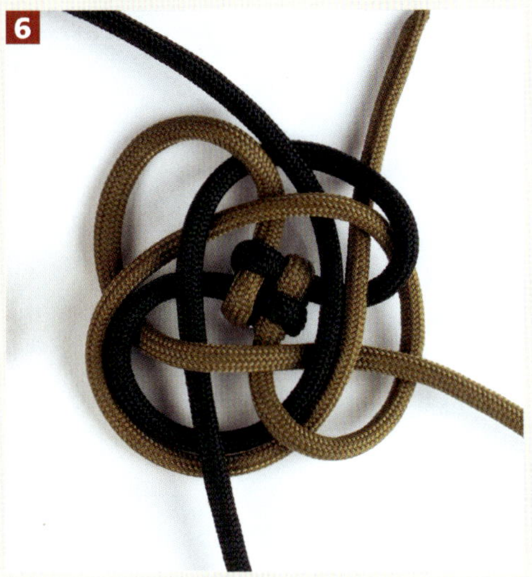

Beginnen Sie die Verdopplung mit dem linken khakifarbenen Seilende.

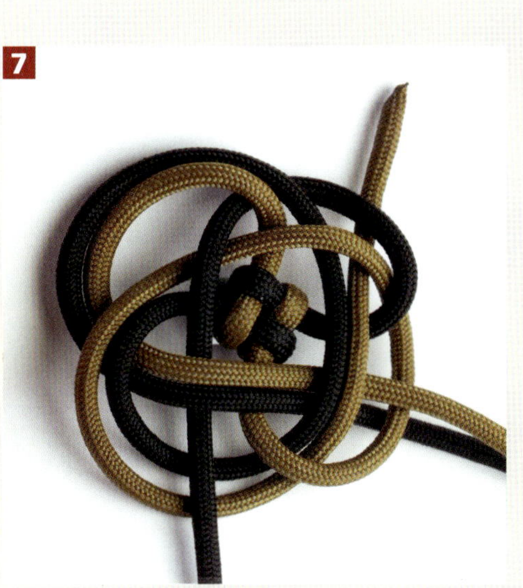

Nehmen Sie das obere schwarze Seilende nach links zum Verdoppeln.

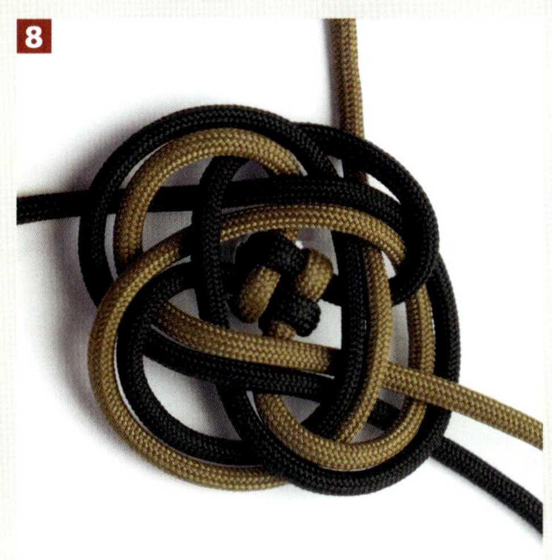

Verdoppeln Sie mit dem unteren, schwarzen Arbeitsende.

9

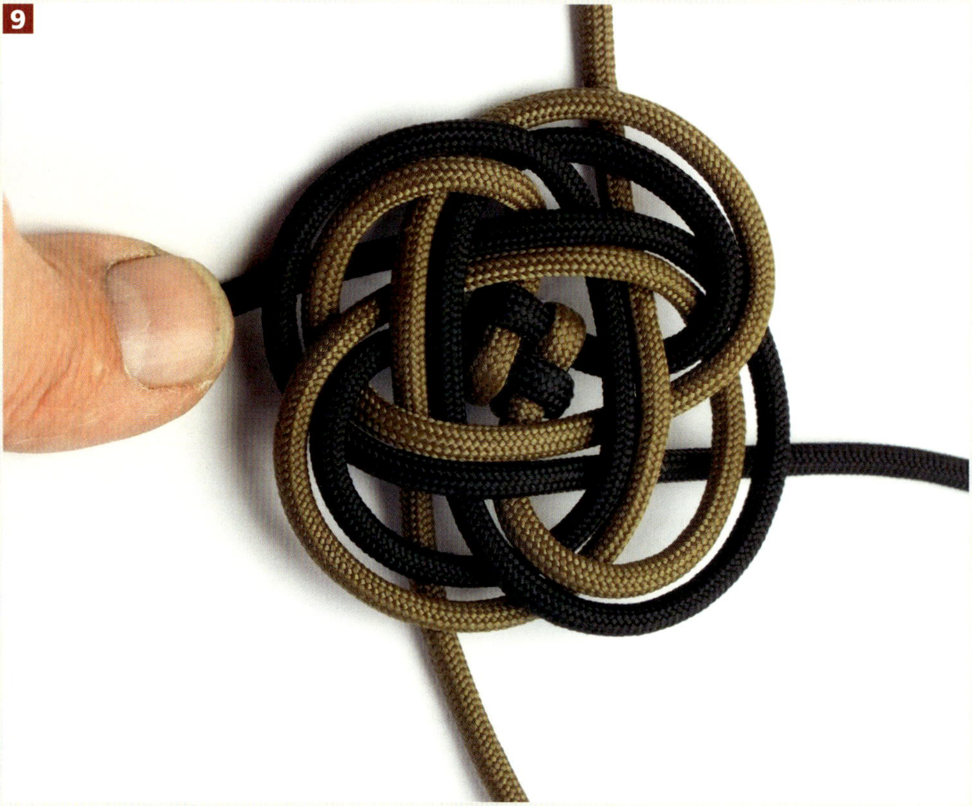

Nehmen Sie das letzte khakifarbene Ende zum Verdoppeln.

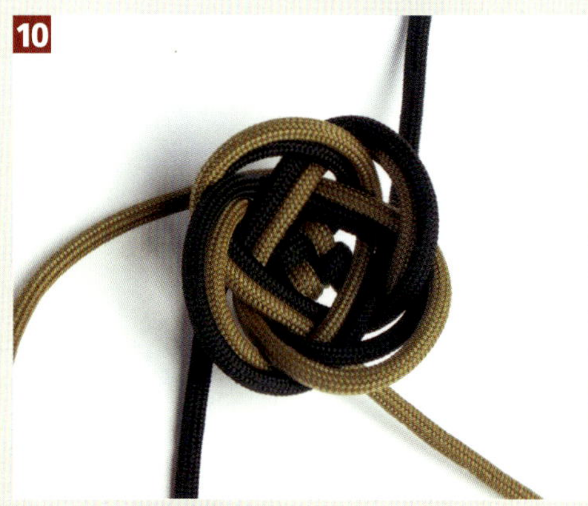

Ziehen Sie langsam den Knoten fest, damit sich eine Blumenform ergibt.

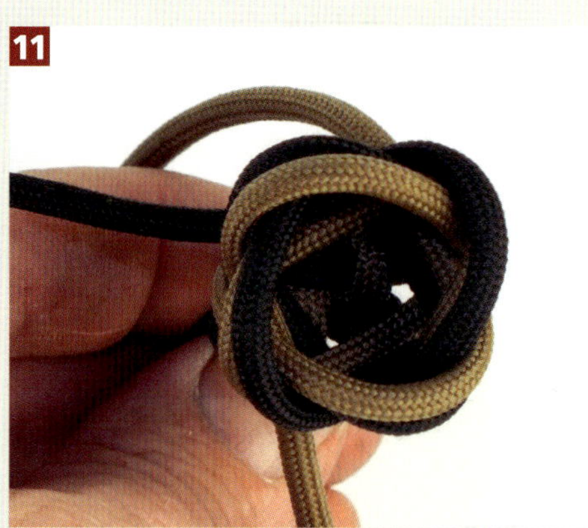

Die Blume wird geschlossen, je weiter Sie die Enden zusammengezogen haben.

12

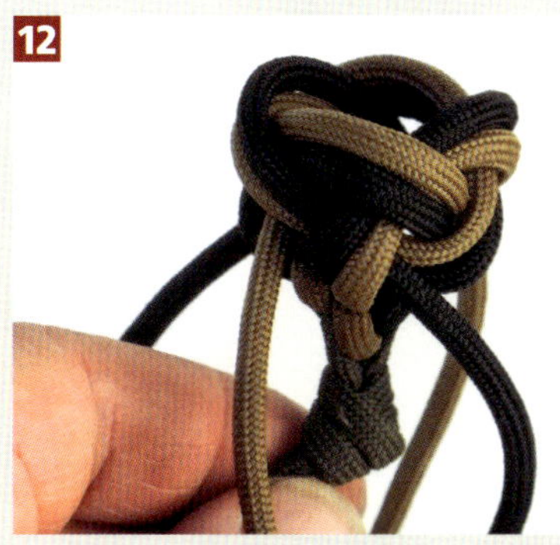

Die Blume von der Seite gesehen. Noch ist sie nicht optimal.

13

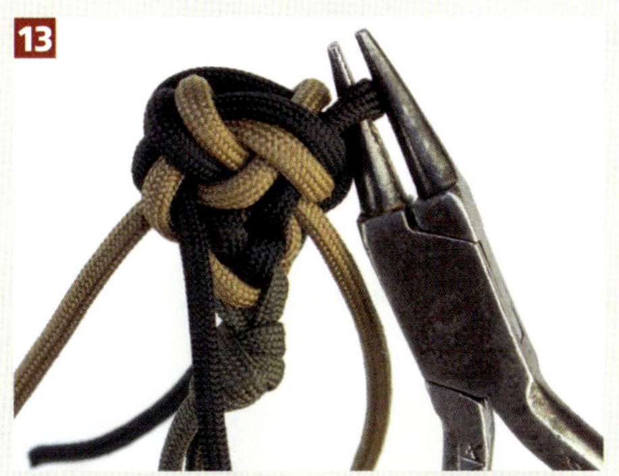

Ziehen Sie die Enden systematisch mit der Zange fest.

14

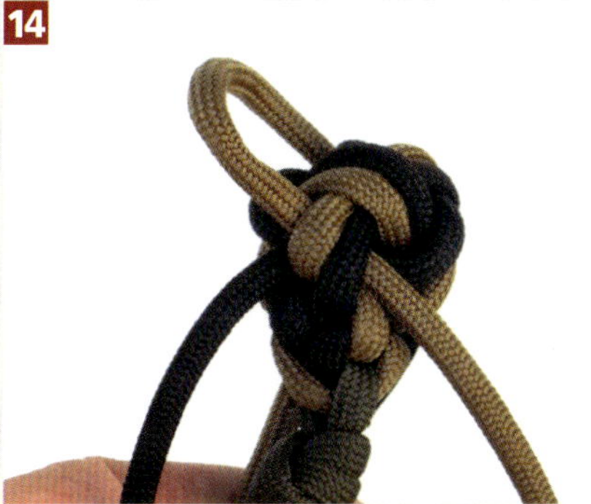

Fast fertig.

15

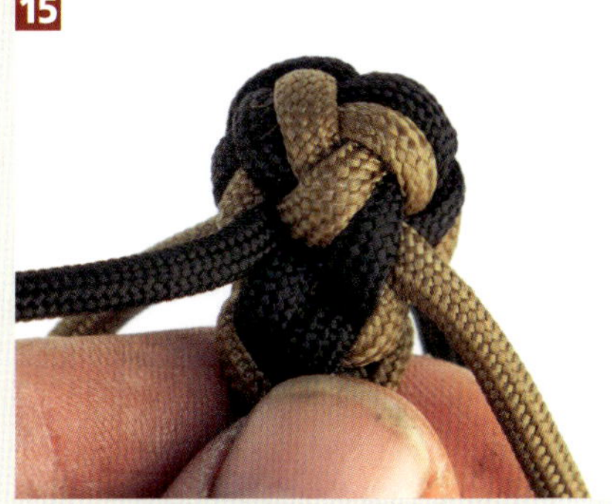

Die Arbeitsenden sind straffgezogen.

16

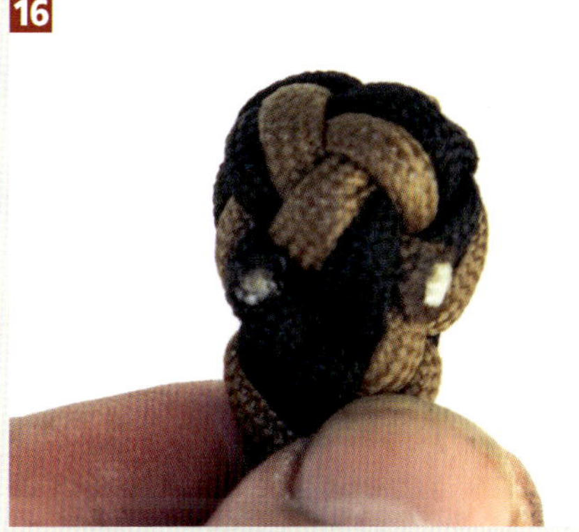

Nun nur noch die Enden abschneiden und verschweißen.

17

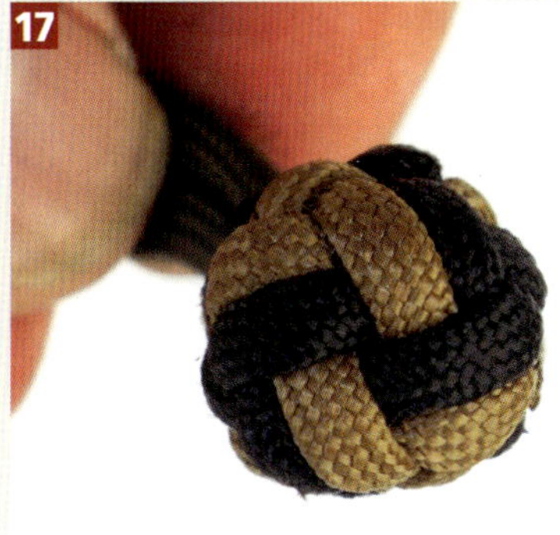

Der Türkische Endknoten ist fertig. Anblick von oben.

9.2 Quadratischer Schlüsselanhänger mit Kausch

1

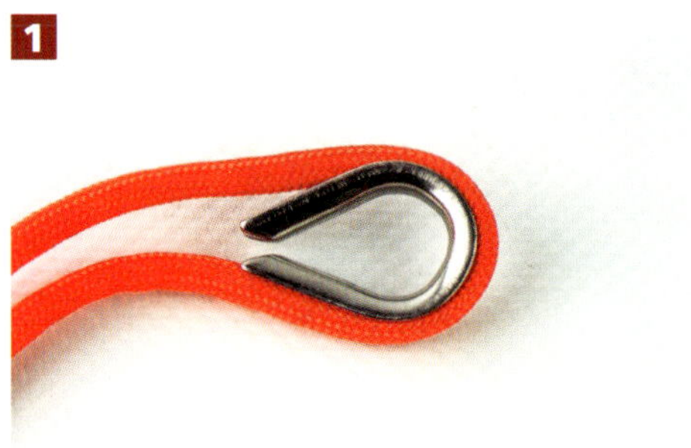

Nächstes Beispiel: Orange-schwarzer Schlüsselanhänger mit Seil und Kausch.

2

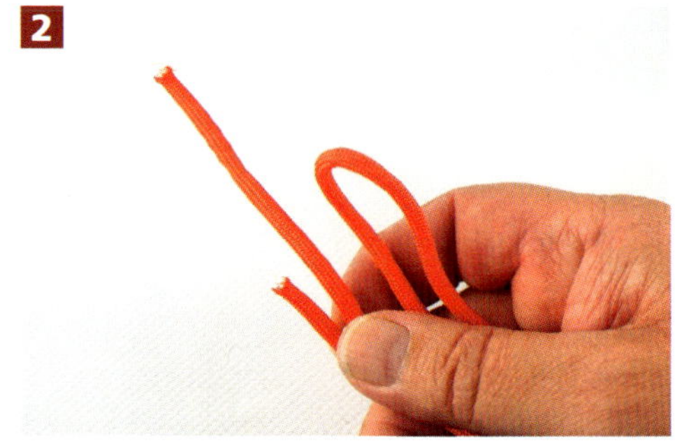

Falten Sie das Seil und fixieren Sie es mit zwei Fingern. Lassen Sie ein Ende länger.

3

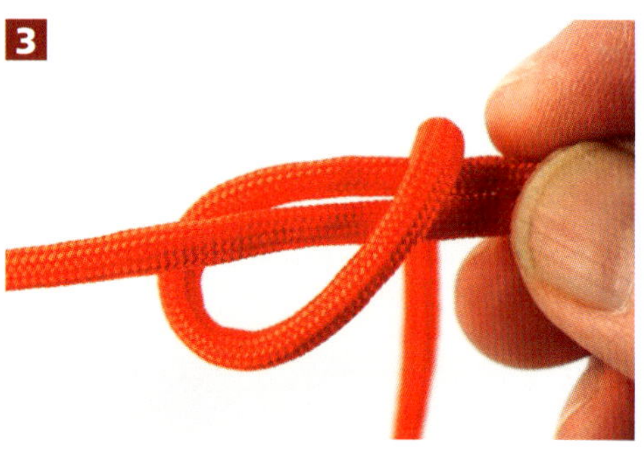

Beginnen Sie mit dem gleitenden Knoten.

4

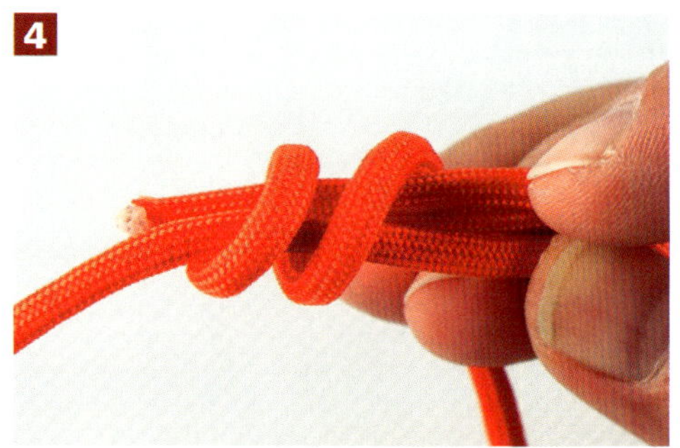

Stecken Sie das Arbeitsende durch die doppelten Schlaufen.

5

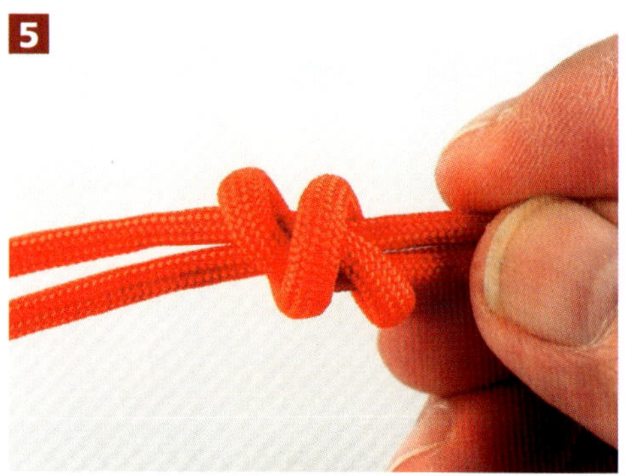

Ziehen Sie den Knoten fest.

6

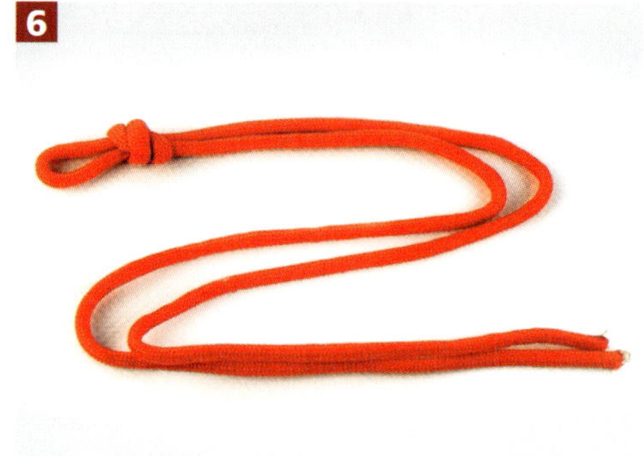

Falls notwendig, bewegen Sie den Knoten, bis beide Arbeitsenden gleich lang sind.

7

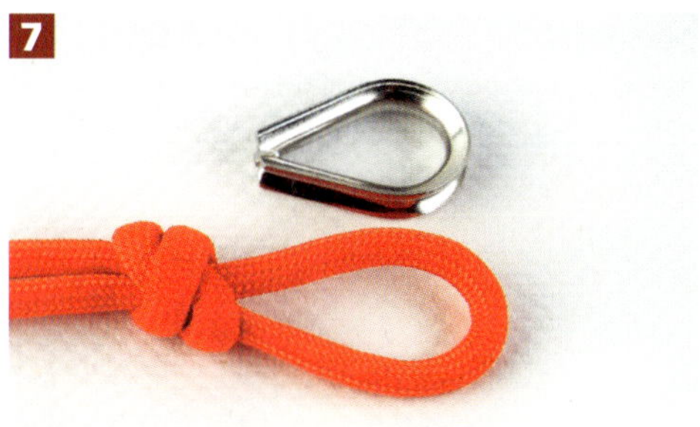

Kausch und Schlaufe. Achten Sie bei beiden auf die passenden Größen.

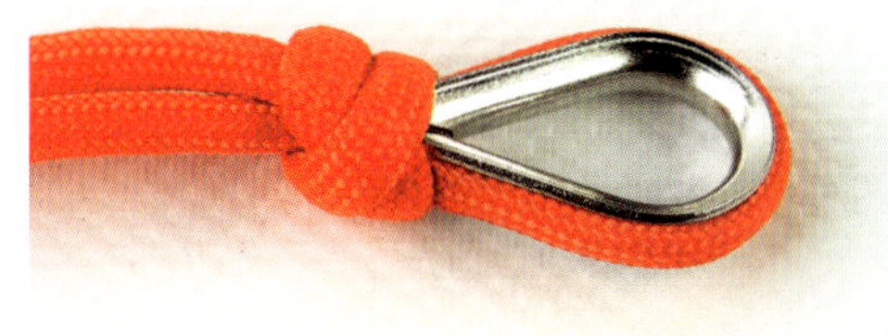

Ziehen Sie die Schlaufe so fest wie möglich um die Kausch.

9

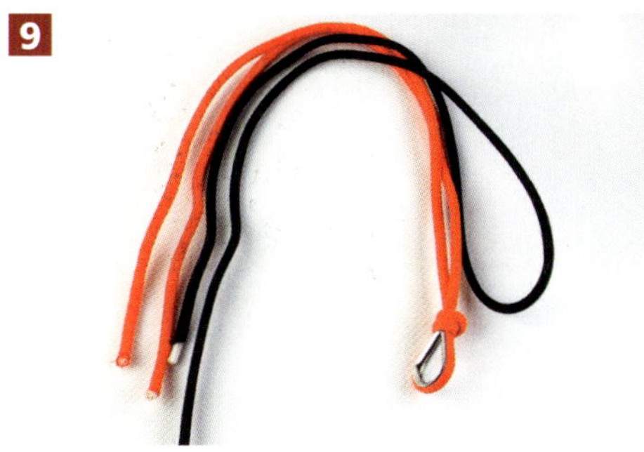

Nehmen Sie ein zweites Seil von derselben Länge wie die orangen Arbeitsenden.

10

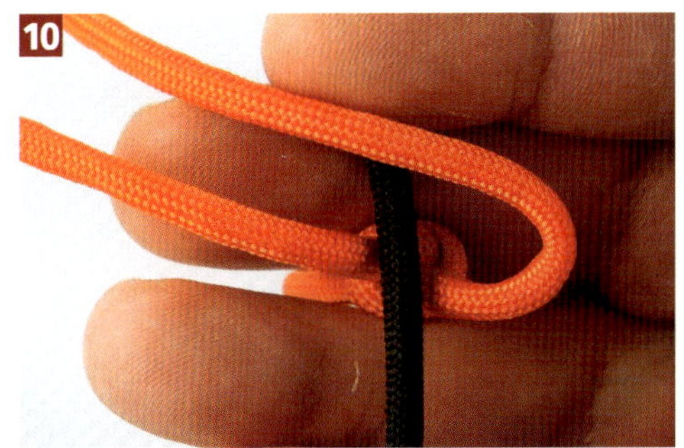

Positionieren Sie die Mitte des schwarzen Seils am Gleitknoten und führen Sie das rechte orange Ende nach links über das schwarze Seil.

11

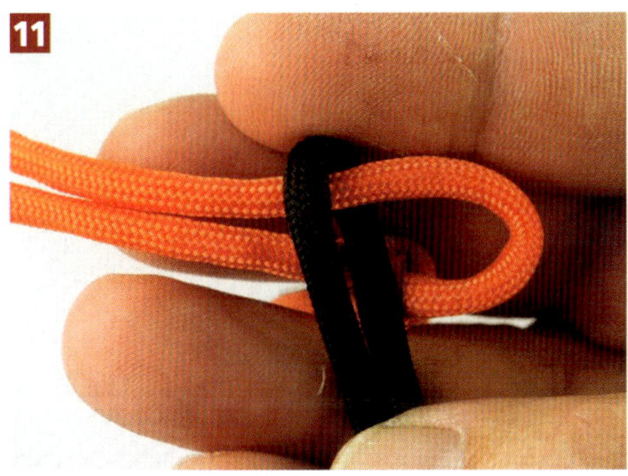

Falten Sie das obere Schwarz nach unten über das Orange.

12

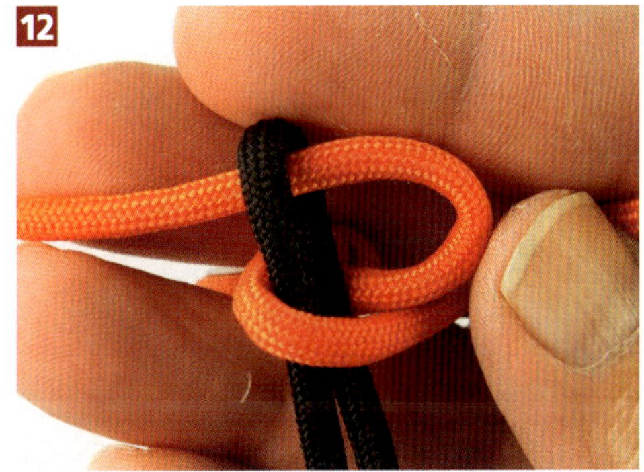

Das Orange geht nach rechts über das Schwarz.

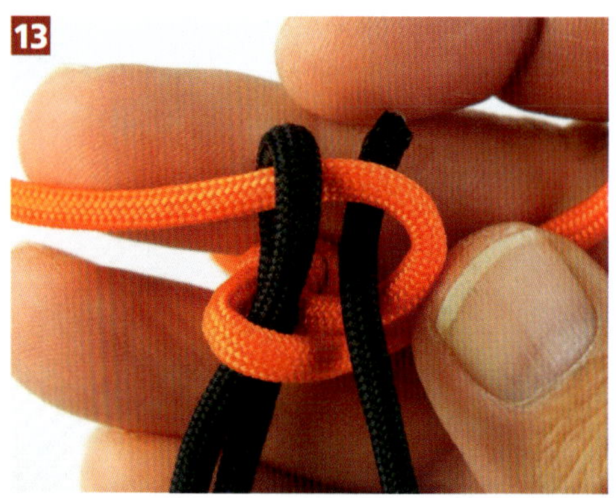

Zuletzt geht das Schwarz durch die orange Schlaufe, mit der wir angefangen haben.

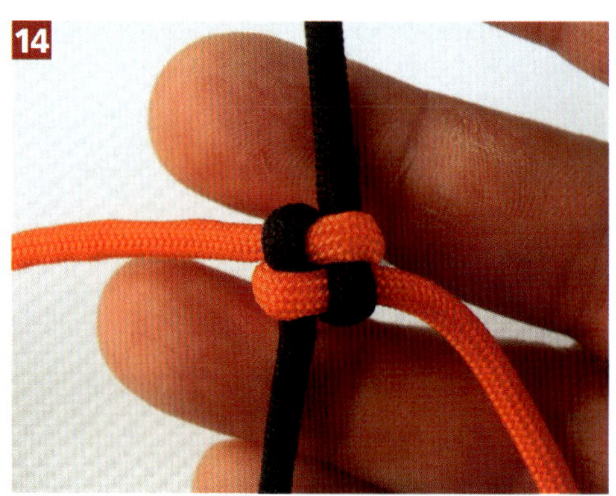

Der erste Knoten ist vollendet.

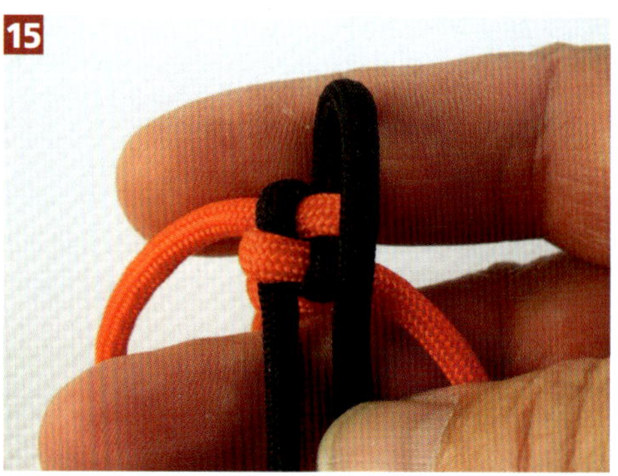

Der zweite Knoten geht in die entgegengesetzte Richtung. Das Schwarz wird auf sich selbst gefaltet.

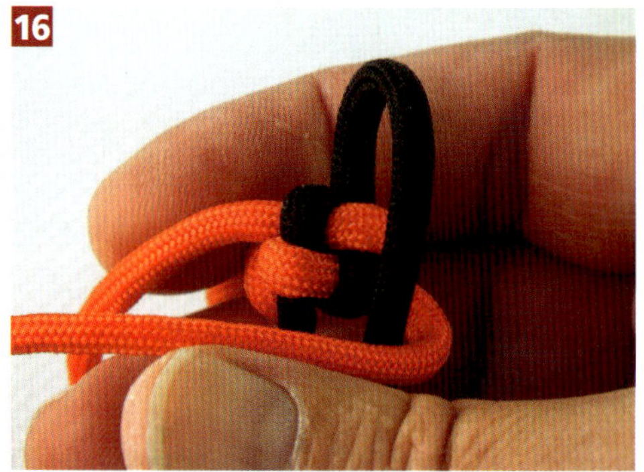

Orange wird über Schwarz nach rechts gelegt und auf sich selbst gefaltet.

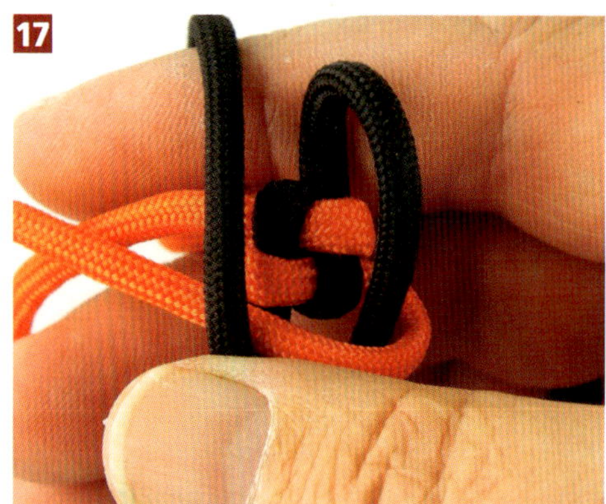

Schwarz über Orange...

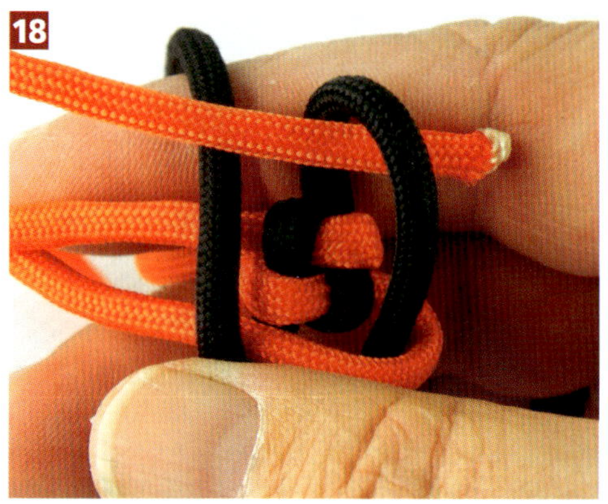

...und Orange durch die schwarze Schlaufe.

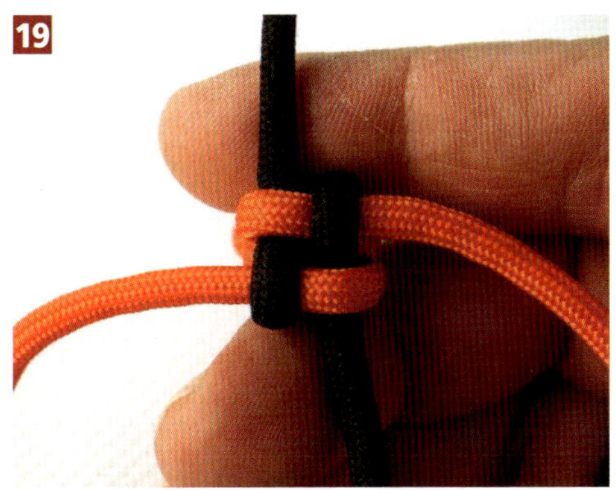

Der zweite Knoten ist fertig. Indem man die folgenden Knoten in abwechselnder...

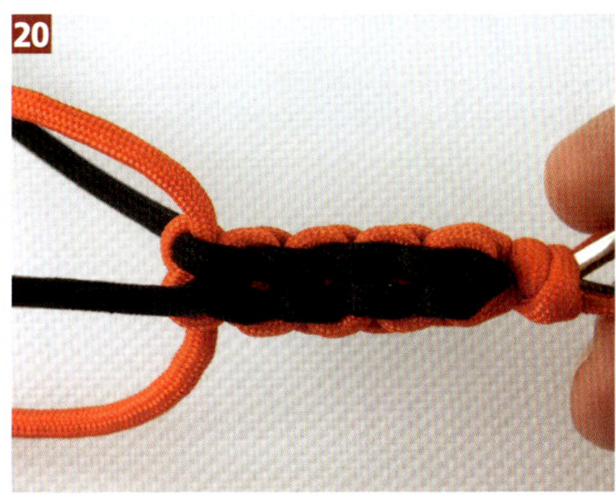

...Richtung wiederholt, bleiben die Farben an der Seite. Die Form wird quadratisch.

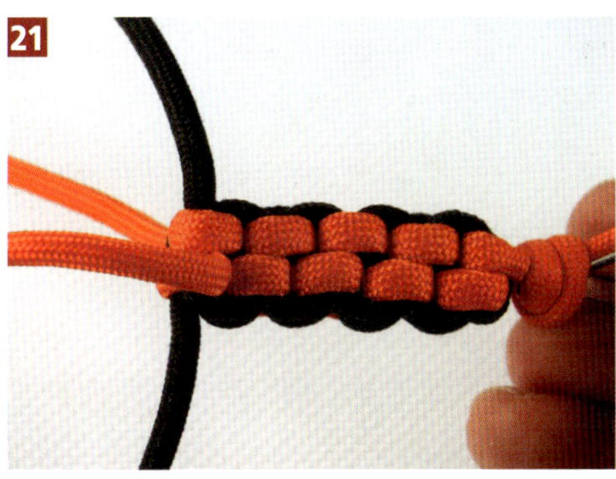

Mit vollem Paracord wird der Körper des Schlüsselanhängers voller und weicher als der quadratische Anhänger aus Flatline.

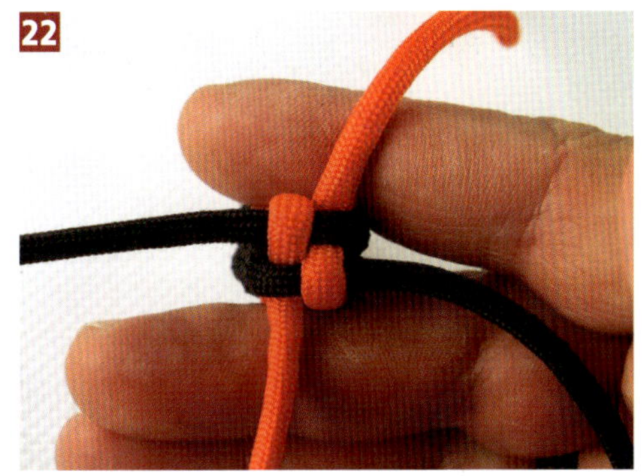

Falls kein Endknoten gemacht wird, können die Enden gestutzt, geschmolzen und geformt werden.

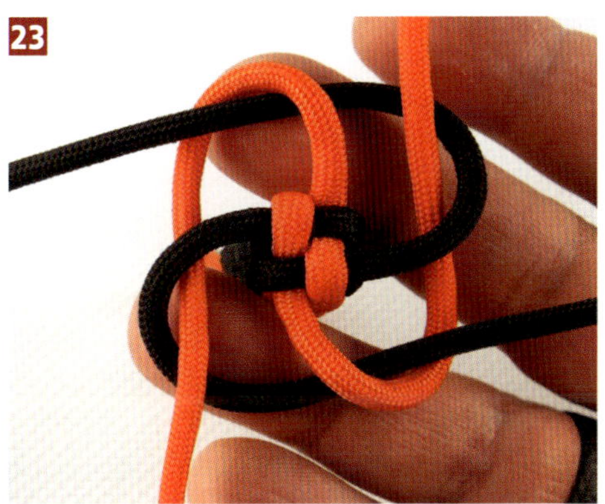

Endknoten, Schritt 1

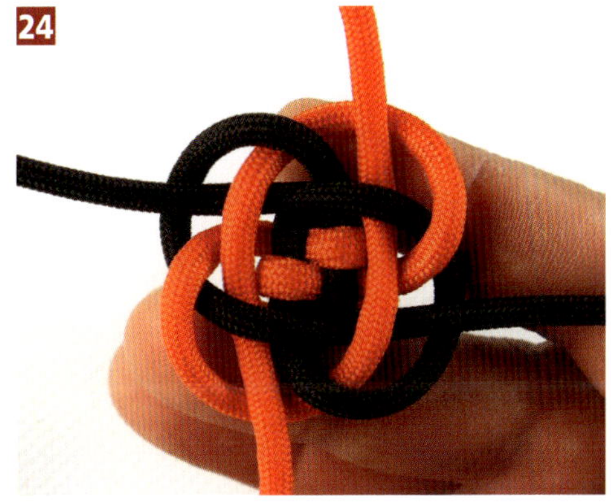

Endknoten, Schritt 2

25

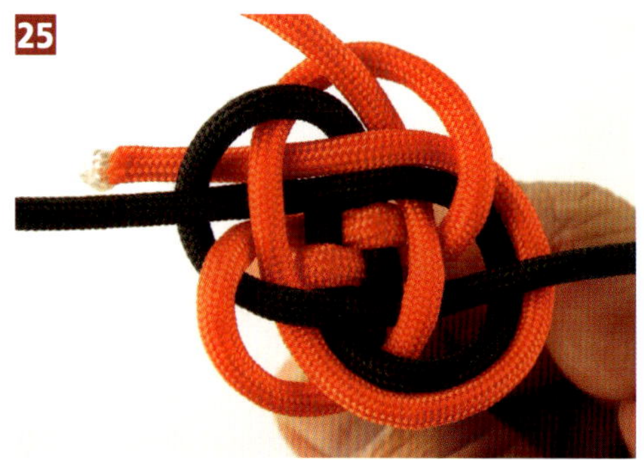

Endknoten, Schritt 3

26

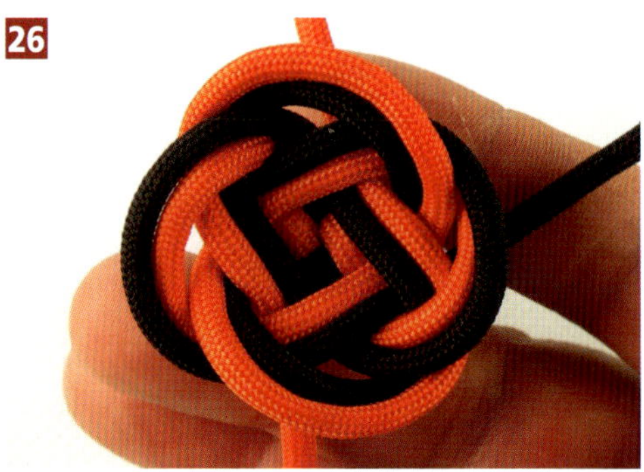

Die Enden werden festgezogen und der Knoten geformt.

27

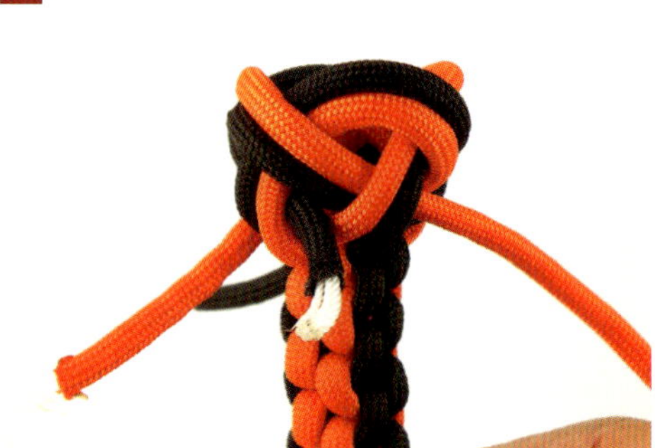

Nun erfolgt das Schließen des Endknotens durch langsames, gleichmäßiges Ziehen an den Arbeitsenden.

28

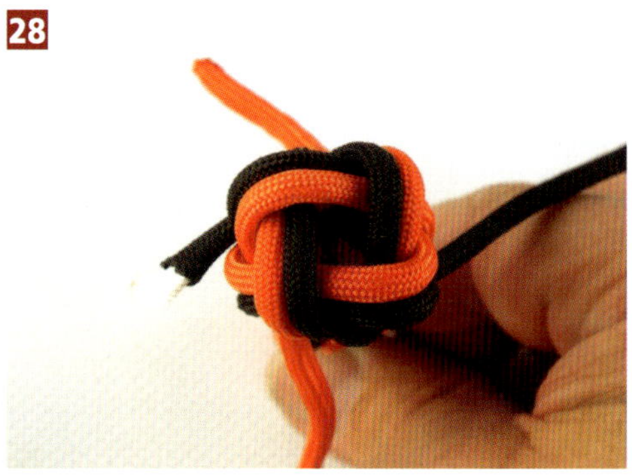

Ein Schritt weiter. Beachten Sie die quadratische Form und Symmetrie des jetzt fast fertigen Anhängers.

29

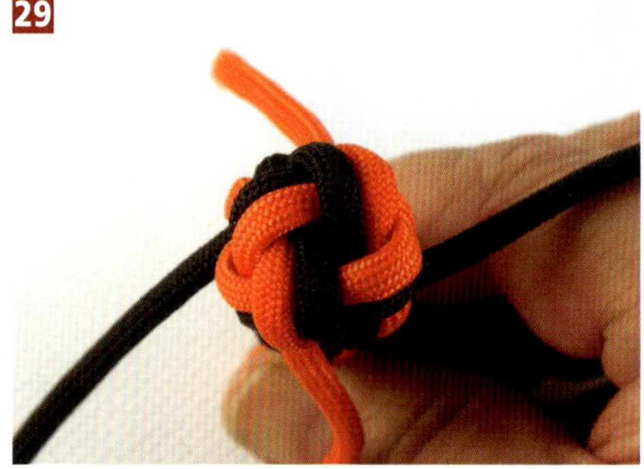

Alle Seile sitzen straff, alles Lockere wurde festgezogen.

30

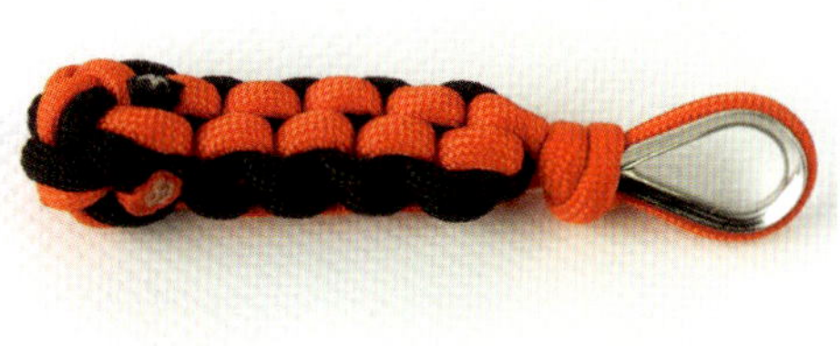

Die Enden wurden gestutzt, geschmolzen und in den Knoten geschoben, um ihn zu versiegeln.

9.3 Runder Schlüsselanhänger mit Kausch

Wegen der Kausch ist es besonders ratsam, volles Paracord zu verwenden, vorzugsweise dickere, rundere Versionen. Kauschen für 3-mm-Seil funktionieren sehr gut mit Paracord vom Typ II. Die Kausch erfordert es, dass ein Seil länger als das andere ist. Die Kausch wird in das längere Seil mit einem Gleitknoten eingelegt. Ziehen Sie die Schlaufe um die Kausch so fest wie möglich, bevor Sie mit dem Zopf beginnen.

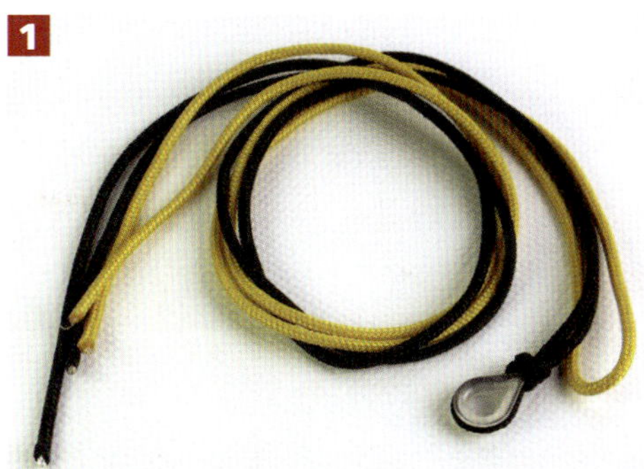

Beginn des runden Schlüsselanhängers: Zwei Seile, in das schwarze wurde die Kausch mit einem Gleitknoten eingelegt.

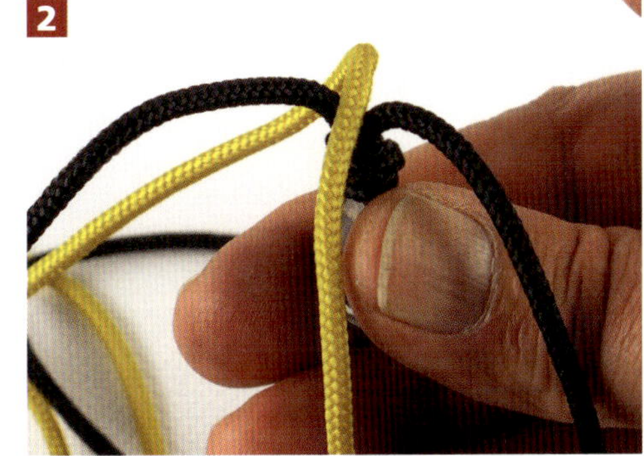

Die Mitte des gelben Seils wird auf dem Gleitknoten platziert. Achten sie auf einen möglichst symmetrischen Sitz.

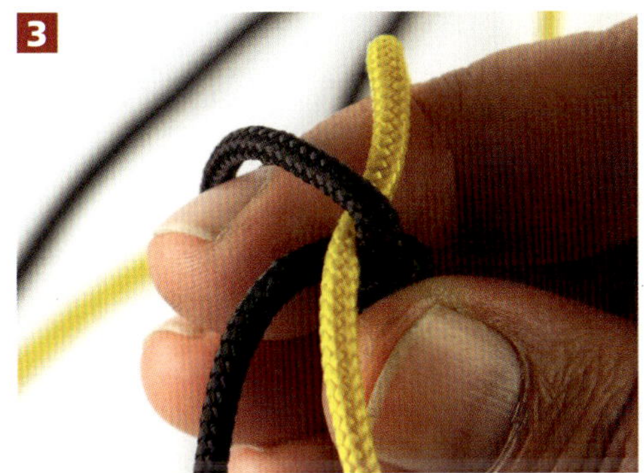

Das Schwarz wird nach links über das Gelb gefaltet.

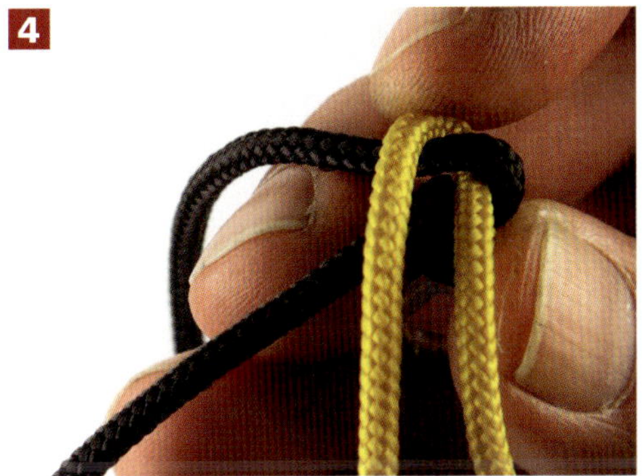

Das obere Gelb kommt nach unten über das Schwarz.

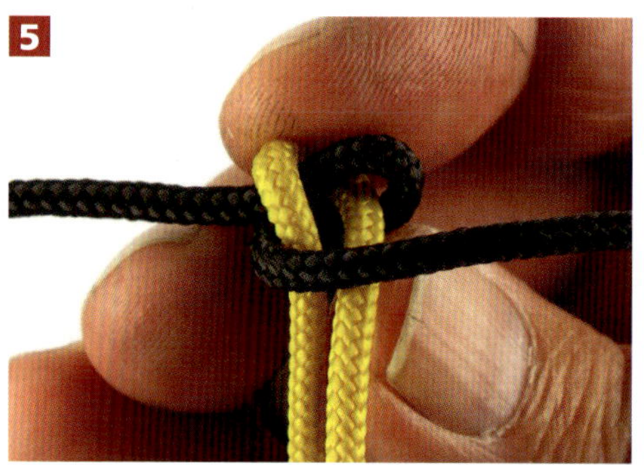

Das linke Schwarz geht über das Gelb.

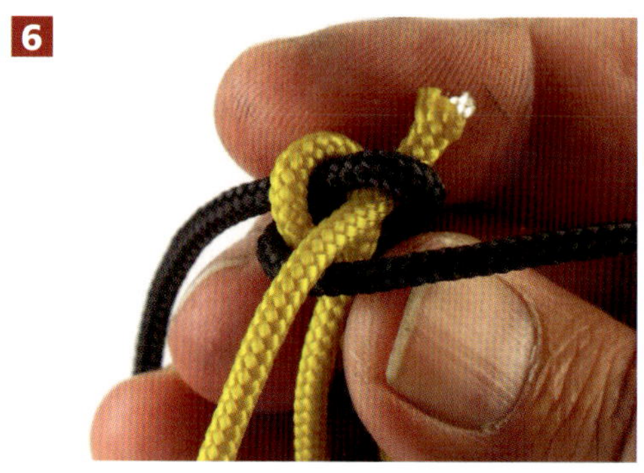

Das untere Gelb (Arbeitsende Nummer 4) geht über das letzte Schwarz durch die Schlaufe des ersten Schwarz.

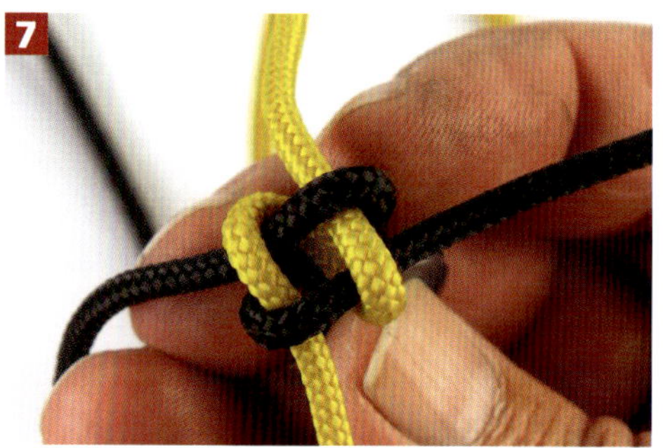

Die vier Seile werden straffgezogen, damit sich der Knoten formt.

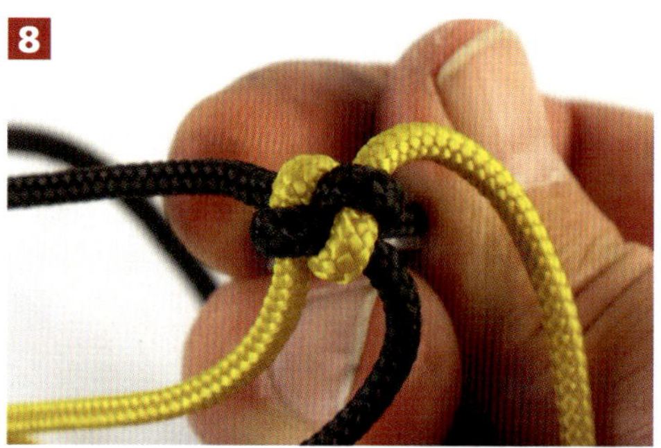

Der Knoten wird fest und quadratisch gezogen.

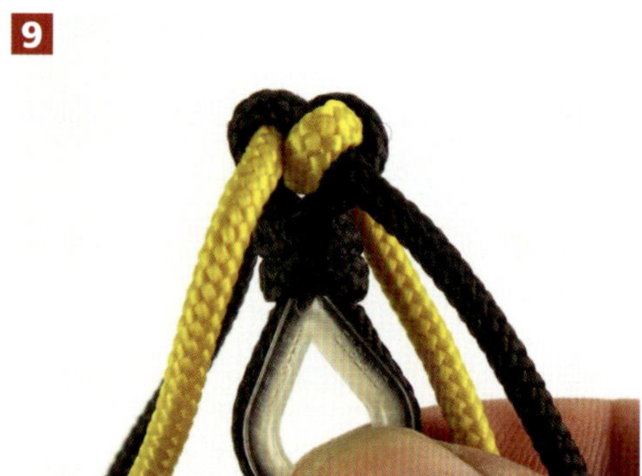

Seitlicher Anblick des Schlüsselanhänger-Anfangs.

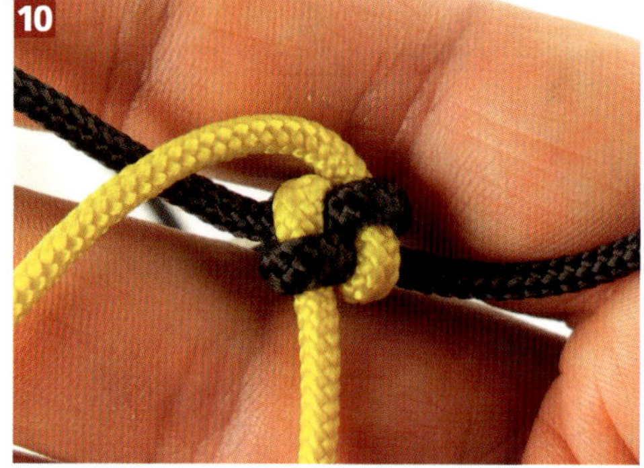

Alle nachfolgenden Knoten werden genauso gemacht. Das gelbe Ende geht nach links über das Schwarz.

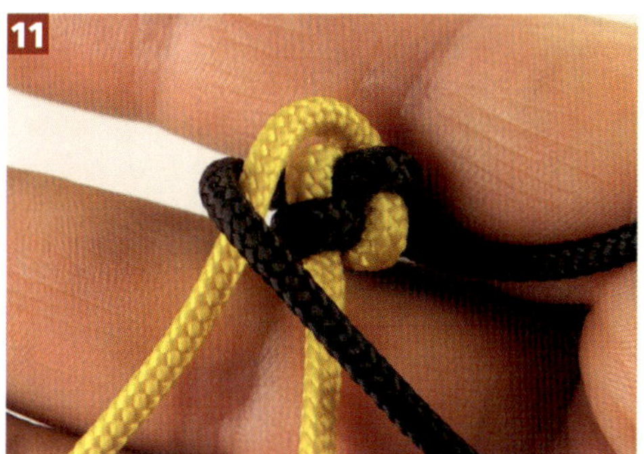

Schwarz über Gelb.

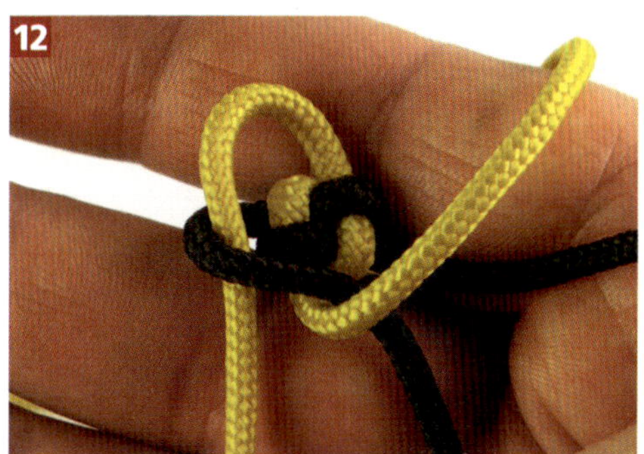

Gelb über Schwarz.

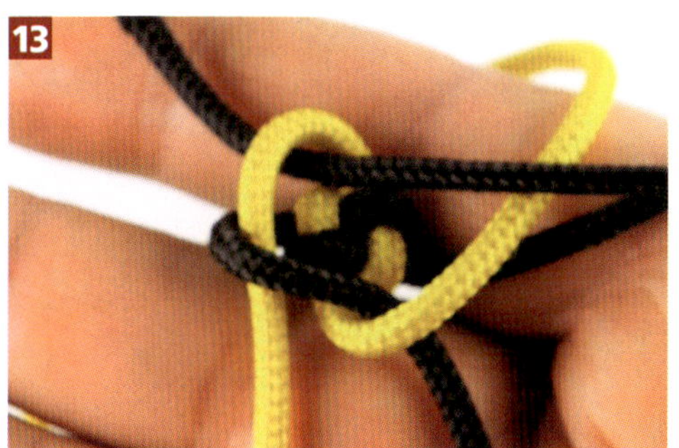

Das letzte, schwarze Ende durch die Schlaufe links unter dem gelben Seil.

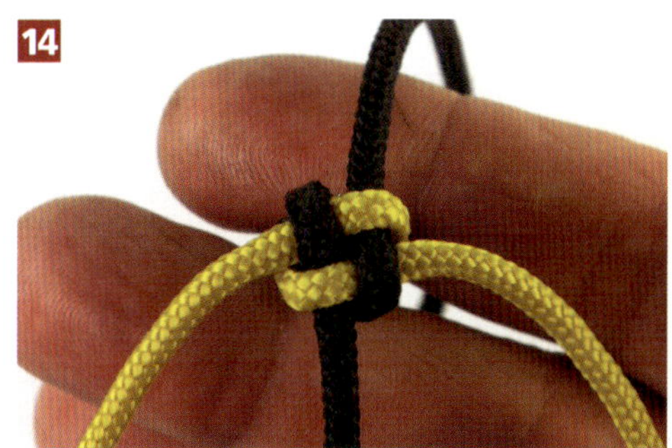

Der Endknoten wird festgezogen. Diese Reihenfolge wird so lange wiederholt, bis die gewünschte Länge erreicht ist.

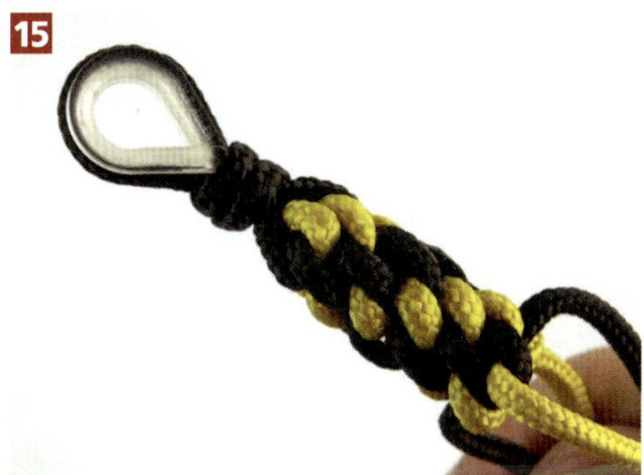

Die Farben winden sich spiralförmig um den Anhänger, die Form ist rund. Die Kausch und der Gleitknoten sind klar definiert.

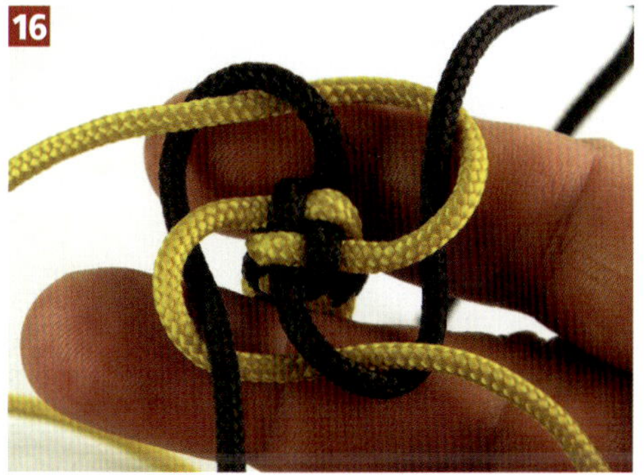

Wir beginnen den Endknoten auf der linken Seite, indem wir jedes Arbeitsende unter das nächste falten.

17

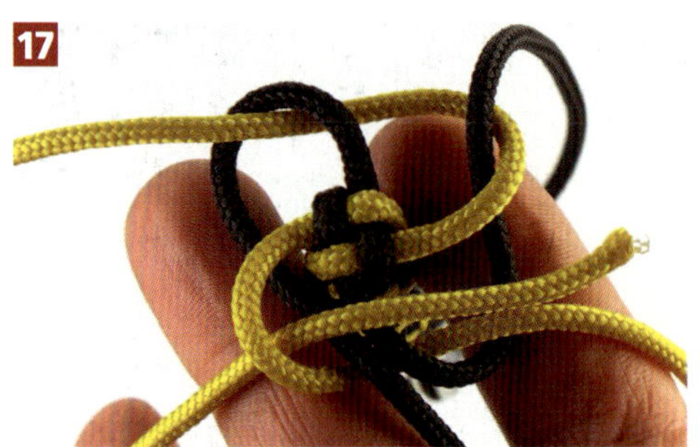

Nehmen Sie das linke, obere Arbeitsende und führen Sie es unter die nächste Schlaufe und über den Knoten nach rechts.

18

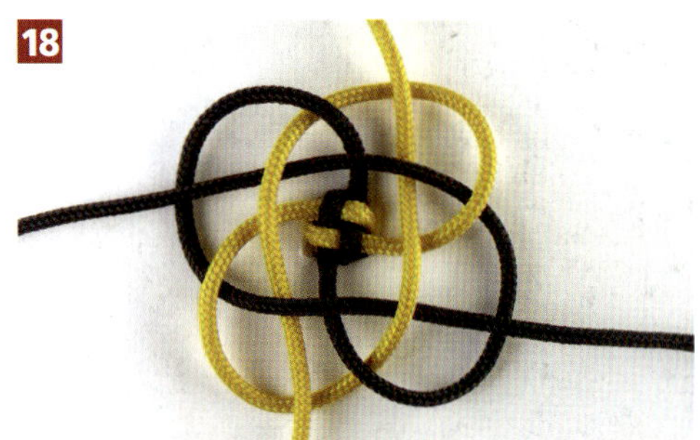

Der Schlüsselanhänger wurde zur besseren Deutlichkeit auf Papier gelegt und die Bewegungsabfolge mit den übrigen Arbeitsenden wiederholt.

19

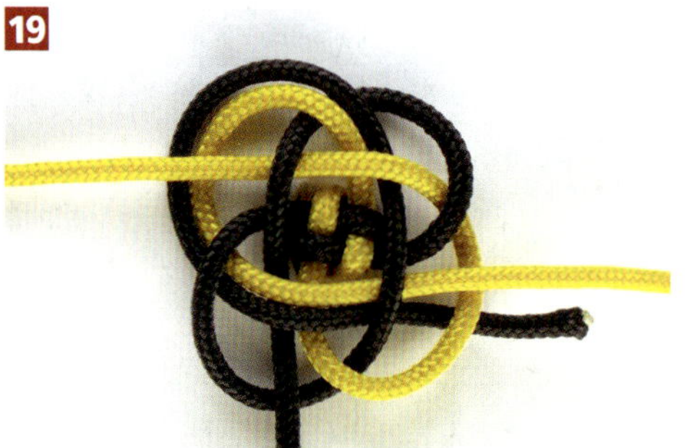

Der Knoten wurde festgezogen und das obere schwarze Ende wird parallel zum gelben links herum geführt. Es endet unter der gelben Schlaufe unten rechts.

20

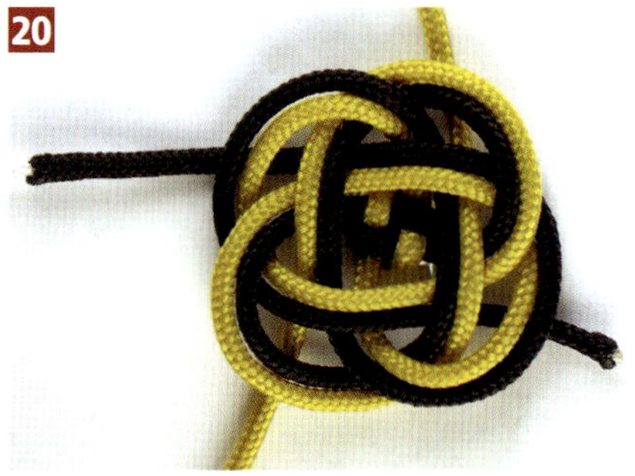

Der Knoten wird straffgezogen, und die Symmetrie wird überprüft.

21

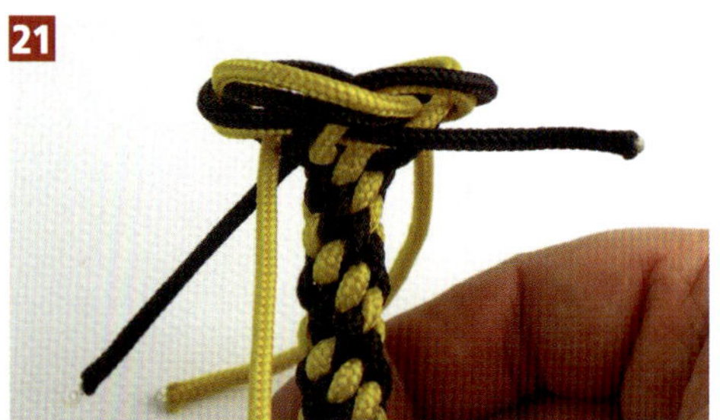

Von der Seite sieht es so aus.

22

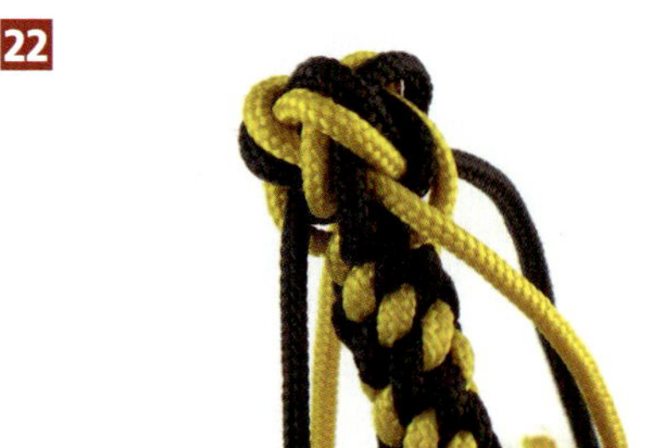

Alle Seile systematisch straff gezogen ergeben den Basisknoten.

23

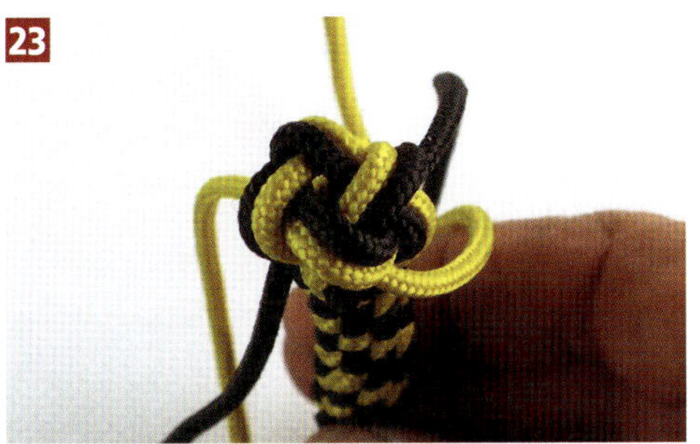

Von oben wird die quadratische Form sichtbar.

24

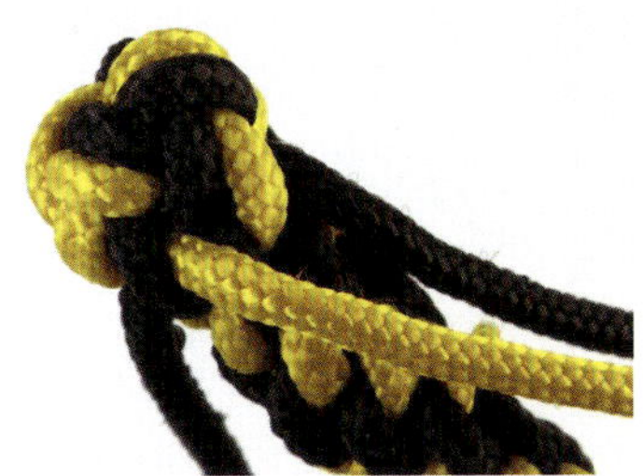

Der Knoten ist straff.

25

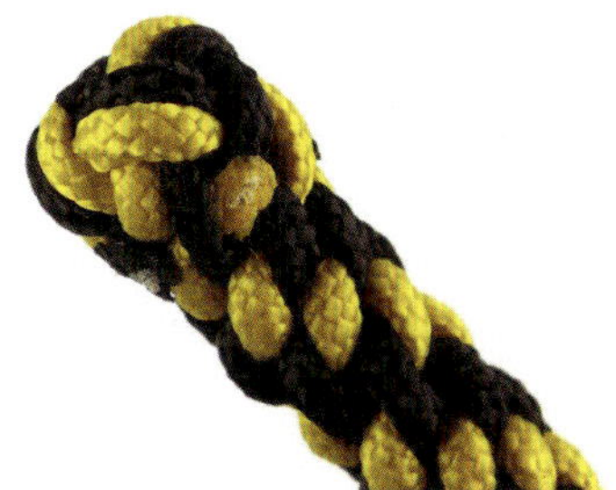

Die Enden werden zurechtgestutzt, geschmolzen und geformt.

26

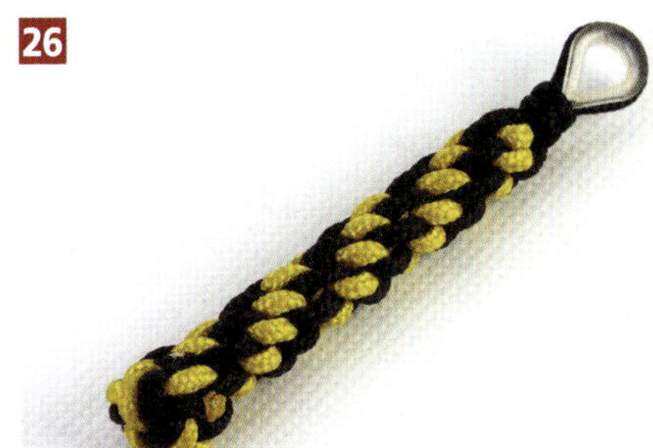

Der runde Schlüsselanhänger ist fertig.

27

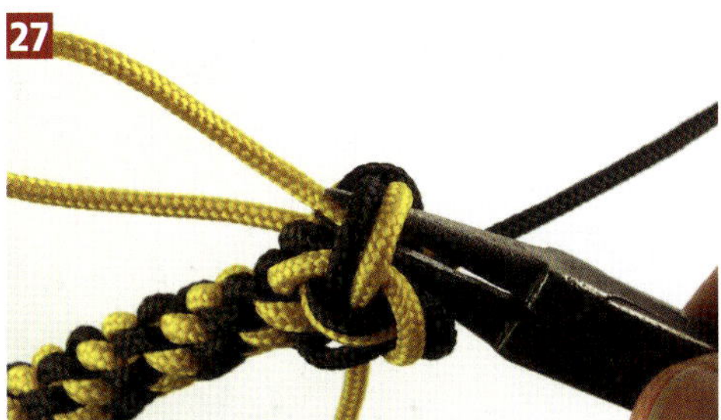

Alternativ können die Arbeitsenden mit einer Spitzzange durch den Knoten gezogen werden.

28

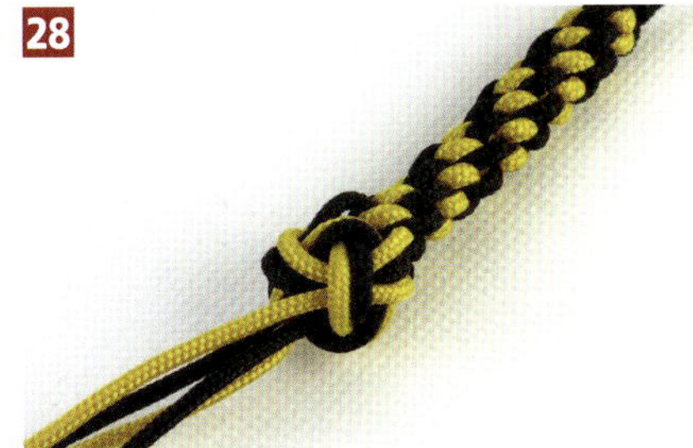

Die Alternative: Alle Arbeitsenden wurden durchgezogen. Der Knoten kann jetzt festgezogen und die Enden bei einer bestimmten Länge abgeschnitten werden.

ANHÄNGER FÜR MESSER

Messeranhänger sind Gegenstände mit einem Seil oder einer Schlaufe, um sie mit einem Messer zu verbinden. Messeranhänger machen es einfacher, das Messer aus der Hosentasche zu ziehen, wenn Sie den Anhänger außerhalb der Tasche platzieren. Dieser Anhänger kann verschiedene Gestalten annehmen: Zum Beispiel Paracord-Bälle, Affenfäuste oder Scoubidou-Bündel.

Wenn Sie Messeranhänger machen ist es wichtig, dass die Länge des Seils oder der Schlaufe passend für den Gegenstand ist, an den es angehängt werden soll. Wenn Sie ihre eigenen Anhänger machen, dann berücksichtigen Sie die folgenden Dinge:

- den Durchmesser des Lochs, durch das die Schlaufe muss.

- die Dicke des Messergriffs: Geht das Band nur durch den Erl/Abstandhalter oder geht es durch den kompletten Griff?

- Wollen Sie den Anhänger nah am Knauf oder weit weg?

Messeranhänger aus vollem Paracord haben unter Umständen eine Schlaufe, die zu dick ist, um durch das Lanyard-Loch vieler Messer zu passen.

10.1 Quadratischer Anhänger mit Lanyard-Knoten

Quadratische Anhänger aus Flatline mit kontrastierenden Farben sehen immer gut aus. Viele Anhänger haben als hübschen Akzent Schmuckperlen über der Schlaufe. Eine Alternative ist es, eine Lanyard-Schlaufe aus dem ersten Seil zu machen, bevor der quadratische Zopf geflochten wird.

Für Anhänger mit Lanyard-Knoten ist ein Seil ungefähr 20 Zentimeter kürzer als das andere, das die Schlaufe formen wird. Schneiden Sie ein Seil auf 90 Zentimeter Länge zu, das andere auf 110 Zentimeter. Entfernen Sie die Seelen und machen Sie schlanke Spitzen: Schneiden Sie die

Seile schräg ab, schmelzen Sie sie und formen Sie eine feine Spitze. Falten Sie beide Seile mittig.

Der Endknoten, der dem Türkenbund ähnlich sieht, basiert auf Knoten #847 im Ashley-Buch der Knoten.

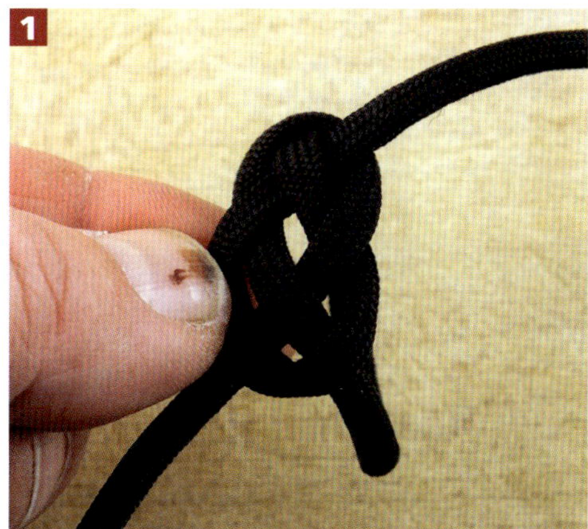

Für einen Anhänger mit Lanyard-Knoten anstelle einer Perle beginnen wir mit der grundlegenden 8er-Figur am längeren Seil.

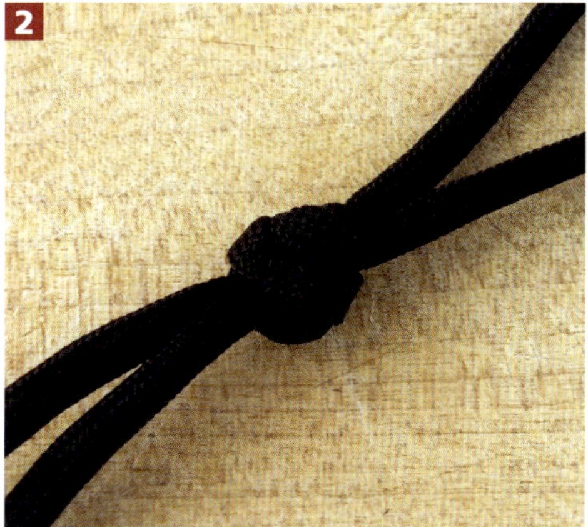

Der Lanyard-Knoten wird festgezogen. Die so entstandene Schlaufe ist in diesem Fall ungefähr vier Zentimeter lang.

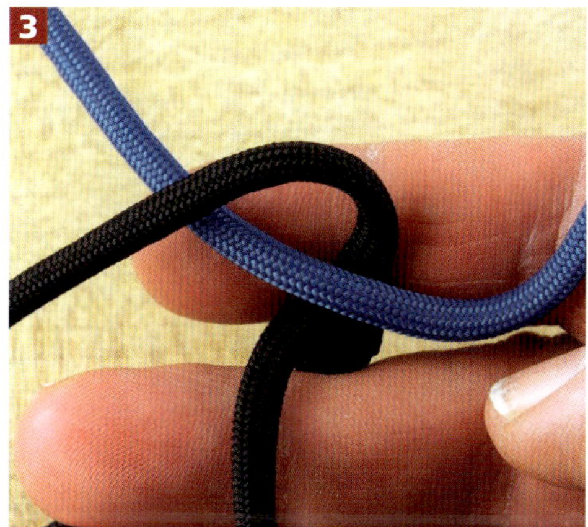

Das zweite, kürzere (blaue) Seil wird mit der Mitte zwischen die Seilenden des Lanyard-Knotens gelegt.

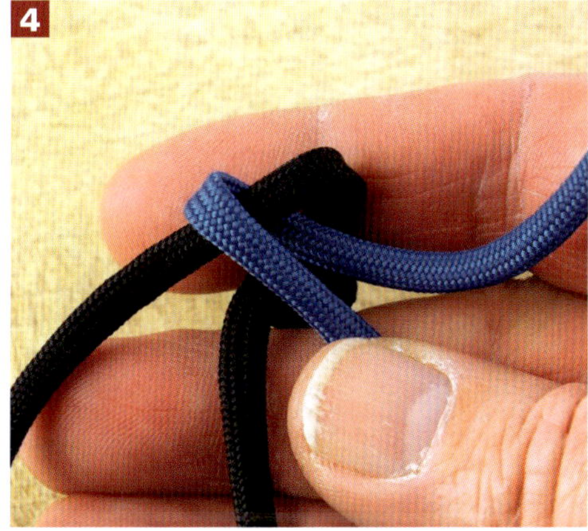

Das linke blaue Ende geht über das schwarze Seil.

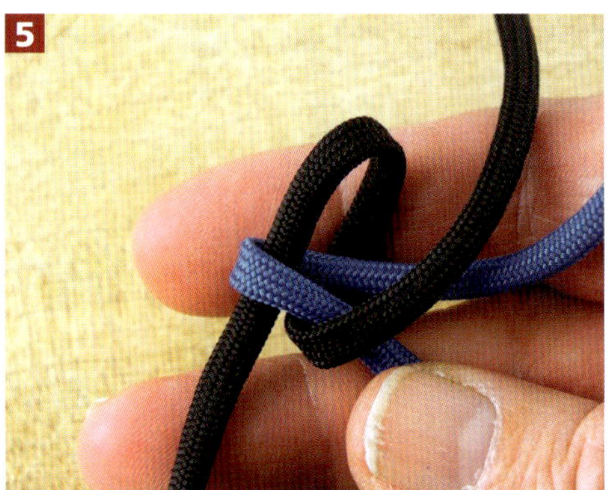

Das schwarze geht über das blaue Seil.

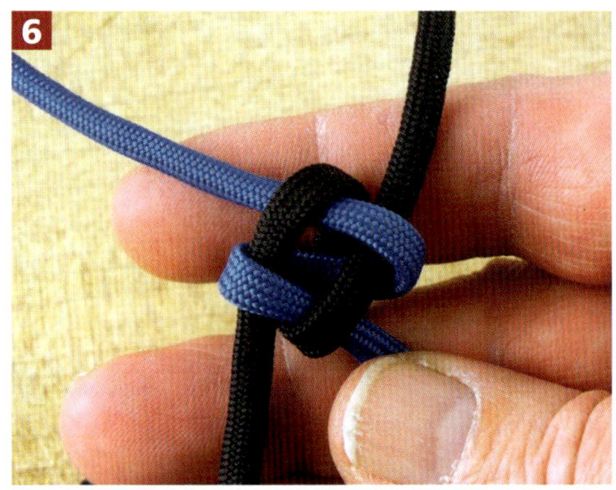

Das blaue geht über das schwarze Seil und unter die erste schwarze Schlaufe.

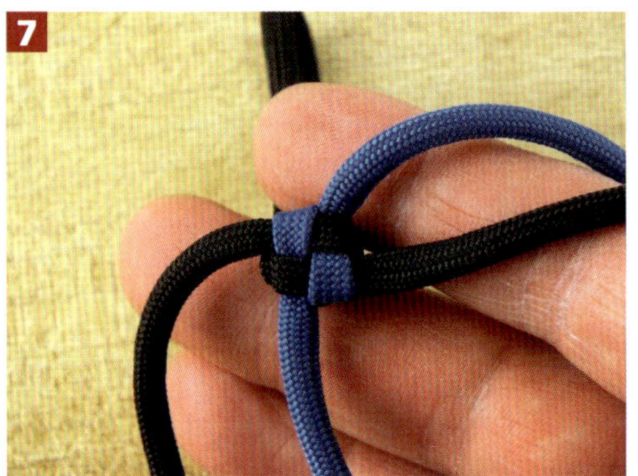

Der erste Knoten ist fest.

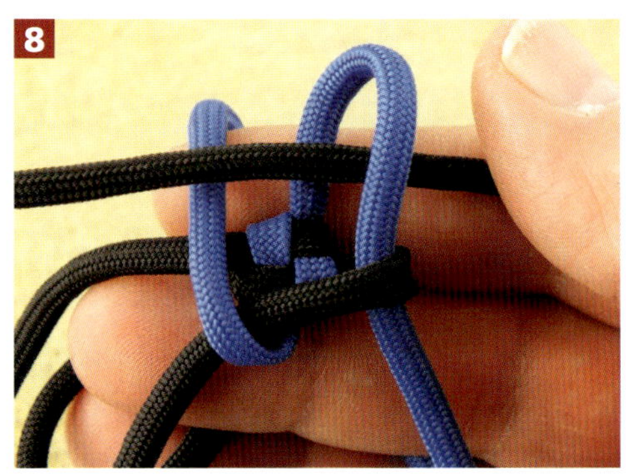

Der zweite Knoten wird in Gegenrichtung geknüpft. So geht´ns weiter, bis...

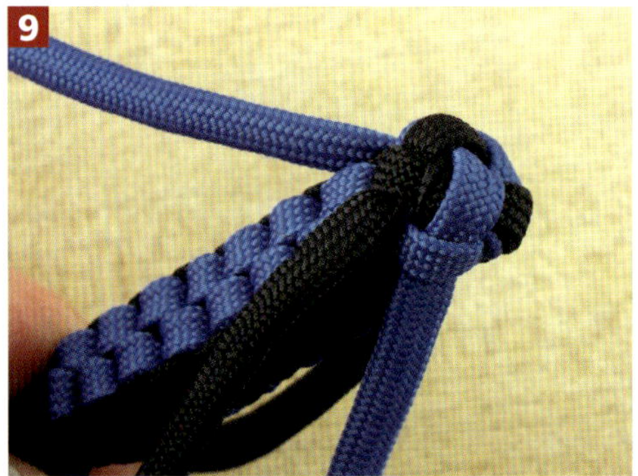

...der Anhäger die gewünschte Länge hat. Der Endknoten wird gemacht.

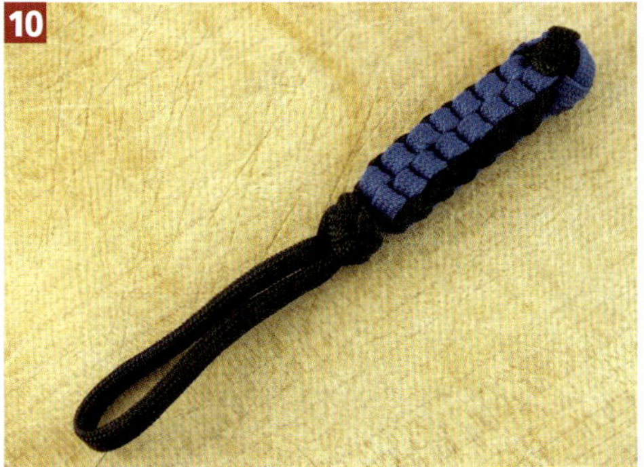

Die Enden wurden abgeschnitten, geschmolzen und geformt. Fertig.

10.2 Quadratischer Anhänger mit Perle

Nehmen Sie wieder ein Seil der Länge 100 Zentimeter und ein zweites mit 90 Zentimeter Länge, abhängig von der benötigten Schlaufenlänge.

Wenn der Anhänger fertig ist, wird die Schnur um die Schlaufe entfernt und durch eine Perle ersetzt. Es gibt eine Vielzahl von hübschen Schmuckperlen auf dem Markt.

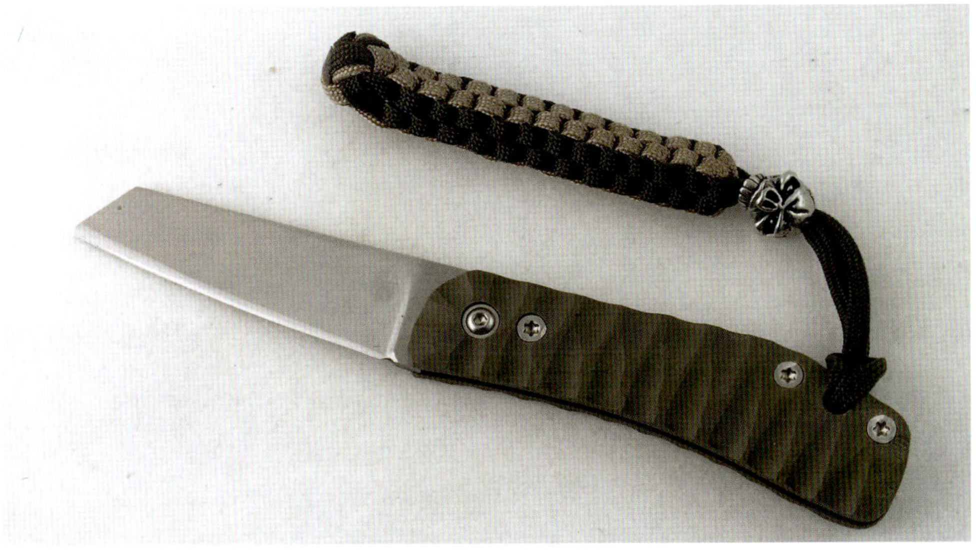

Anhänger an einem meiner Friction Folder, die vom japanischen Higonokami-Klappmesser inspiriert wurden.

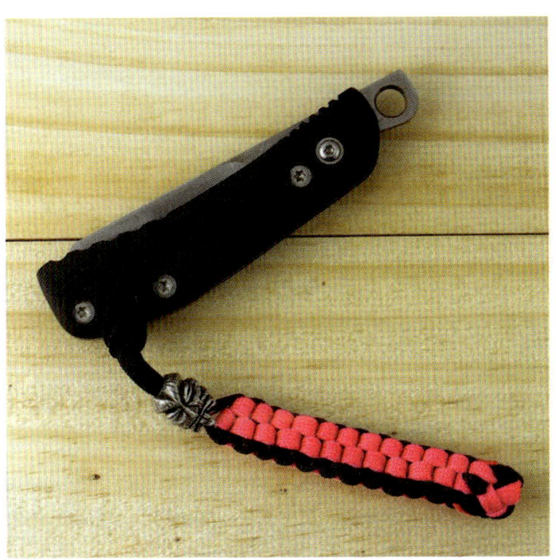

Der andere Anhänger an einem geschlossenen Friction Folder.

10.3 Kobra-Anhänger

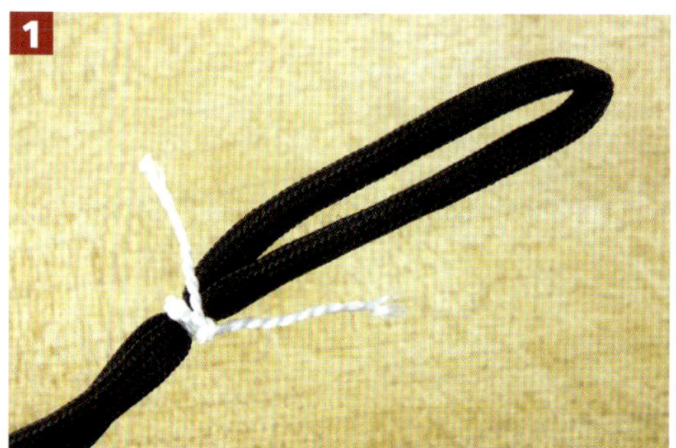

Für einen Anhänger mit Perle ist der Anfang leichter, wenn Sie eine Schnur oder ein Stück Klebeband an der passenden Stelle um die Schlaufe binden.

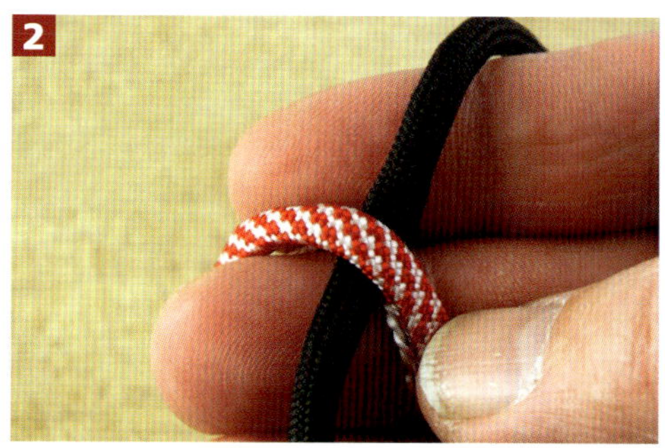

Das zweite Seil wird mittig zwischen beide schwarzen Seilenden gelegt.

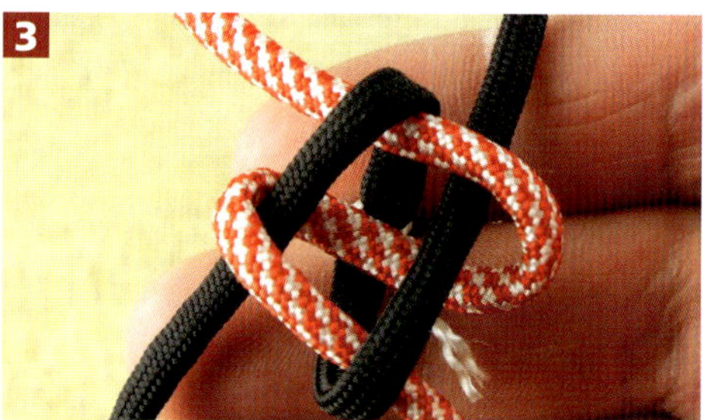

Der Anhänger beginnt auf die traditionelle Weise. Es folgen Knoten auf Knoten, bis die gewünschte Länge erreicht ist.

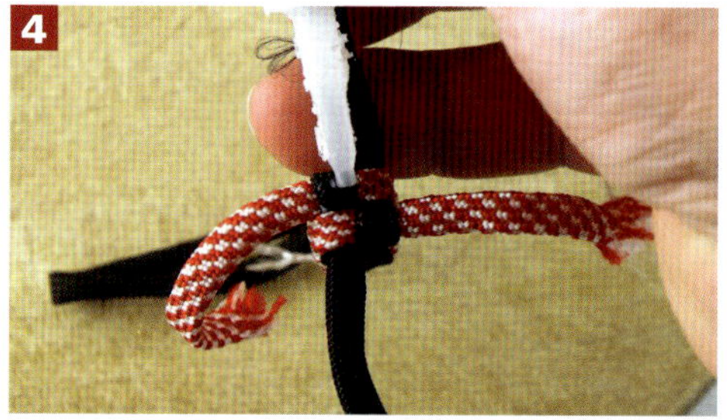

Diesen Anhänger machen wir ohne Endknoten. Versiegeln Sie die letzte Überkreuzung mit einem Tropfen Klebstoff.

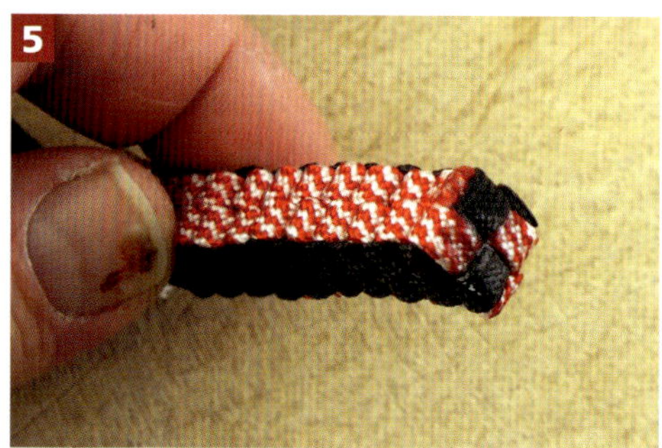

Die Enden werden abgeschnitten. Nehmen Sie ein möglichst scharfes Messer!

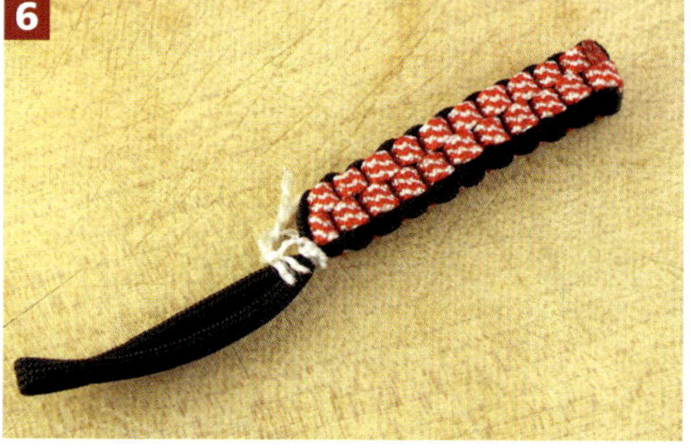

Die Enden sind abgeschnitten und geschmolzen. Die Schnur wird entfernt.

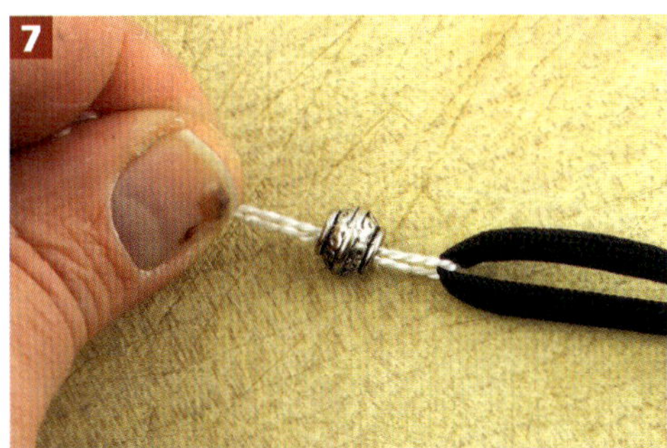

Die Schlaufe wird mit einem Stück Schnur durch die Perle gezogen.

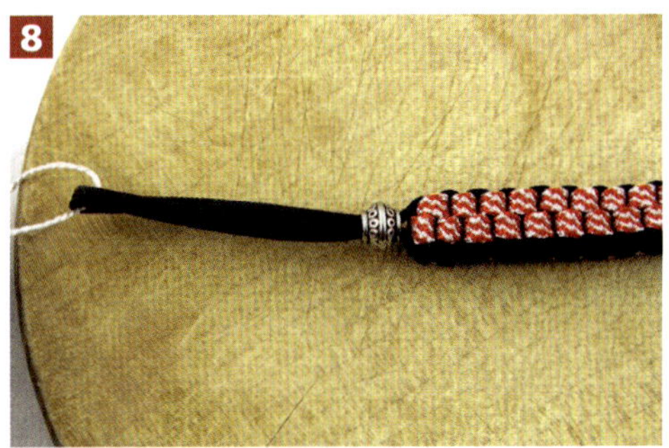

Der Anhänger ist fertig.

Sogenannte Kobra-Anhänger werden mit der Kettenstek-Technik hergestellt. Sie sind die am schnellsten zu knüpfenden Anhänger. Mit einer Seillänge, mittig gefaltet, macht man einen Knoten und eine abwechselnde Serie aus linken und rechten halben Knoten bis zur Falte. Das Stutzen, Schmelzen und Formen der Enden vollendet den Anhänger.

Wenn Sie mehr Masse wollen, können Sie eine zweite Lage von halben Knoten darüber knüpfen, um eine Königskobra zu erschaffen. Volles Paracord liefert hierbei die besten Ergebnisse, wogegen Flatline ein bisschen mehr Aufmerksamkeit benötigt, um alle Falten hübsch und gleichmäßig hinzubekommen.

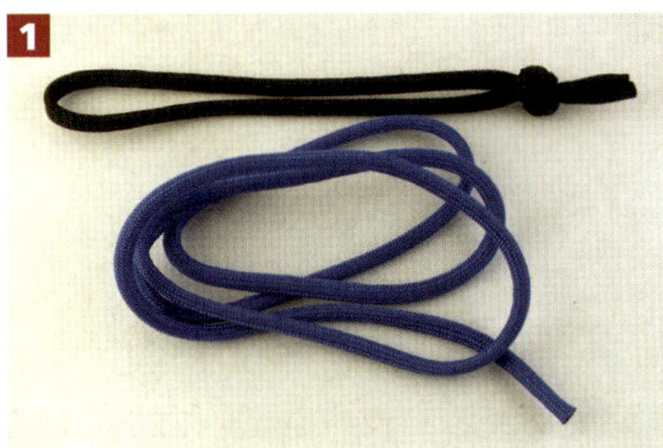

Für einen schlanken Anhänger mit Lanyard-Knoten haben wir je 60 cm schwarze und blaue Flatline vorbereitet.

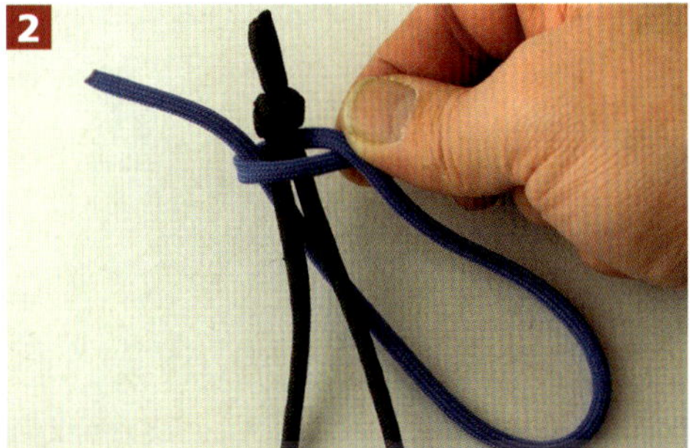

Beginnen Sie mit dem Standard-Anfangsknoten für den Kettenstek.

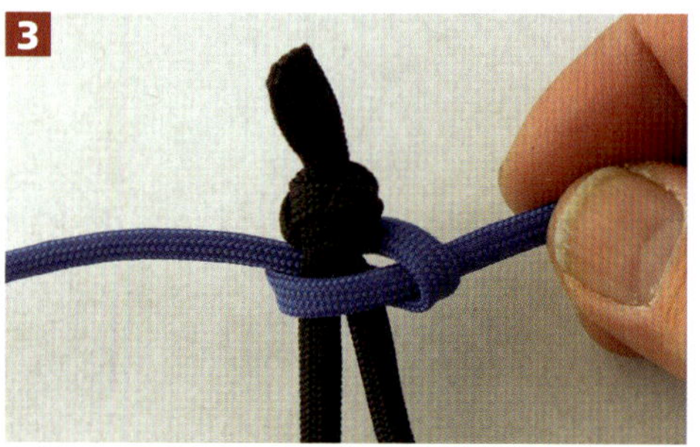

Rücken Sie den ersten Knoten so zurecht, dass beide Enden gleich lang sind.

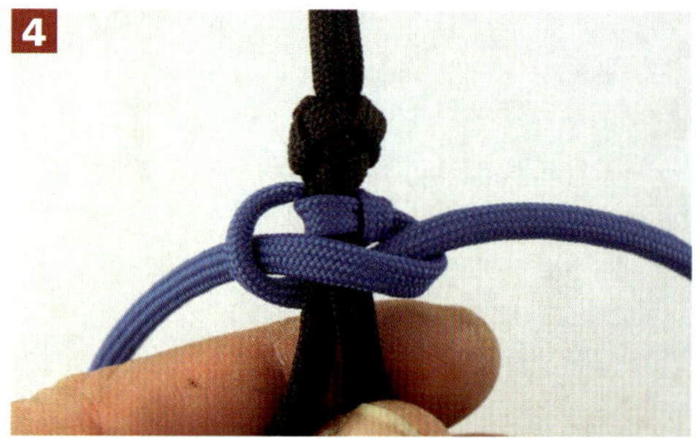

Machen Sie den zweiten Knoten in die richtige Richtung.

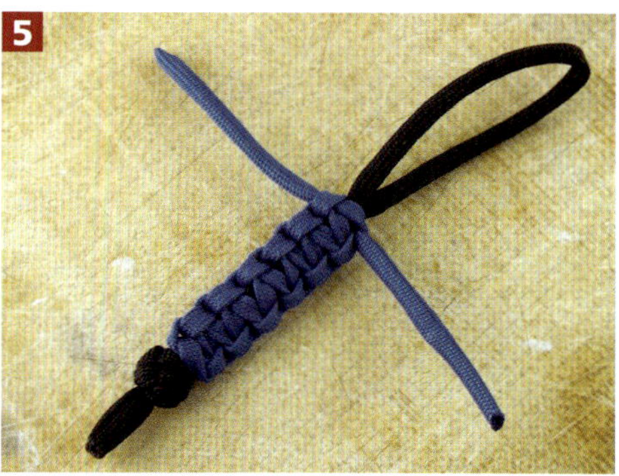

Hören Sie auf, wenn die Webarbeit Ihren Vorstellungen entspricht.

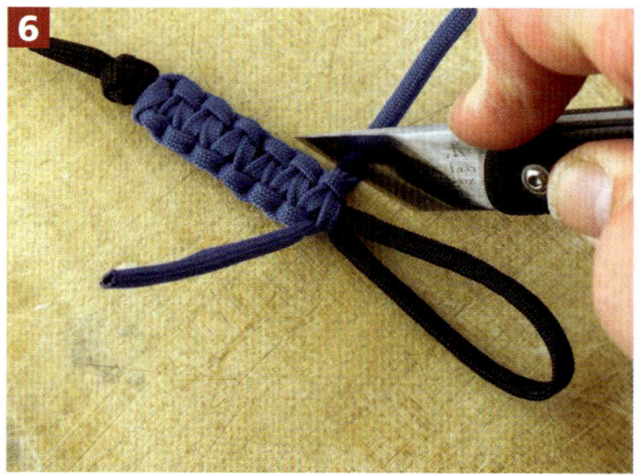

Schneiden Sie die Enden ab, schmelzen und formen Sie sie.

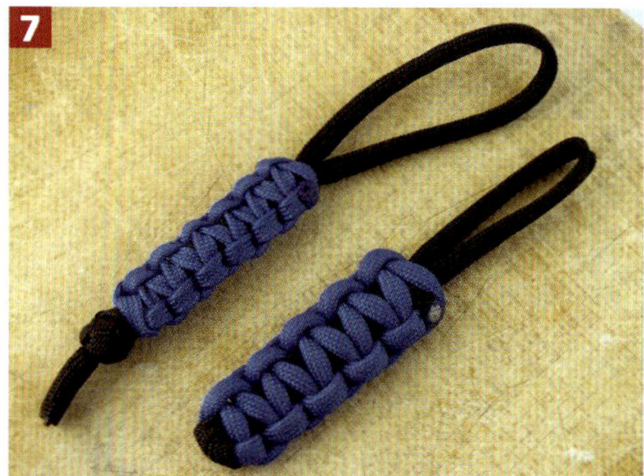

Der Vergleich von Flatline-Kobra-Anhänger und Kobra-Anhänger aus vollem Paracord zeigt den Unterschied im Volumen.

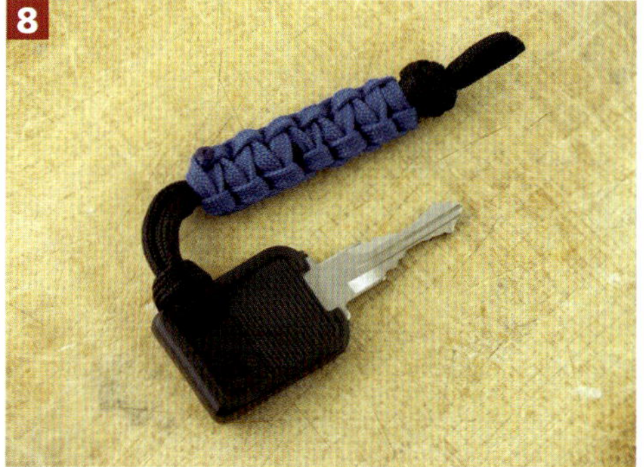

Ein Anhänger am Fahrradschlüssel ist handlich und hilft ihn zu identifizieren. Hier besteht er aus Flatline-Paracord.

10.4 Kleiner Anhänger oder Reißverschluss-Zipper

1

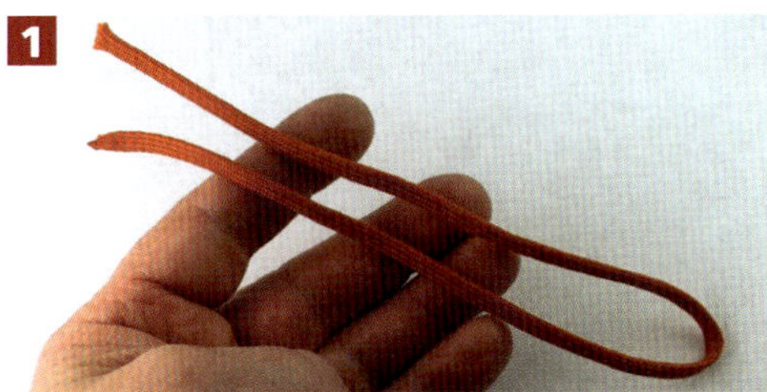

Mit einem Minimum von 40 cm Seil können Sie einen Reißverschluss-Zipper knüpfen.

2

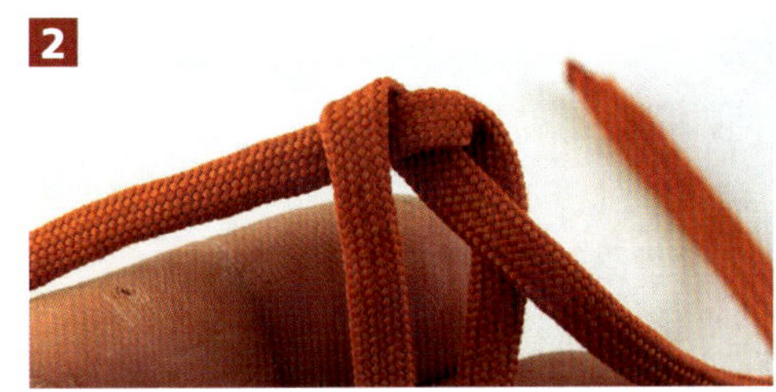

Formen Sie eine kleine Schlaufe und darauf einen Überhand-Knoten.

3

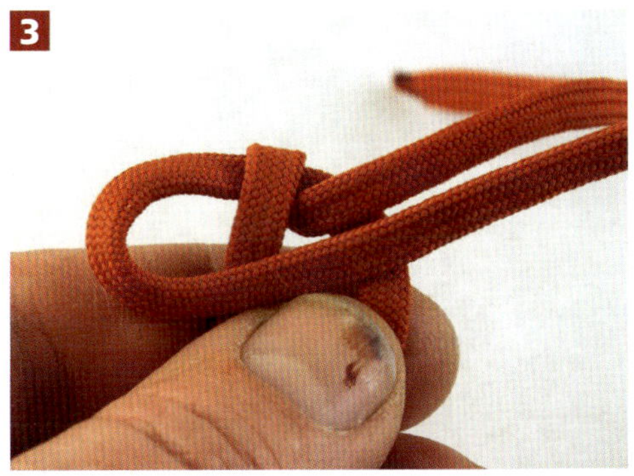

Machen Sie nun den ersten Kobra-Knoten.

4

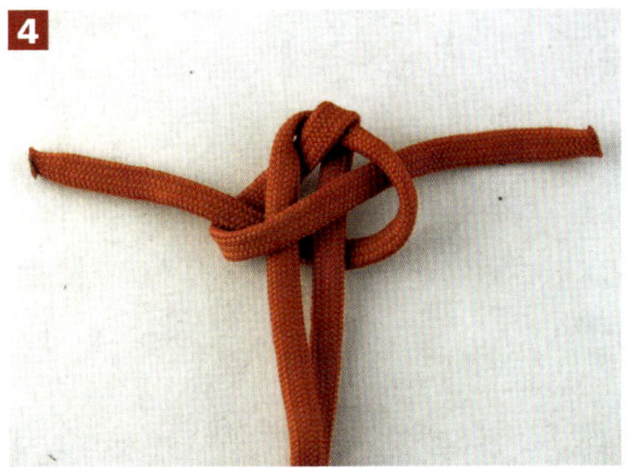

Das rechte Seil geht über das linke Seil, hinter die Schlaufe und nach oben durch die Biegung auf der linken Seite.

5

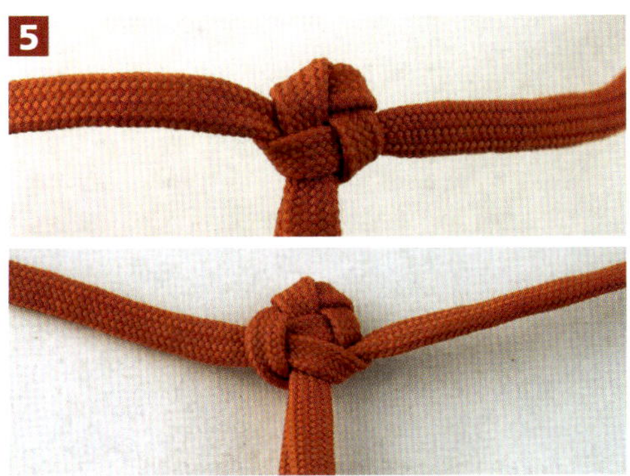

Der erste Knoten ist geknüpft und festgezogen. Der zweite Knoten wird in die Gegenrichtung gemacht.

6

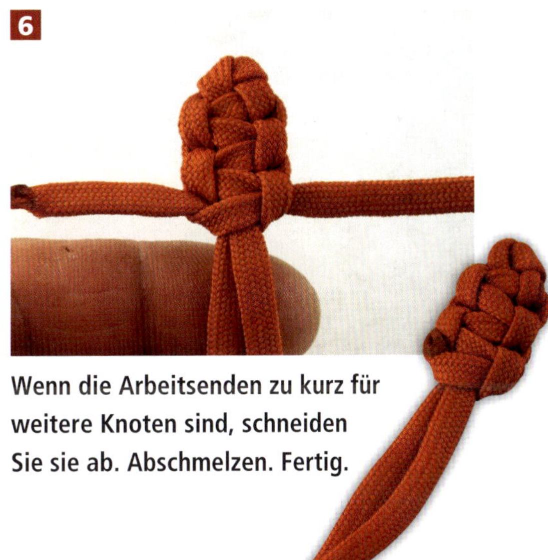

Wenn die Arbeitsenden zu kurz für weitere Knoten sind, schneiden Sie sie ab. Abschmelzen. Fertig.

10.5 Anhänger mit gefalteter Flatline-Schlaufe

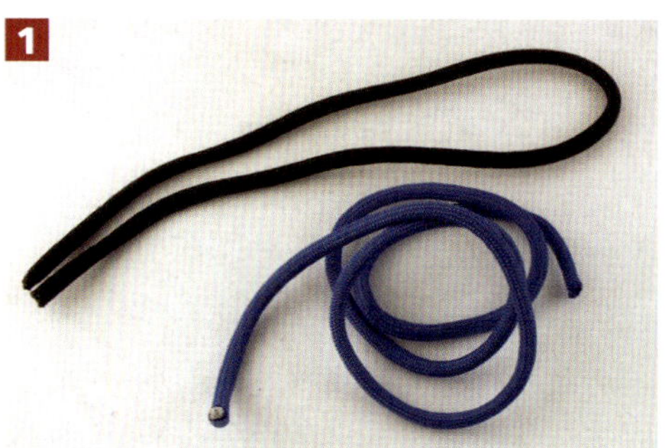

Wir nehmen dazu 30 cm schwarze Flatline und 60 cm blaues, volles Paracord.

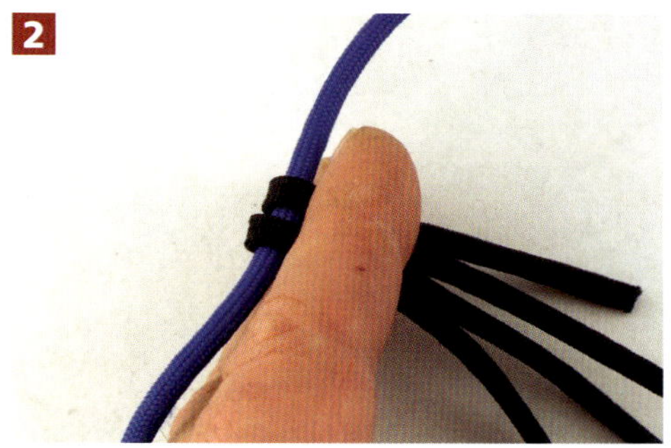

Legen Sie die mittig gefaltete Flatline über den Mittelpunkt des vollen Paracord.

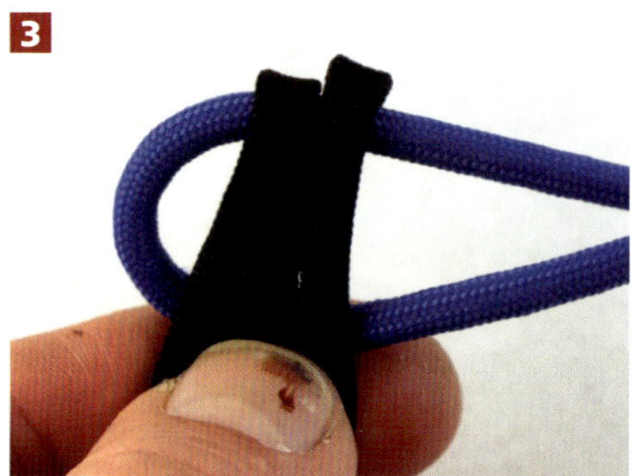

Beginn des Kettensteks: Das linke Seil hinter die schwarzen Enden und nach rechts.

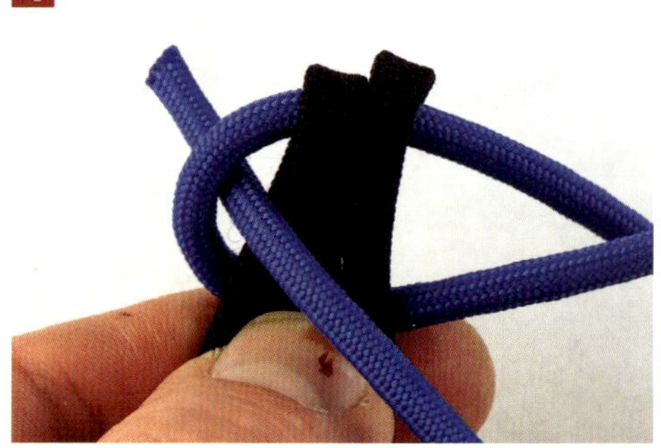

Das rechte Seilende geht unter das blaue, nach links und in die Schlaufe.

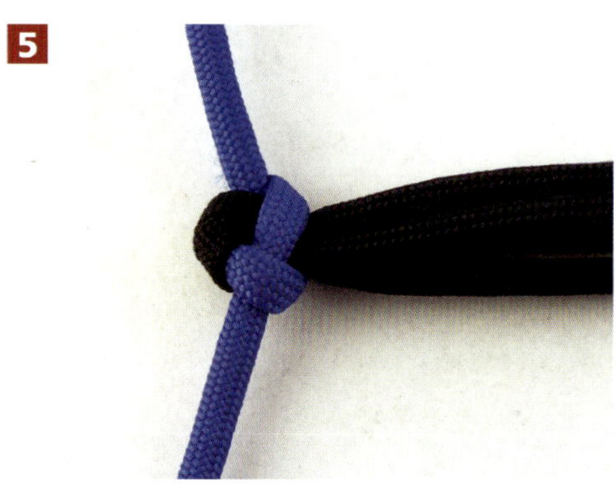

Der Anfangsknoten ist fest, und die Enden der schwarzen Flatline sind schön platziert.

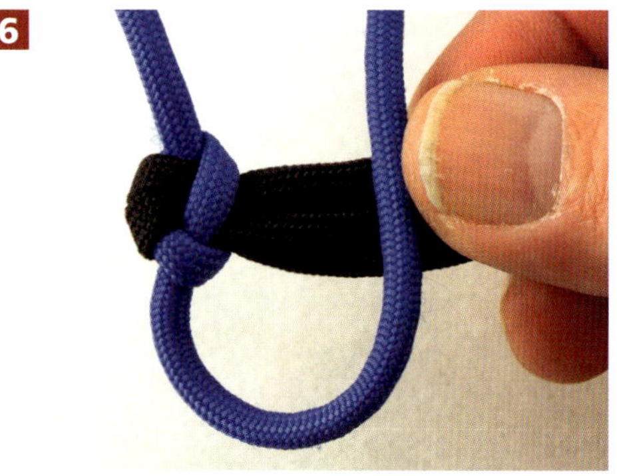

Der Anfang des zweiten Knotens.

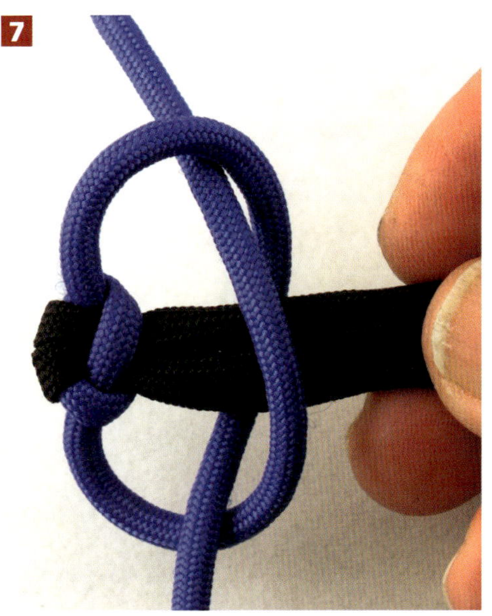

Der zweite Knoten ist bereit, festgezogen zu werden.

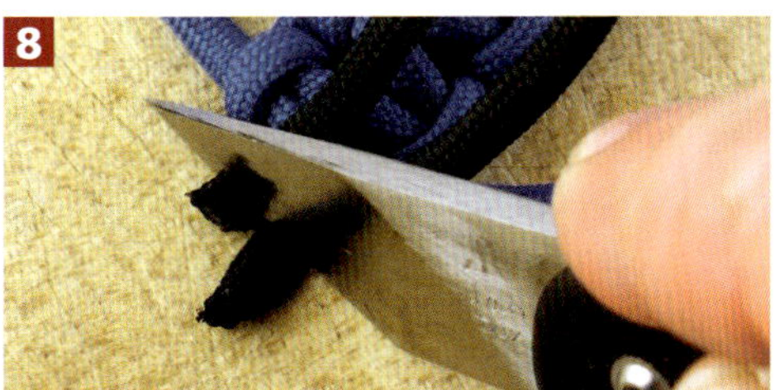

Kurz vor dem letzten Knoten werden die Enden des schwarzen Seils abgeschnitten.

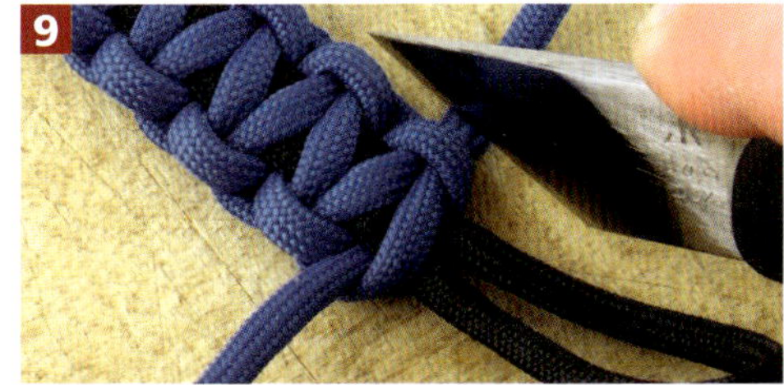

Nun werden auch die blauen Seilenden abgeschnitten.

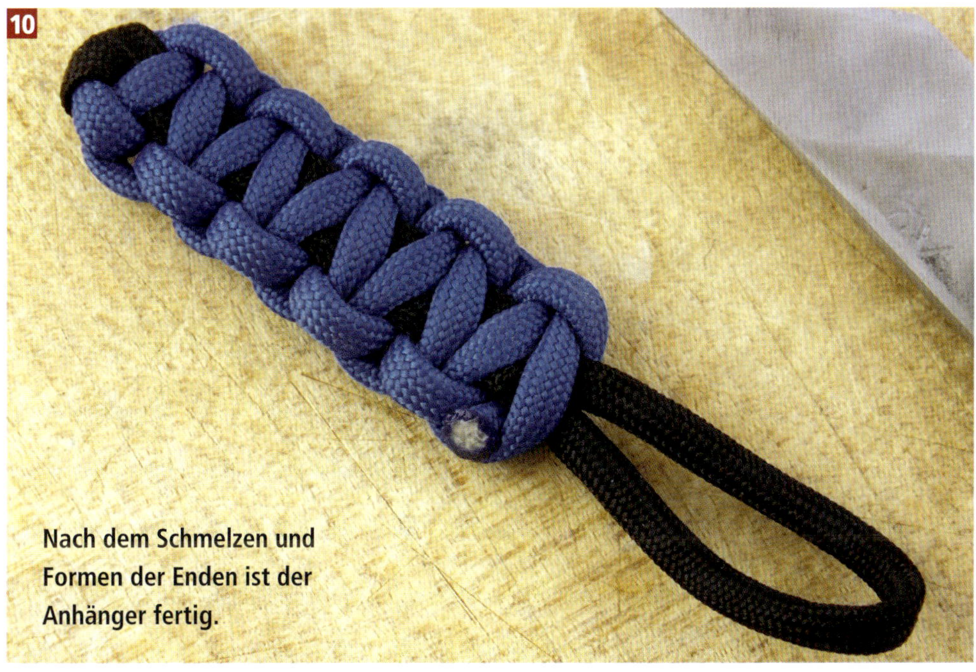

Nach dem Schmelzen und Formen der Enden ist der Anhänger fertig.

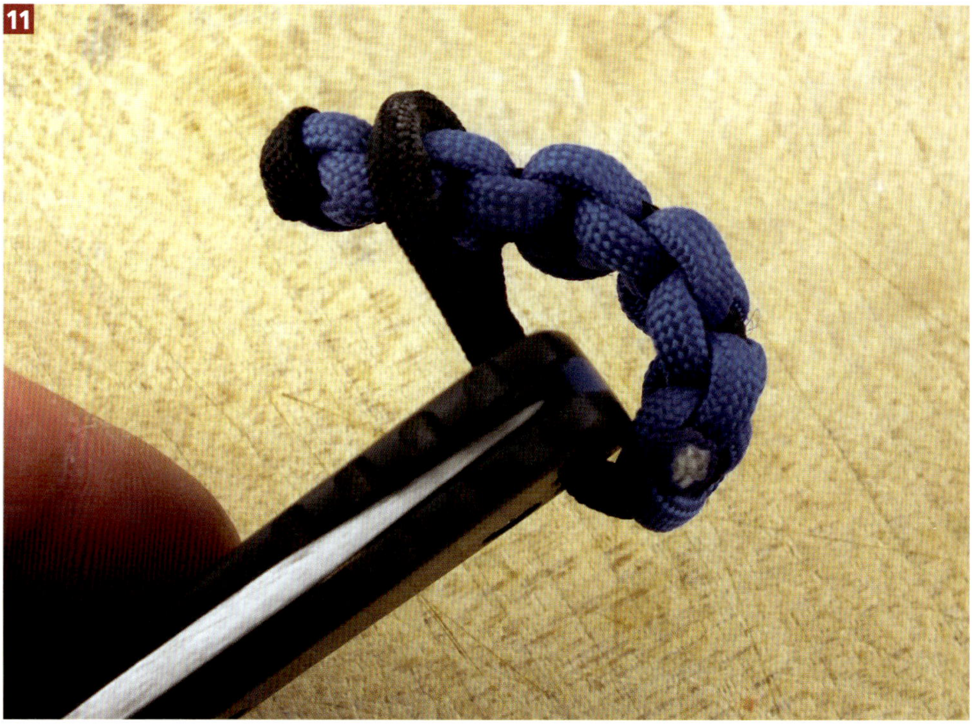

11

Manchmal benötigt man etwas Kraft, um einen Anhänger an ein Messer zu bekommen.

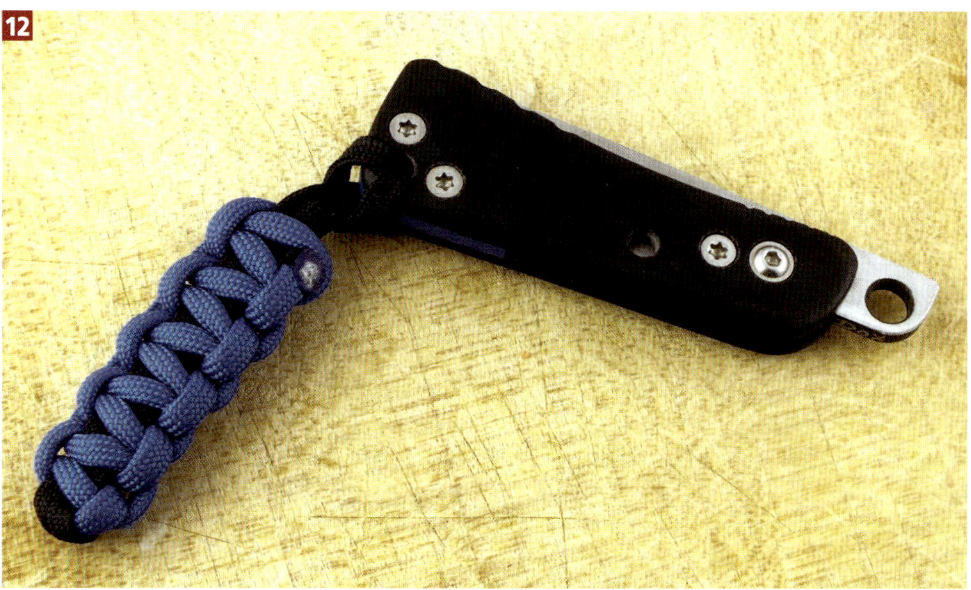

Geschafft. Der Anhänger ist am Klapp-Kiridashi.

10.6 Messeranhänger mit Kugel

Die kleinen Kugeln von keltischen Knoten oder Türkenbünden werden in Kapitel 6 (Türkenbund) erklärt. Diese Kugeln oder Bälle funktionieren sehr gut als Schlüsselanhänger mittlerer Größe oder Stopperknoten aus einem einzigen Seil, das (mit einer Kausch) an einem Schlüsselring oder (ohne Kausch) an einem Messer befestigt wird.

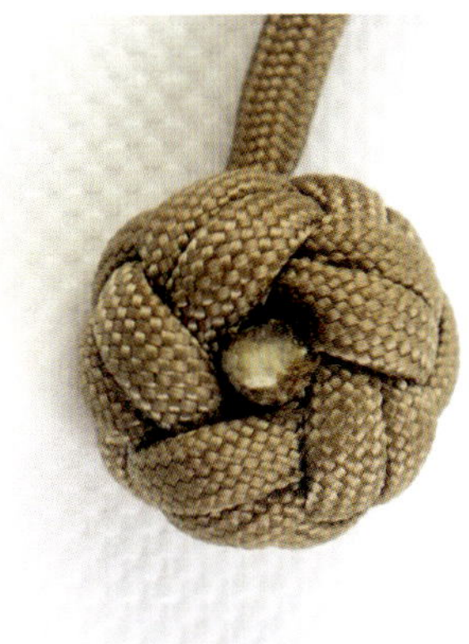

Der 3x5-Türkenbund-Ball mit gestutztem Arbeitsende erinnert etwas an eine Blume.

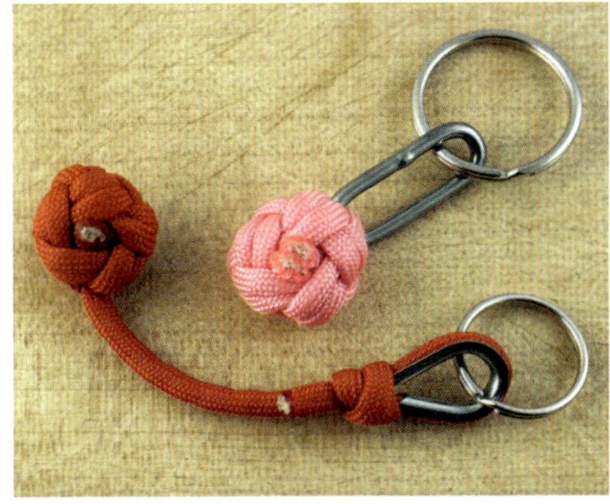

Zwei Beispiele von 3x5-Schlüsselbändchen mit Kugel.

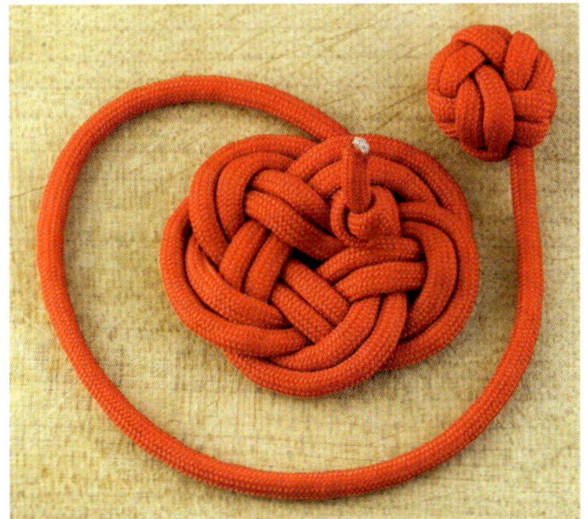

Der flache 3x5-Türkenbund und die geformte Kugel. Der Überhand-Knoten wurde gestutzt – nichts steht heraus.

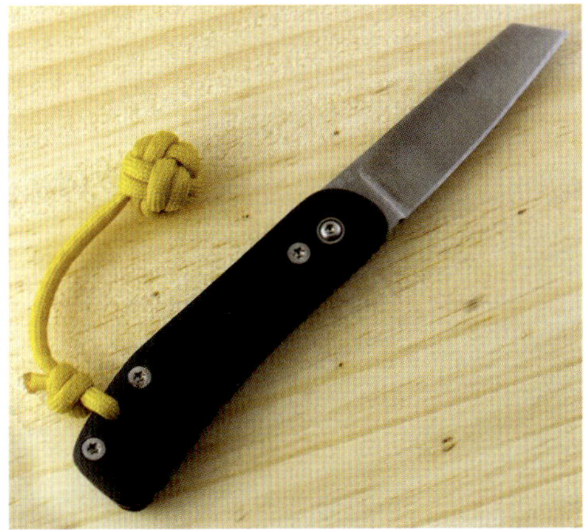

Ein Paracord-Ball als Anhänger: Er ist mit einem doppelten Gleitknoten an meinem Friction Folder befestigt.

MESSER-TRAGESYSTEME

Die Scheiden vieler Messer sind aus Kydex oder im Spritzgussverfahren hergestelltem Kunststoff gemacht, wie zum Beispiel FRN (fiberglass reinforced nylon, glasfaserverstärktes Nylon) oder ABS (Acrylnitril-Butadien-Styrol). Kydex, das für Messerscheiden oder die Holster von Handfeuerwaffen benutzt wird, ist ein in Platten erhältlicher Thermoplast-Kunststoff aus einer Acryl-PVC-Verbindung. Wegen seiner ausgezeichneten Formbarkeit wird Kydex oft von Messermachern benutzt.

Handgemachte und fabrikgefertigte Kydex-Scheiden besitzen meist Ösen in verschiedenen Größen. Eine gebräuchliche Größe dieser Ösen ist ¼ Zoll (6,35 Millimeter). Sie bieten genügend Platz für Buchschrauben (Chicago-Schrauben) für das Montieren von Clips, Gürtelschlaufen und anderem Zubehör. Der Innendurchmesser dieser Ösen beträgt ungefähr 5,5 Millimeter. Das ist groß genug, um zwei volle Paracord-Seile vom Typ III aufzunehmen. Falls die Scheide keine Ösen besitzt, sind oft Löcher mit demselben Durchmesser vorhanden. Dadurch gibt es für Paracord viele Möglichkeiten.

Die meisten Kydex- oder Spritzguss-Scheiden haben Löcher oder Nietmuster mit Abständen von ½, ¾, 1 oder 1½ Zoll zwischen den Mittelpunkten, um sie an kommerziell erhältlichen Tragesystemen zu befestigen. Manchmal sind die Nieten 38,1 Millimeter (1½ Zoll) voneinander entfernt, mit einem langen Schlitz dazwischen, um sie flexibel am Tragesystem befestigen zu können. Dadurch wird die Anzahl der verschiedenen Tragemöglichkeiten erhöht.

Wir werden dieses Muster dazu benutzen, das Paracord so anzubringen, dass die Scheide sowohl vertikal als auch horizontal getragen werden kann.

Wenn eine Kydex-Scheide nur mit Nieten und ohne Löcher gemacht wurde, dann kann man leicht Löcher mit einem Durchmesser von 5,5 Millimetern zwischen die Nieten bohren.

Die Anforderungen an das Tragesystem unterscheiden sich für die vertikale und horizontale Trageweise. Daher kann es eine Herausforderung sein, eine Anordnung zu finden, die für beide optimal ist. Die Scheiden von militärischen oder taktischen Messern besitzen oft zwei Reihen von Ösen oder Löchern zum Befestigen der Scheide. Die Anordnung der Ösen ist passend für kommerzielle Clips und Tragesystemen. Sie erlauben Schlaufen, die ungefähr dieselbe Breite wie die meisten Hosengürtel besitzen. Das macht es sehr spannend, Webmuster auszuprobieren.

Gefaltete Kydex-Scheiden haben nur eine Reihe von Löchern oder Ösen. Aber diese sind auf dieselbe Weise angeordnet wie bei den anderen Scheiden.

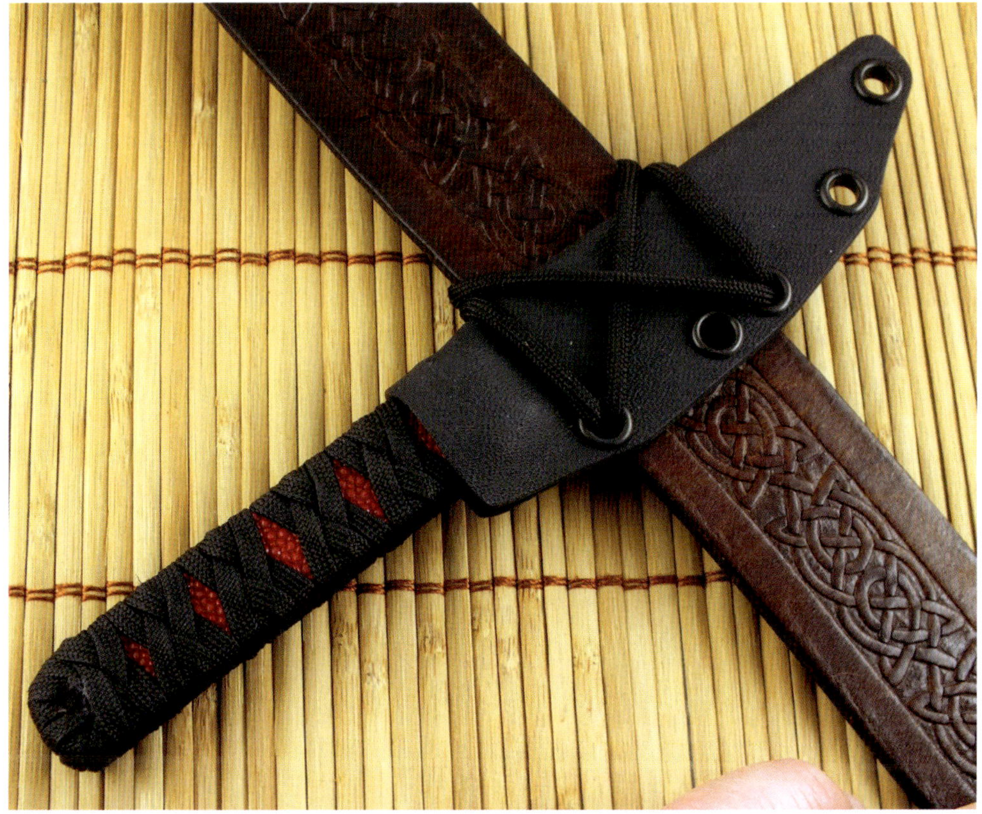

Die einfache Schlaufe für das Tragen einer Kydex-Scheide mit einfacher Ösenreihe an einem Gürtel. Die Scheide kann innen oder außen am Gürtel getragen werden.

11.1 Einfache Paracord-Schlaufe

Dieses einfache System kann sowohl mit vollem Paracord als auch Flatline eingesetzt werden, abhängig vom Durchmesser der vorhandenen Löcher in der Scheide. Die Schlaufe kann mit einem Fischerknoten geknotet oder genäht werden.

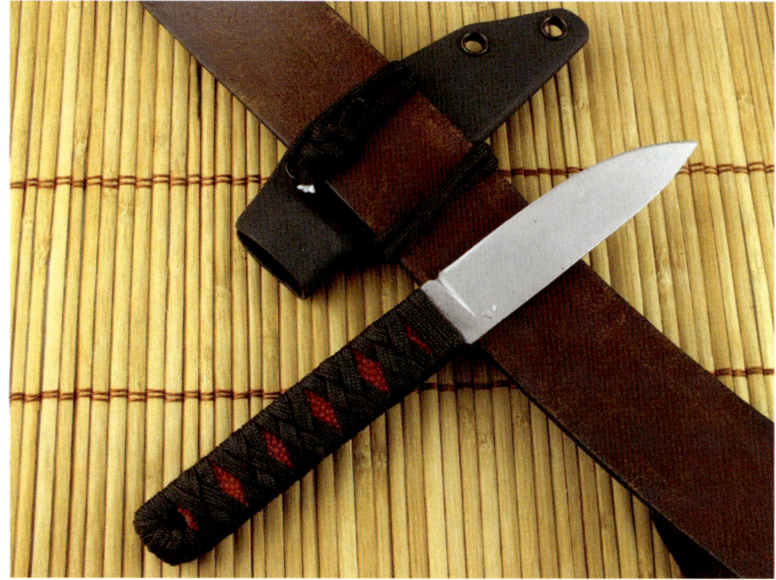

Auf der Rückseite sind die Schlaufen außerhalb der Scheide auf der rechten Seite sichtbar.

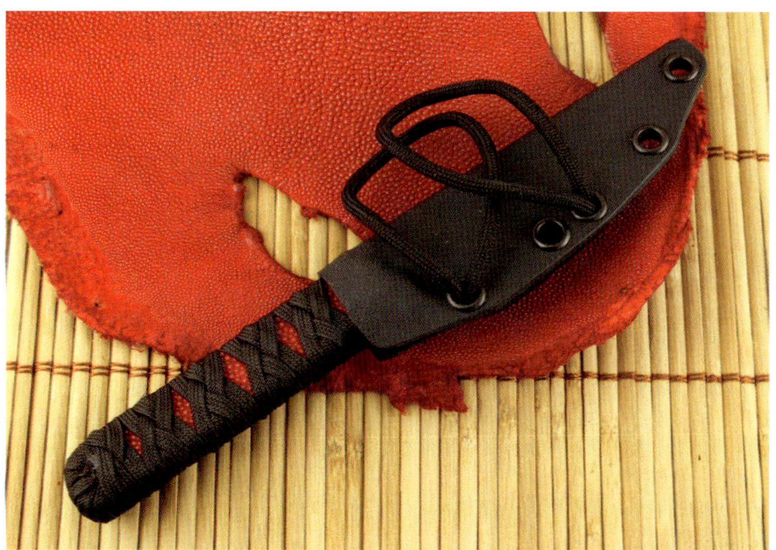

Das Seil formt zwei einfache Schlaufen, die über die Seite der Scheide verlaufen. Auf diese Weise kann der Gürtel durchgezogen werden.

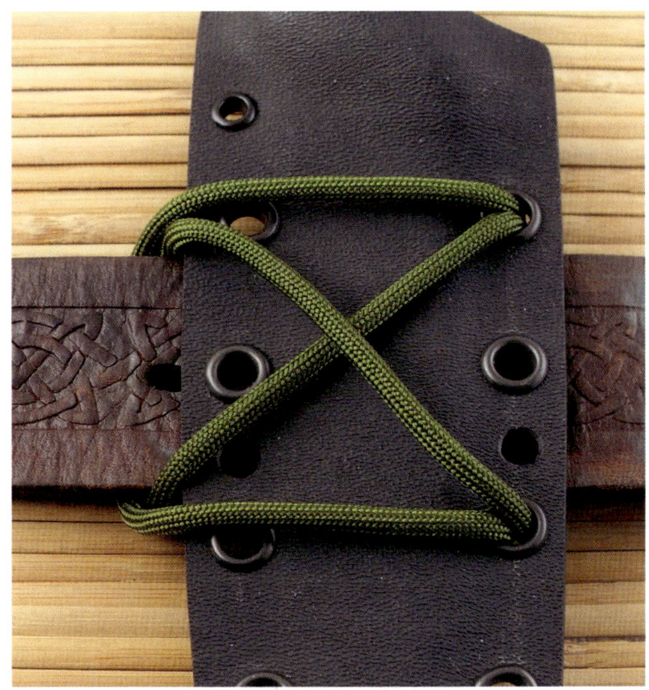

Die gleichen Schlaufen können auch bei Scheiden mit zwei Reihen von Löchern benutzt werden. Auch wenn die Scheide mehr geneigt werden muss, als die Löcher und Ösen erlauben.

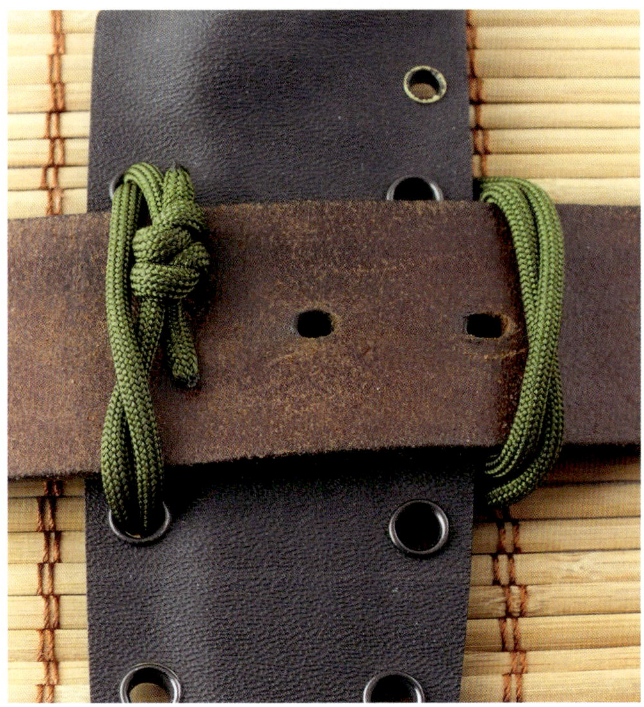

Anblick von der Rückseite: Diese Anordnung erlaubt es, die Scheide – wenn notwendig – auf eine flexiblere Art zu neigen, als es mit den Seilen durch die Löcher auf beiden Seiten möglich wäre. Wenn die Schlaufe zu lang ist, dann lösen Sie den Knoten und ziehen Sie die Schlaufe fest, bis alles gut sitzt. Dann machen Sie einen neuen Knoten.

11.2 Schnell zu lösende Schlaufen

Es ist leicht, schnell zu lösende Clips aus Paracord herzustellen – etwa für das Tragen des Messer auf der Innenseite der Hose oder des Gürtels. Grundlagen sind Schlaufe und Lanyard-Knoten. Als Alternative kann auch ein Kipphebel benutzt werden. Diese Systeme erlauben die Entfernung der Scheide, ohne den Gürtel abnehmen zu müssen.

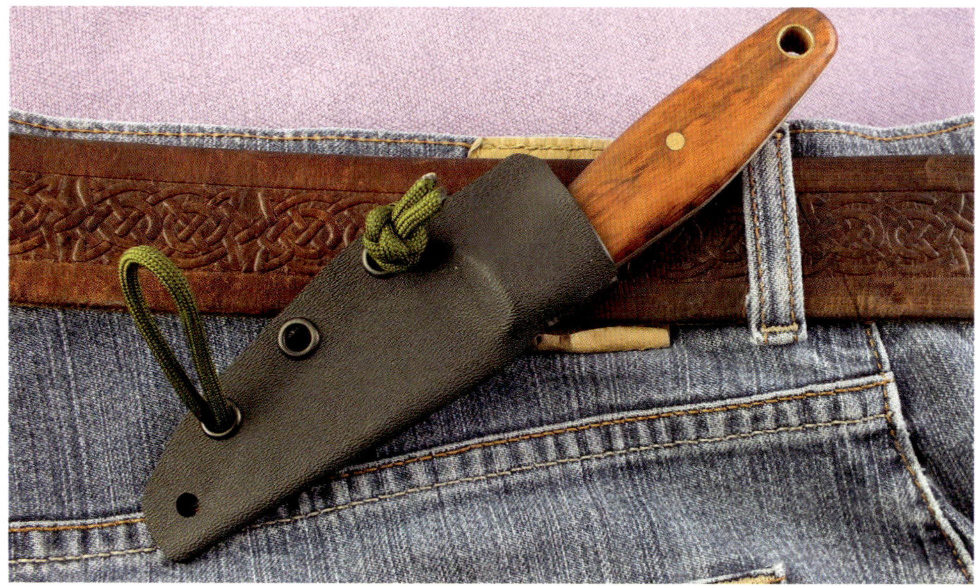

Auf der Rückseite sind die Schlaufen außerhalb der Scheide auf der rechten Seite sichtbar.

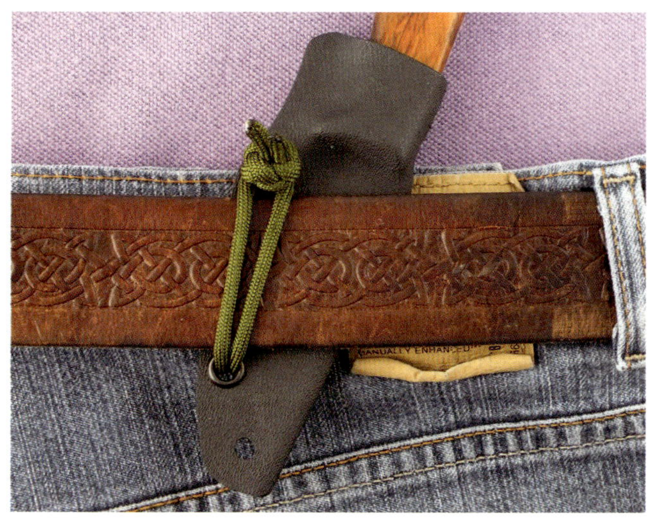

Die Schlaufe ist gerade lang genug, um über den Lanyard-Knoten zu reichen. Das Messer mit der schnell zu lösenden Schlaufe wird auf der Innenseite des Gürtels getragen.

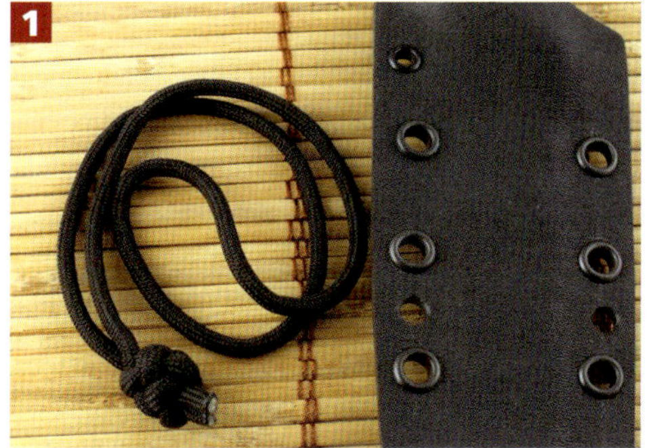

Die Schlaufe aus vollem Paracord mit Lanyard-Knoten kann an verschiedene Trageweisen angepasst werden.

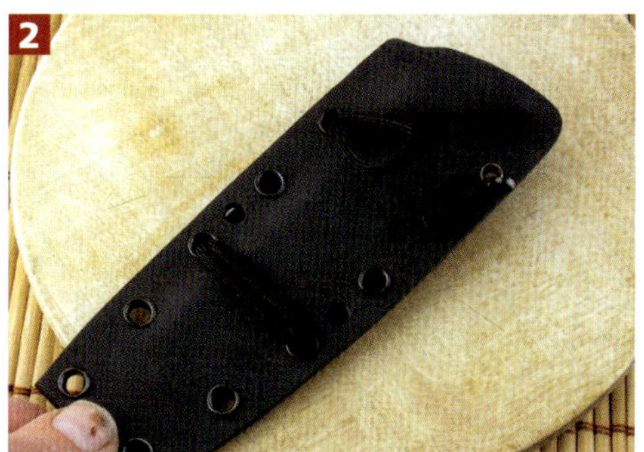

Beginnen Sie vorne auf einer Seite und weben Sie die Schlaufe durch vier Löcher. Die Schlaufe erscheint an einem oberen Loch an der Vorderseite.

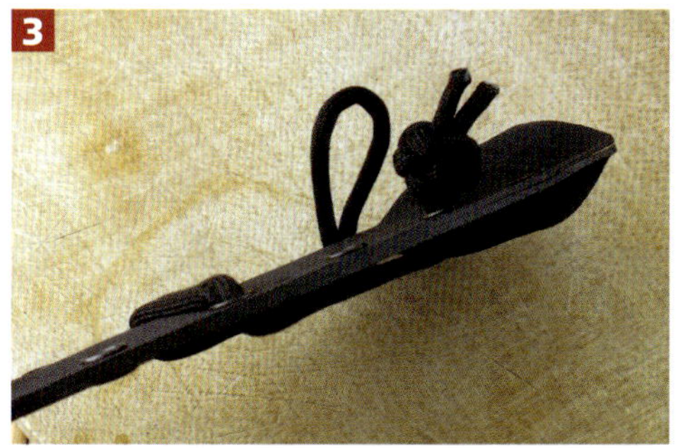

Die Schlaufe, die über die Scheide und durch die Ösen geführt wird, sorgt für einen guten Sitz der Gürtelschlaufen.

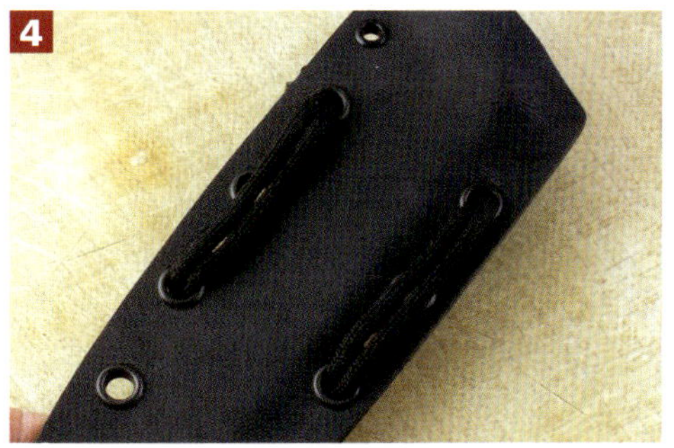

Die doppelten Gürtelschlaufen auf der Rückseite der Scheide.

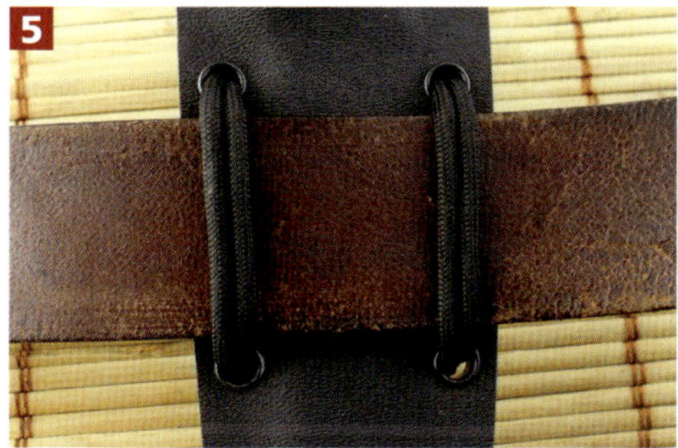

Die zwei starken Gürtelschlaufen halten die Scheide am Gürtel.

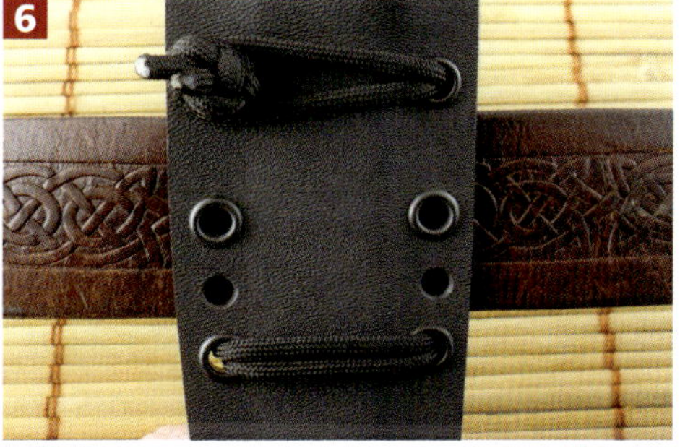

Die Vorderseite zeigt die Scheide an einem breiten Gürtel – festgemacht mit einer Schlaufe der passenden Länge.

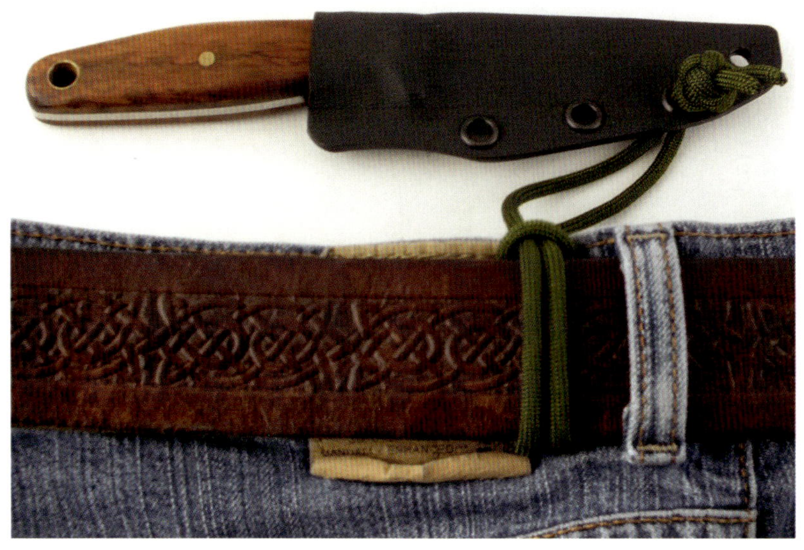

Diese Schlaufe mit Lanyard-Knoten wird für das Tragen auf der Innenseite der Hose benutzt.

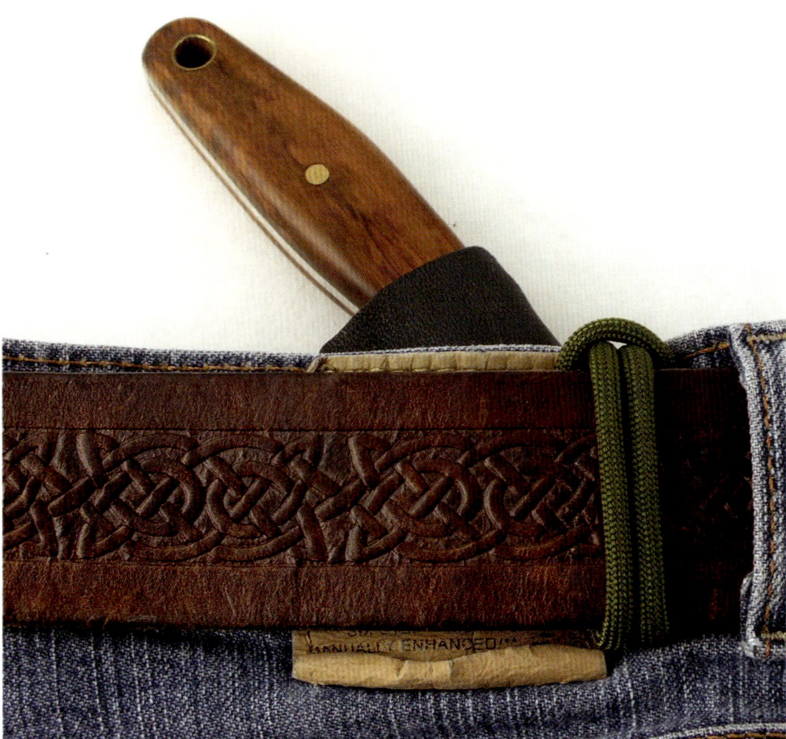

Das Messer sitzt auf der Innenseite der Hose. Der Lanyard-Knoten ist auf der Außenseite der Scheide platziert und sitzt unter dem Gürtel. Er wirkt als Bremse, die die Scheide hinter dem Gürtel am Aufwärts-rutschen hindert.

11.3 Festes Gürteltragesystem mit Flatline

Diese Scheide eines Neck Knife ist für die Gürteltrageweise ausgelegt. Da die maximale Anzahl an Schlaufen auf der Vorder- und Rückseite der Scheide gemacht wird, kann die Scheide sowohl rechts als auch links am Gürtel getragen werden, ohne dass das Seil noch einmal frisch eingefädelt werden muss.

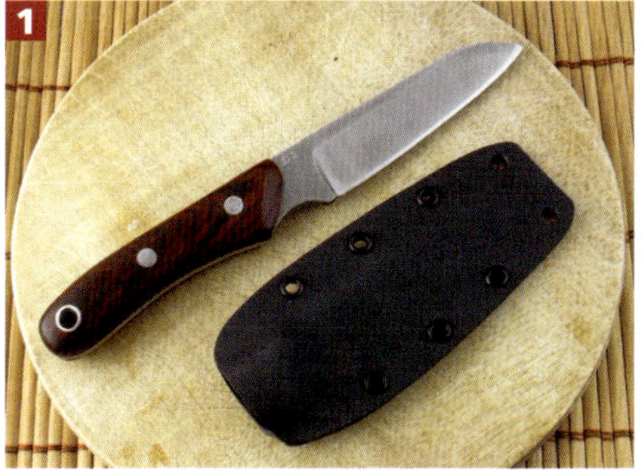

Die Scheide dieses Neck Knifes besitzt nur kleine Ösen. Der geringe Durchmesser dieser Ösen ist gerade mal groß genug, um mit Flatline ein vielseitiges Gürteltragesystem herzustellen.

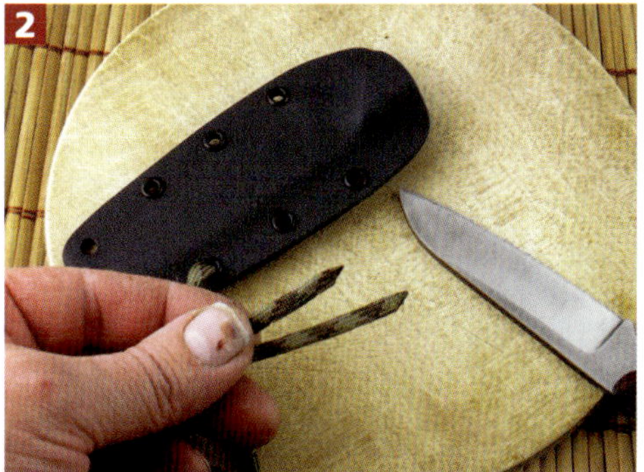

Die Seilenden werden zugespitzt, um sie durch die kleinen Löcher zu fädeln.

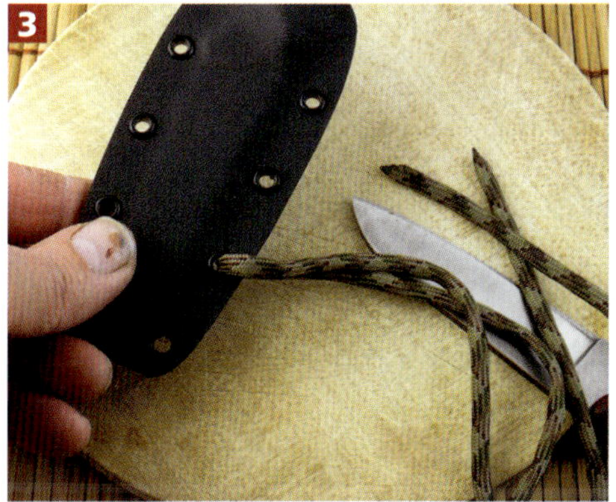

Das Seil geht durch das untere Loch. Beide Enden werden so zurechtgezogen, dass die Mitte des Seils im Loch liegt.

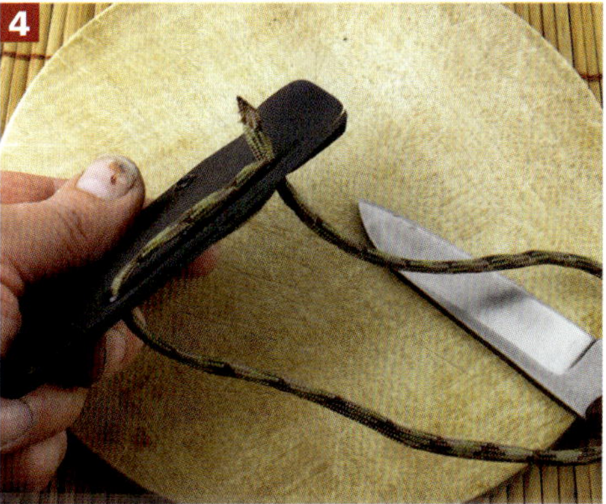

Beide Seilenden gehen durch das obere rechte Loch, aber in entgegengesetzte Richtungen.

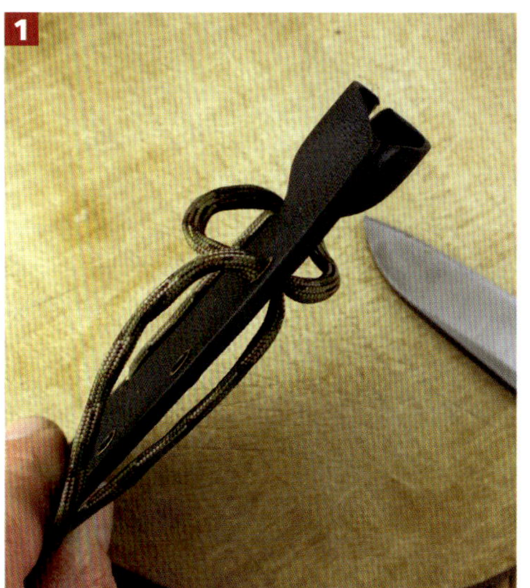

Die Seilenden werden nach links geführt und durch die nächste Öse gezogen.

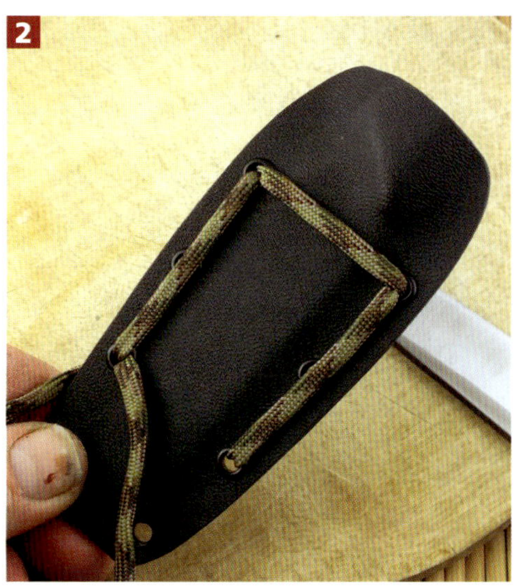

Die Bewegungen werden wiederholt, wenn die Seilenden durch das untere linke Loch gehen. Ziehen Sie alles gut stramm, aber nicht zu fest, so dass der Gürtel noch eingeführt werden kann.

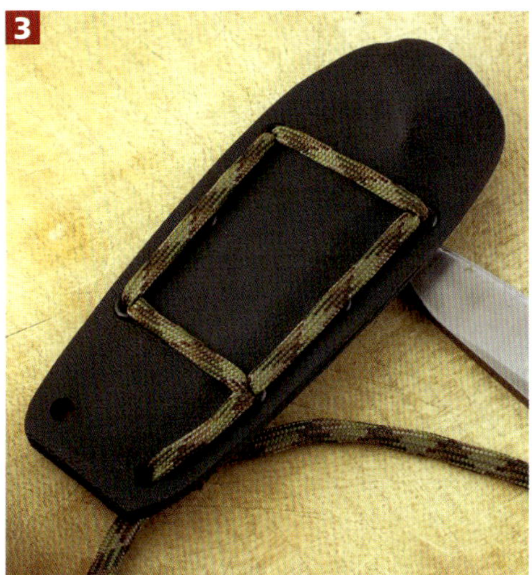

Wenn die Seilenden durch die erste Öse geführt werden, bei der wir angefangen haben, benötigen wir eine Spitzzange.

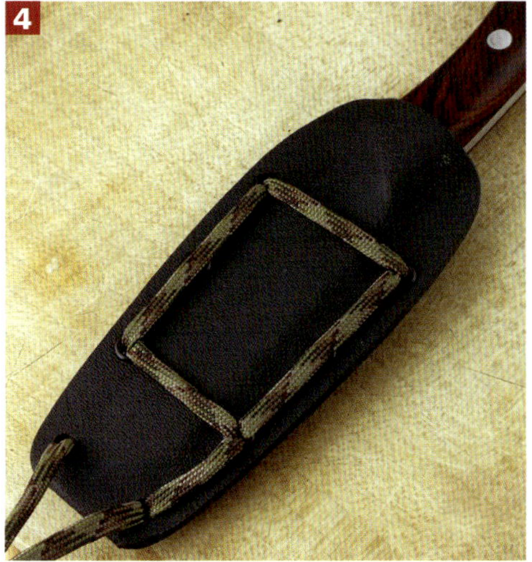

Die Scheide trägt am Gürtel nur minimal auf. Ist das Seil lang genug, hat man auch eine Schlaufe für das Tragen am Hals.

11.4 Festes Gürteltragesystem mit vollem Paracord

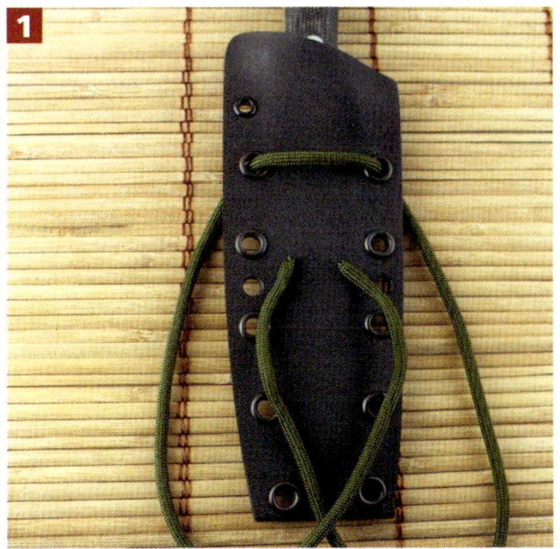

Das Seil geht durch das linke und rechte obere Loch auf die Rückseite der Scheide. Die Seilenden wurden hier zur besseren Anschaulichkeit nach vorne geführt.

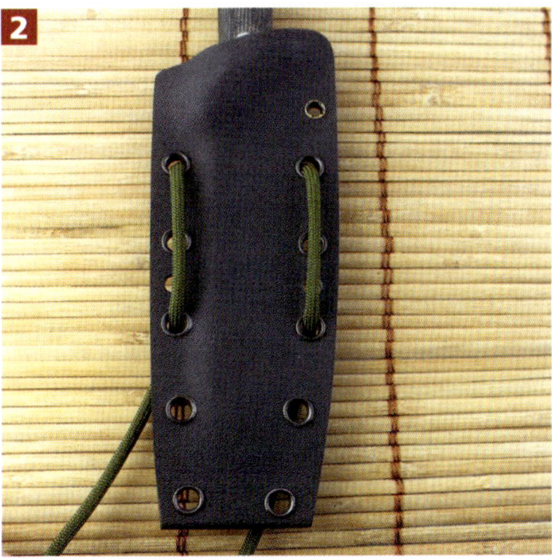

Die Seilenden gehen der Rückseite entlang zwei Zoll oder 5 Zentimeter nach unten – abhängig von der Gürtelbreite, an die das Paracord angepasst werden soll.

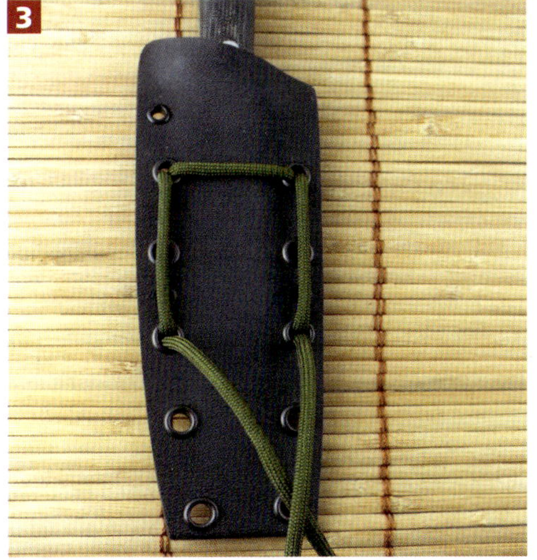

Die Seilenden wurden zu den oberen Löchern zurückgeführt und dann zurück zu den unteren Löchern.

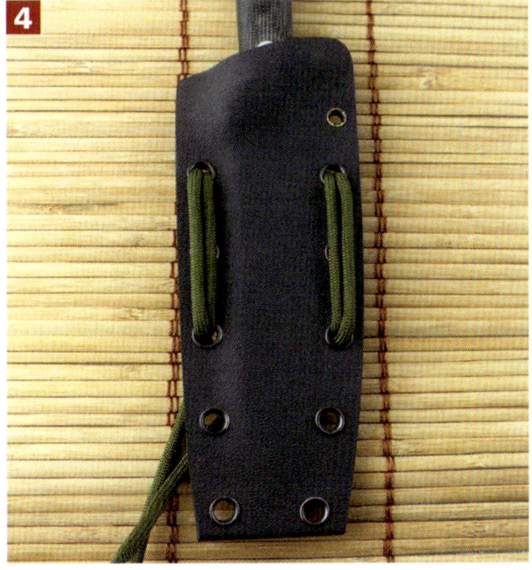

Auf der Rückseite werden doppelte Gürtelschlaufen erstellt.

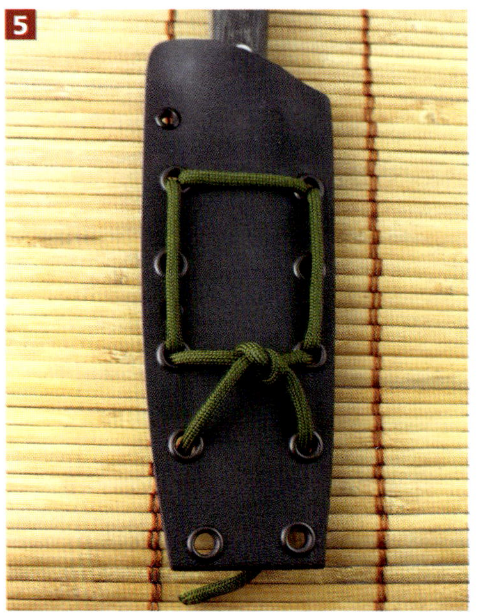

Die Enden werden auf der Vorderseite verknotet. Überprüfen Sie die Spannung der Schlaufen. Sind Sie zu stramm, passt ein dicker Gürtel nicht hindurch.

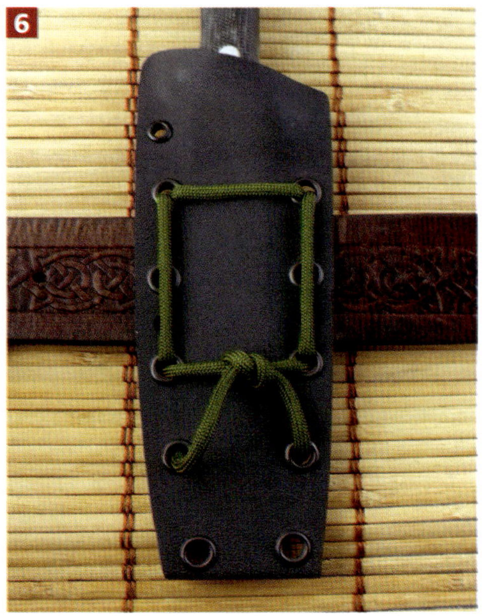

Die Scheide wird am Gürtel angebracht.

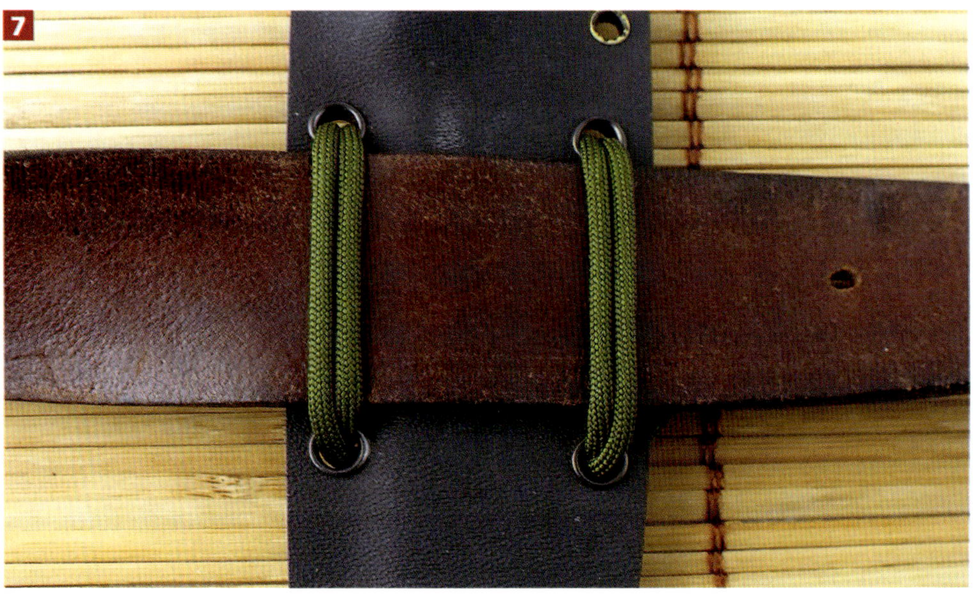

Rückansicht der Scheide am Gürtel.

11.5 Neck Knife am Gürtel

Die Scheiden von Neck Knives sind oft an der Seite genietet und besitzen nur ein oder zwei Löcher am unteren Rand für die standardmäßige Halskordel oder eine Kugelkette. Falls der Rand breit genug ist, können ein paar Löcher gebohrt werden, damit die Scheide genauso wie die anderen Scheiden am Gürtel getragen werden kann.

Neck-Knife-Scheiden mit nur einem oder zwei Löchern (oder einer flachen Schlaufe aus Kydex oder Leder zum Einfädeln der Kordel oder Kugelkette) am unteren Ende können auf der Innenseite des Gürtels getragen werden, wobei die Schnur sie sicher am Platz hält. Eine Tragekordel beginnt im allgemeinen mit einer Länge von ungefähr 70 Zentimetern. Die meisten männlichen Köpfe haben einen Umfang zwischen 55 und 65 Zentimetern, so dass die Kordel gerade noch darüber passt.

Lassen Sie die (Gleit-)Knoten so, wie sie sind. Stecken Sie die Scheide in den Gürtel. Falls das Seil keine Gleitknoten hat: Die Reibung des Seils um den Gürtel ist normalerweise ausreichend, um die Scheide am Platz zu halten.

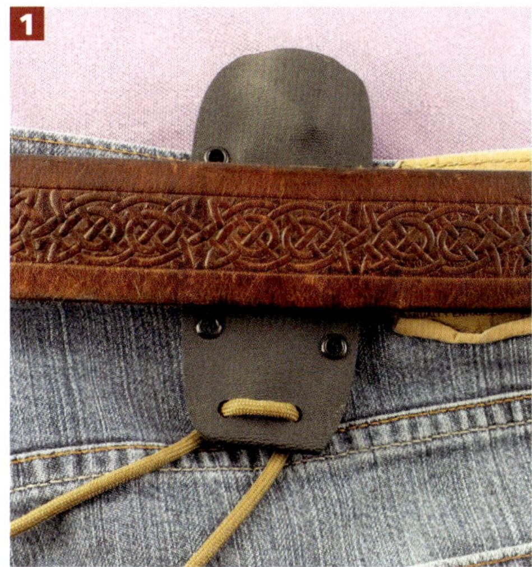

Beginnen Sie mit der Knüpfarbeit, indem Sie die Scheide auf der Innenseite des Gürtels positionieren.

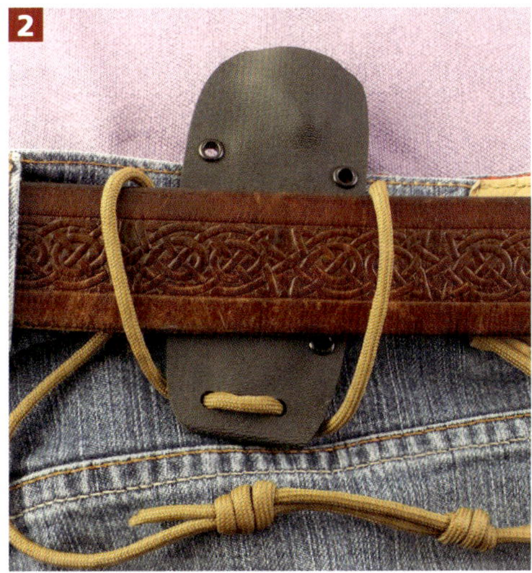

Führen Sie das Seil über die Scheide, hinter den Gürtel. Lassen Sie die Scheide nicht zu weit hinter dem Gürtel herunterrutschen.

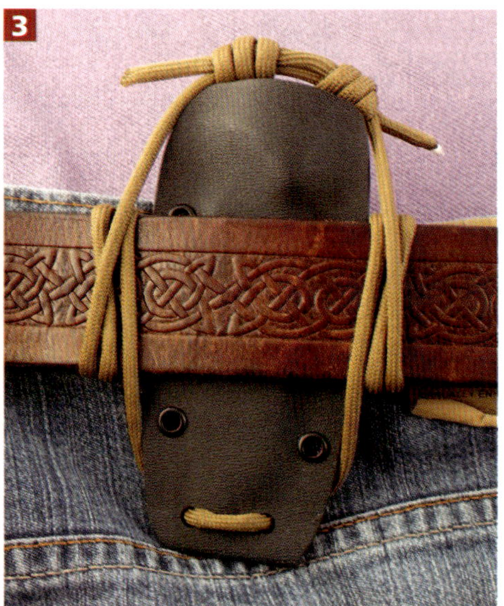

Wiederholen Sie den Arbeitsgang mit der Kordel um den Gürtel. Ziehen Sie an allen Seilenden bis sie fest sind. Führen Sie das Seil am Ende über die Scheidenöffnung.

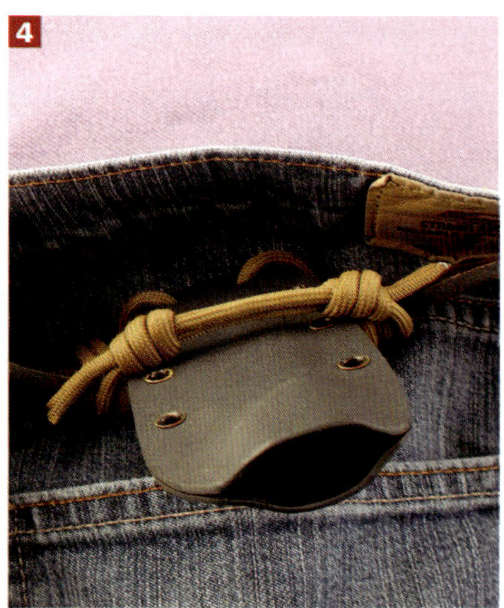

Falls das Seil Gleitknoten besitzt, ziehen Sie die Schlaufe hinter der Scheidenöffnung fest. Sie können die Scheide hinter dem Gürtel ein wenig nach oben ziehen, um das Seil etwas mehr zu verkürzen.

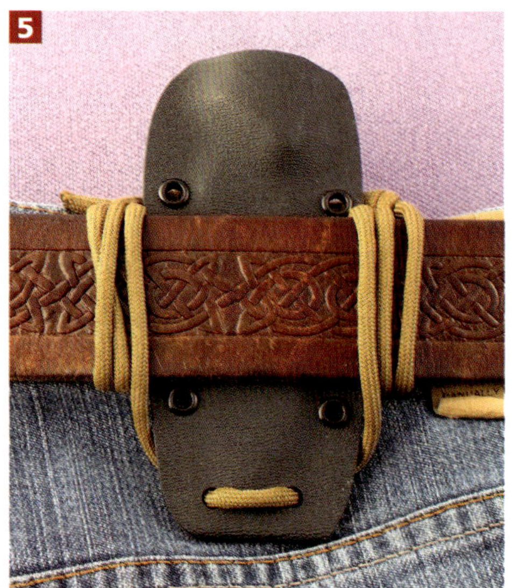

Drücken Sie die Scheide hinter dem Gürtel nach unten, um die Schlaufe festzuziehen.

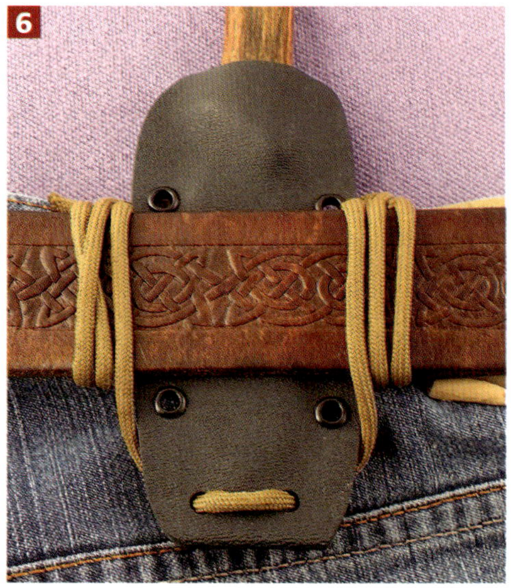

Das Neck Knife lässt sich jetzt sicher am Gürtel tragen.

Falls die Scheide mit einer Kugelkette um den Hals getragen wird: Kugelketten sind nicht für die Trageweise am Gürtel geeignet. Eine Kugelkette kann reißen, wenn sie am Gürtel straffgezogen wird.

Um die Scheide auf die Schnelle an die Gürteltrageweise anzupassen, lässt sich ein kurzes Seil benutzen. Befestigen Sie das Seil an der Scheide und führen Sie die beiden Arbeitsenden an der Außenseite des Gürtels nach oben (und auf der Innenseite nach unten, dann wieder nach oben, falls das Seil lang genug ist). Überkreuzen Sie die Enden hinter der Scheide und machen Sie einen Doppelknoten auf der Vorderseite. Stecken Sie die Enden auf die Innenseite ihrer Hose.

11.6 Verdeckte Trageweise in der Hose

Verdeckte Trageweise bedeutet, dass das Messer an der Person, die es trägt, nicht sofort sichtbar ist. Wenn Sie ein Neck Knife um ihren Hals, außen auf Ihrem T-Shirt oder Pullover tragen, dann ist es nicht verdeckt. Wenn Sie es unter Ihrem T-Shirt tragen, ist es kaum sichtbar und damit verdeckt. Wenn Sie ein Messer am Gürtel tragen, dann ist es auf der Außenseite eher sichtbar als innen am Gürtel.

Bei diesem System wird ein Seil dazu benutzt, die Scheide am Gürtel oder einer Gürtelschlaufe zu befestigen. Das Messer und die Scheide werden hoch, in mittlerer Position oder tief auf der Innenseite der Hose getragen. Die Länge des Seils muss so angepasst werden, dass das Messer nicht zu tief herunterrutschen kann. Das Seil kann am oberen, mittleren oder unteren Loch oder Öse der Scheide befestigt werden.

Das Ziel ist es, die Scheide so anzubringen, dass beim Ziehen des Messers die Scheide an der Hose vorbei ist, bevor die scharfe Messerschneide von der Scheide freikommt. Auf diese Weise wird das Risiko die Hose zu beschädigen oder den eigenen Körper zu verletzen, weitgehend ausgeschaltet. Man muss verschiedene Schlaufenlängen ausprobieren. Der Fischerknoten kann leicht angepasst werden, bis Sie die richtige Länge für sich gefunden haben. Es hängt viel von Ihrem Körperbau, Ihrer Hosenart und Ihren körperlichen Aktivitäten ab.

1

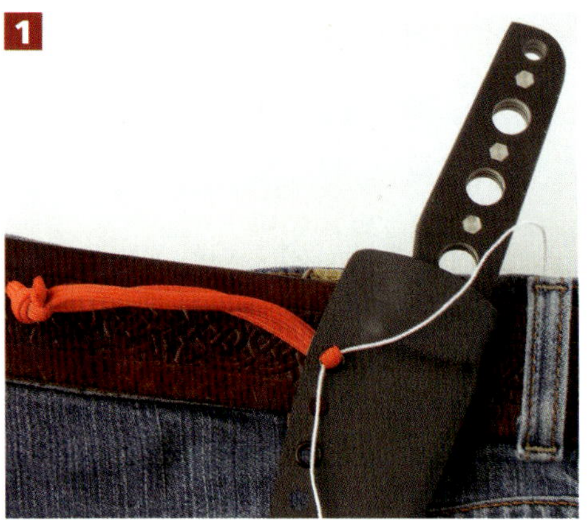

Trageweise auf der Hoseninnenseite: Die Scheide dieses Messers besitzt Ösen mit kleinem Durchmesser. Die Schlaufe wird mit einer Schnur vom Kern des Paracord durch die Öse gezogen.

2

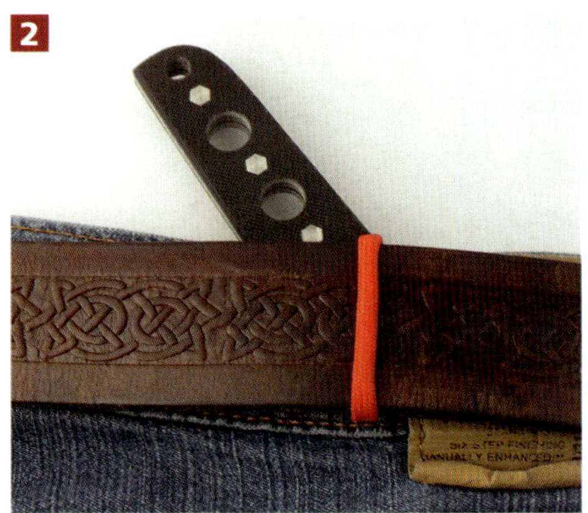

Das Messer wird relativ tief und geneigt in der Hose getragen. Der Griff ragt gerade genug heraus, um ihn zu packen.

3

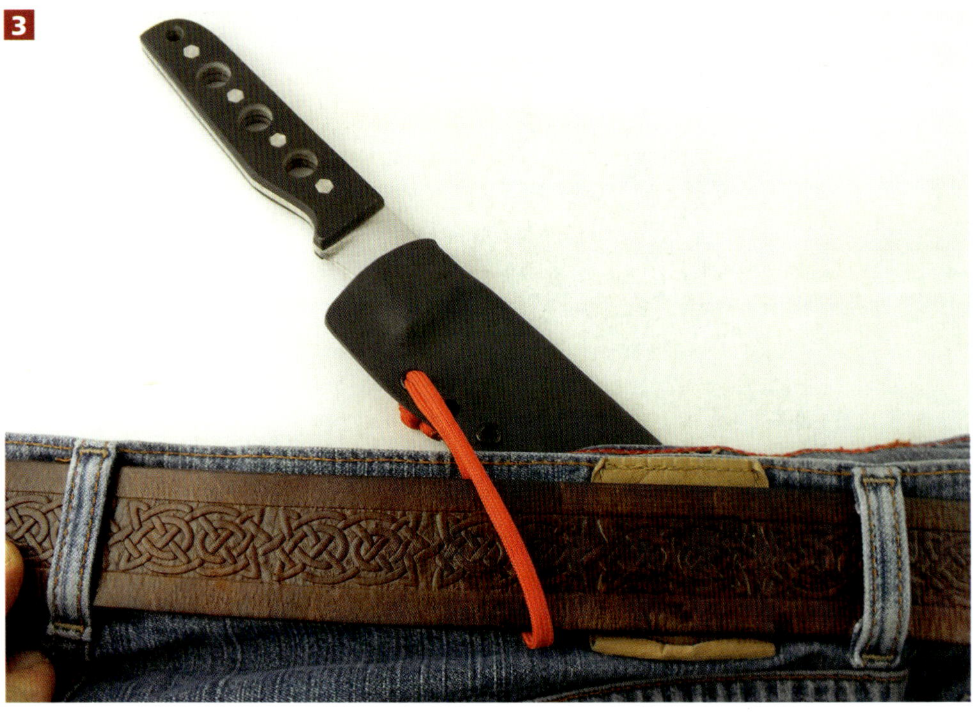

Wenn das Messer gezogen wird, geht die Scheide so weit mit nach oben, dass die Klinge weder Ihre Hose noch die weitere Kleidung oder Sie selbst verletzt.

11.7 Schultertrageweise

Schultertragesysteme erlauben es, ein mittelgroßes bis großes Messer unter dem Arm zu tragen. Auf diese Weise behindert es den Träger weniger Auch in Fällen, in denen ein Neck Knife zu groß oder zu schwer ist, um vom Hals zu hängen, ist ein Schulterhalfter eine gute Option.

Die Haupt-Trageschlaufe kann angepasst werden: Der Knoten (Ankerstich) befindet sich bevorzugt auf dem Rücken, knapp hinter der Scheide. Ein zweites Seil geht vom Rücken der einen Schulter zur anderen Schulter herum.

Eine Option ist es, das Schulterhalfter aus einem einzigen Stück Paracord zu machen und einen Schotstek oder einen einfachen Sackstich als Fixpunkt zwischen die Schulterschlaufe und das Halteseil zu machen.

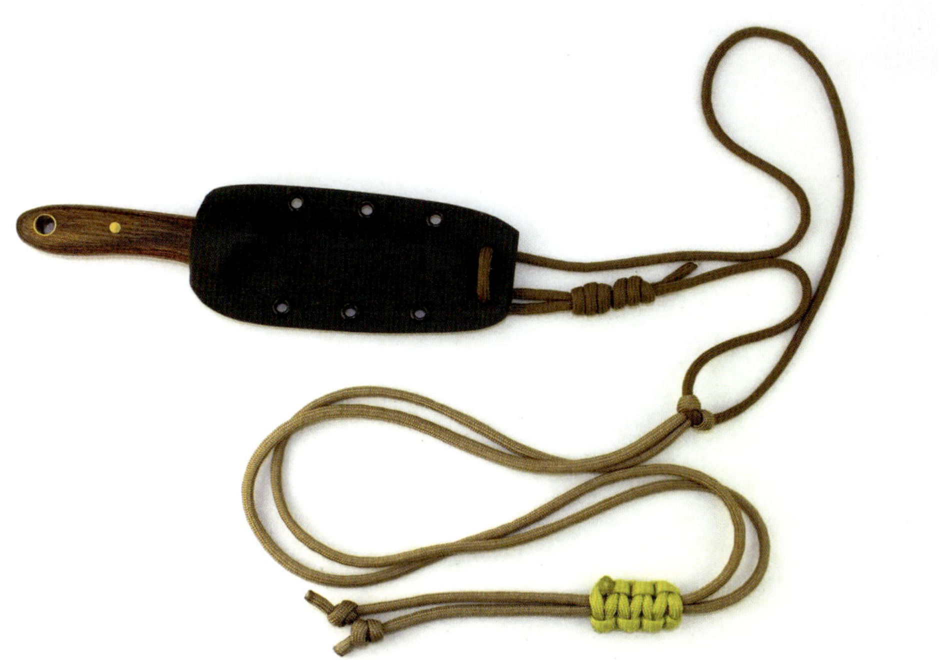

Das Schulterhalfter besteht aus der Trageschnur (in „coyote brown"), der Schulterschnur („desert tan") und dem anpassbaren Schieber (gelb, Kettenstek, drei Zentimeter).

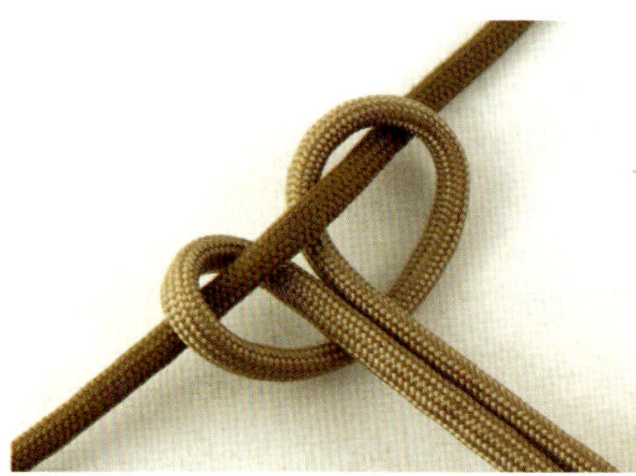

Der Ankerstich wird benutzt, um das anpassbare Seil an der ursprünglichen Tragekordel zu befestigen.

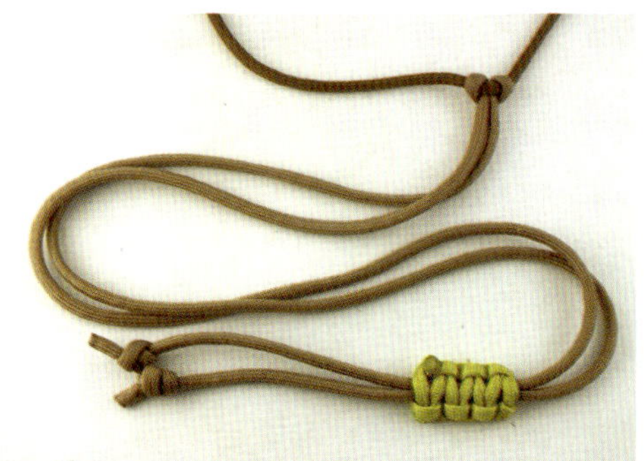

Nahaufnahme der Schulterschnur: Sie wird so an der ursprünglichen Kordel befestigt, dass der Knoten ungefähr auf drei Viertel der Höhe der Schnur hinter der Schulter liegt. Der anpassbare Schieber wird dazu benutzt, die Schulterschlaufe auf der rechten Seite – die Seite, die dem Messer gegenüber liegt – auf eine komfortable Länge einzustellen.

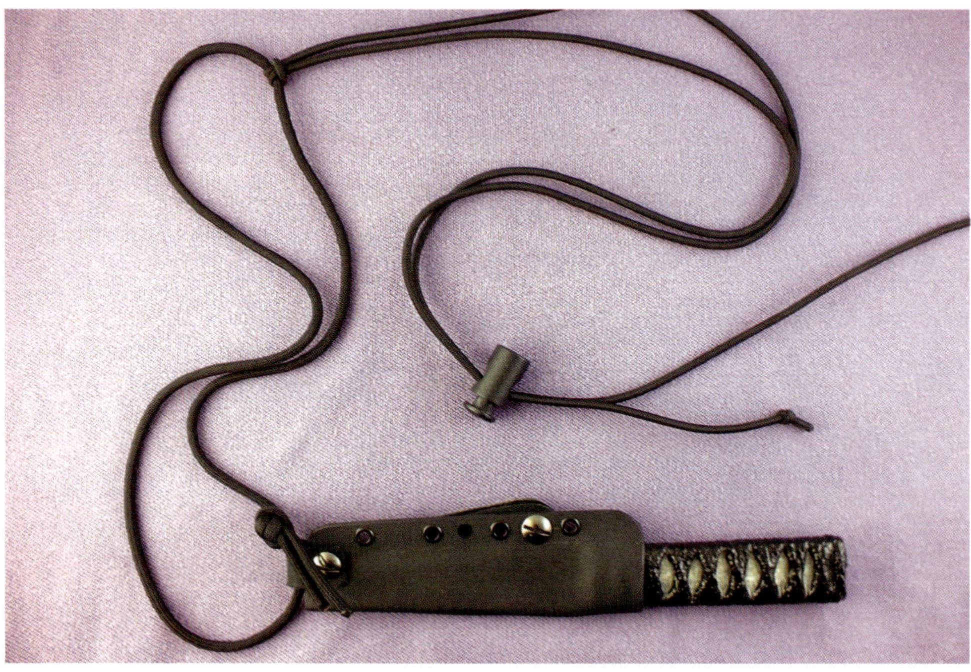

Das Schulterhalfter mit Gummiseil und Plastikstopper.

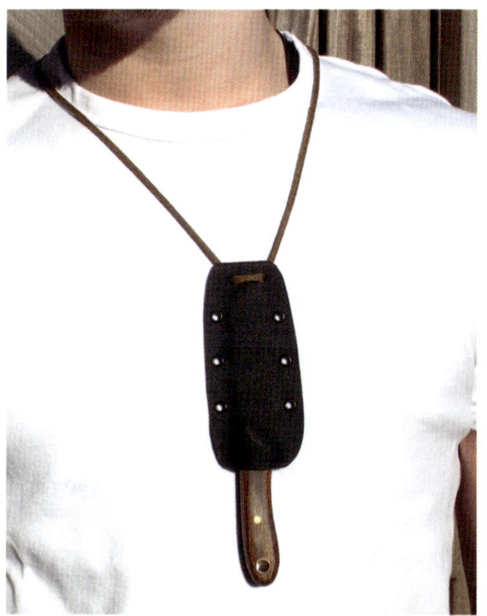

Schulterhalfter mit Neck Knife in seiner Standardposition auf der Brust.

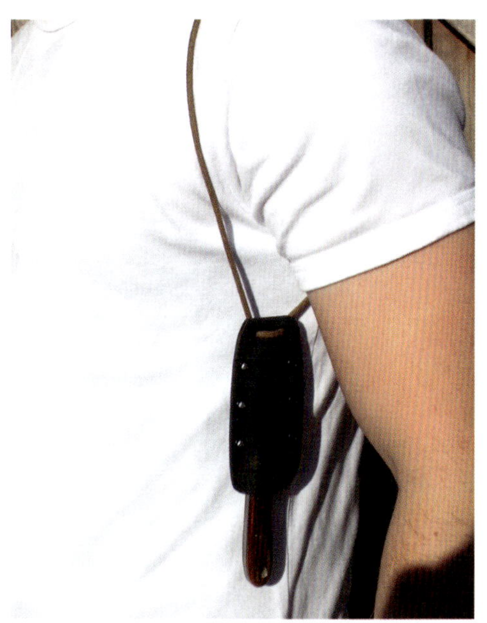

Die Halskordel hängt über der Schulter. Das Seil kann von der Schulter rutschen.

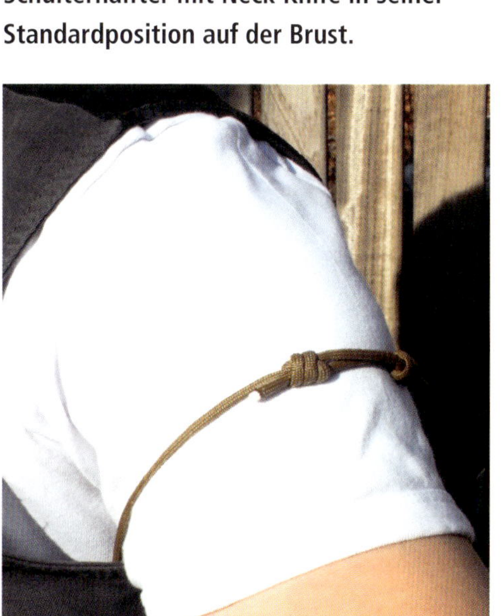

Wenn eine Jacke oder ein Hemd darüber getragen wird, kann das Seil nicht weit herunter rutschen, und das Messer bleibt relativ an seinem Platz unter dem Arm.

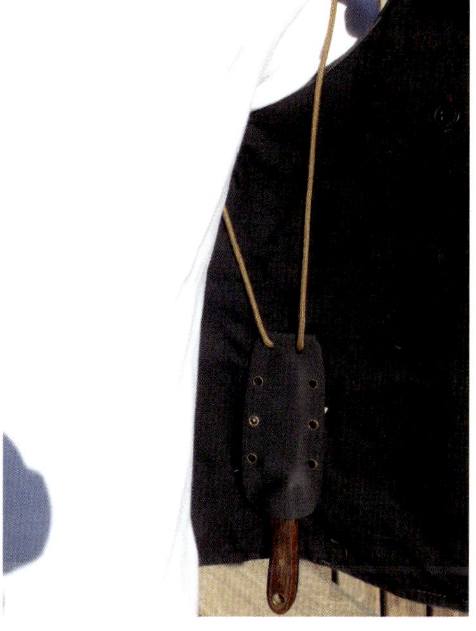

Das Messer hängt ein wenig tiefer, ist aber immer noch sicher.

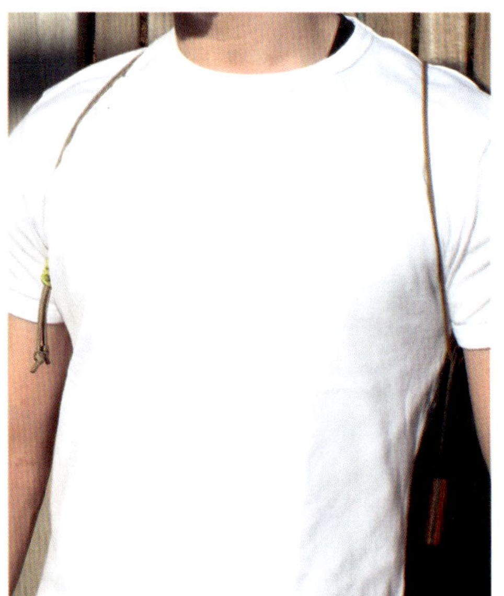

Wenn eine Schulterschnur an der Halskordel befestigt wird, ist das Schulterhalfter komplett.

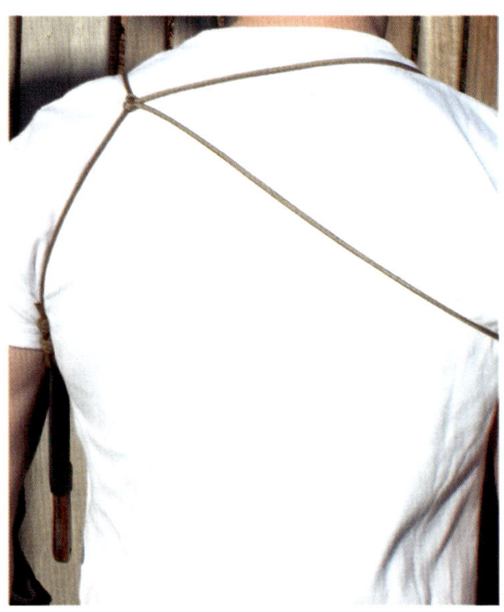

Das Halfter mit Schulterschnur beziehungsweise Halteseil aus Paracord.

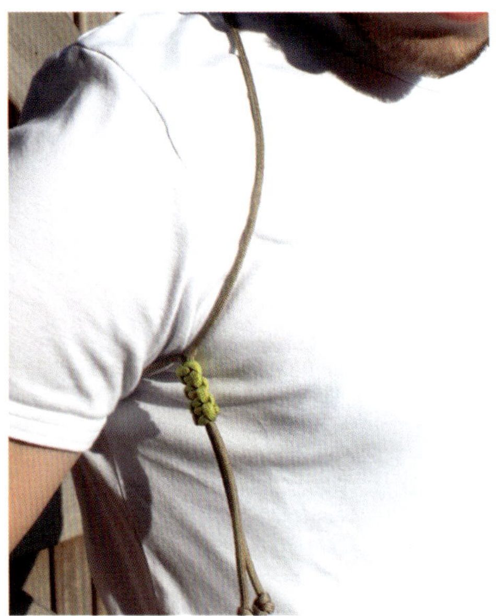

Der Kettenstek wirkt als Gleitverschluss. Ziehen Sie das Schulterseil nicht zu fest an, sonst wird es unbequem.

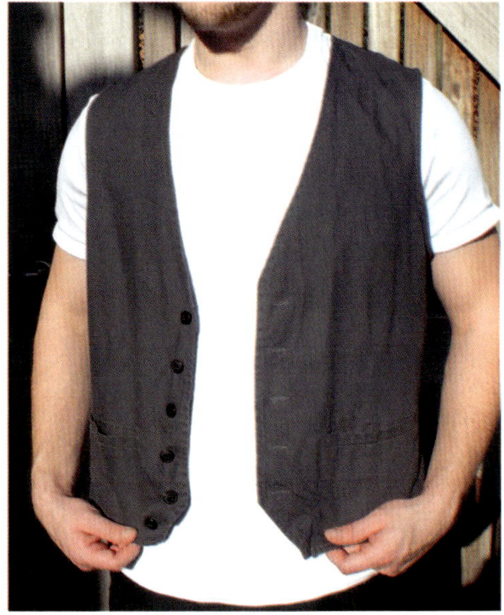

Sogar unter einer ärmellosen Weste ist das Schulterhalfter für das Neck Knife nur schwer zu sehen.

Der Kettenstek kann durch einen Plastikstopper ersetzt werden (mit Feder-Verschluss), um die Länge des Halteseils anzupassen. Am Ende sorgen zwei Stopperknoten dafür, dass der Cord Lock oder Kettenstek nicht verloren geht.

Ersetzen Sie das Paracord im Halteseil durch eine elastische Schnur, um ein komfortableres Tragegefühl zu erreichen. Sie gibt nach, wenn Sie sich bewegen. Solche elastischen Schnüre werden oft in Jacken und Anoraks benutzt und sind unter dem Namen „shock cord“ im Outdoor-Bedarf erhältlich. Sie sehen oft aus wie Paracord, der Unterschied wird aber deutlich, wenn man daran zieht.

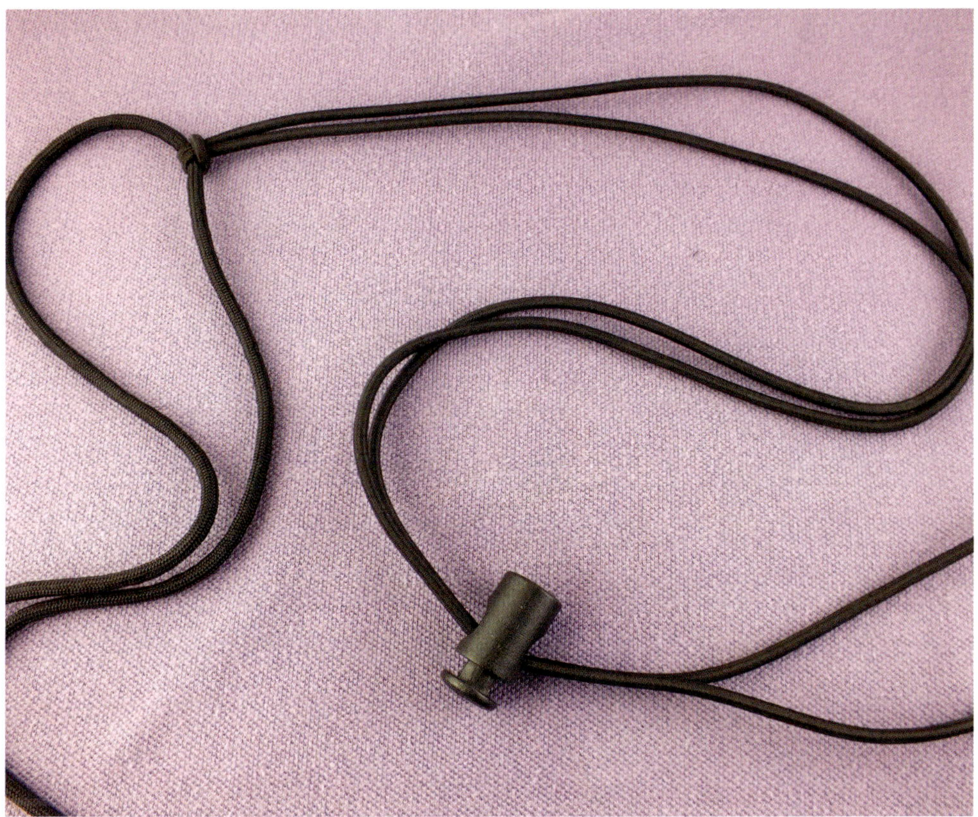

Dieses Halfter besitzt eine elatstische Schnur und einen Plastikstopper für die Extraportion an Bequemlichkeit.

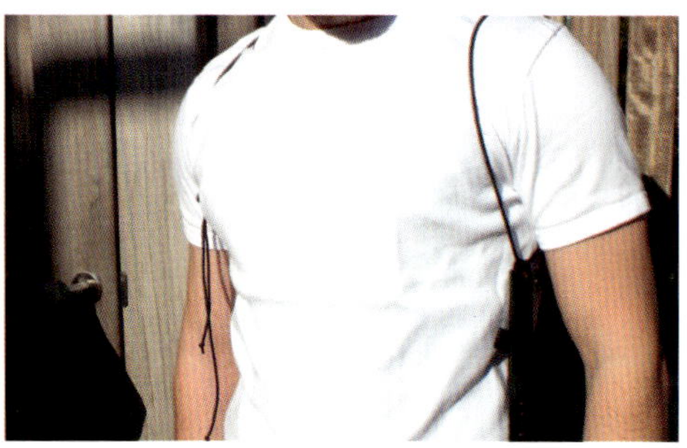

Das Schulterhalfter ist leicht und bequem.

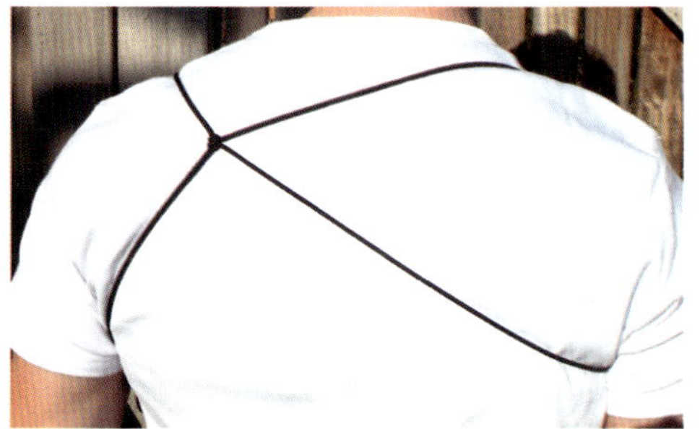

Auf dem Rücken sind die Seile flach und stören nicht in der Bewegung. Beachten Sie die Position des Knotens (Ankerstich) hoch auf der linken Schulter.

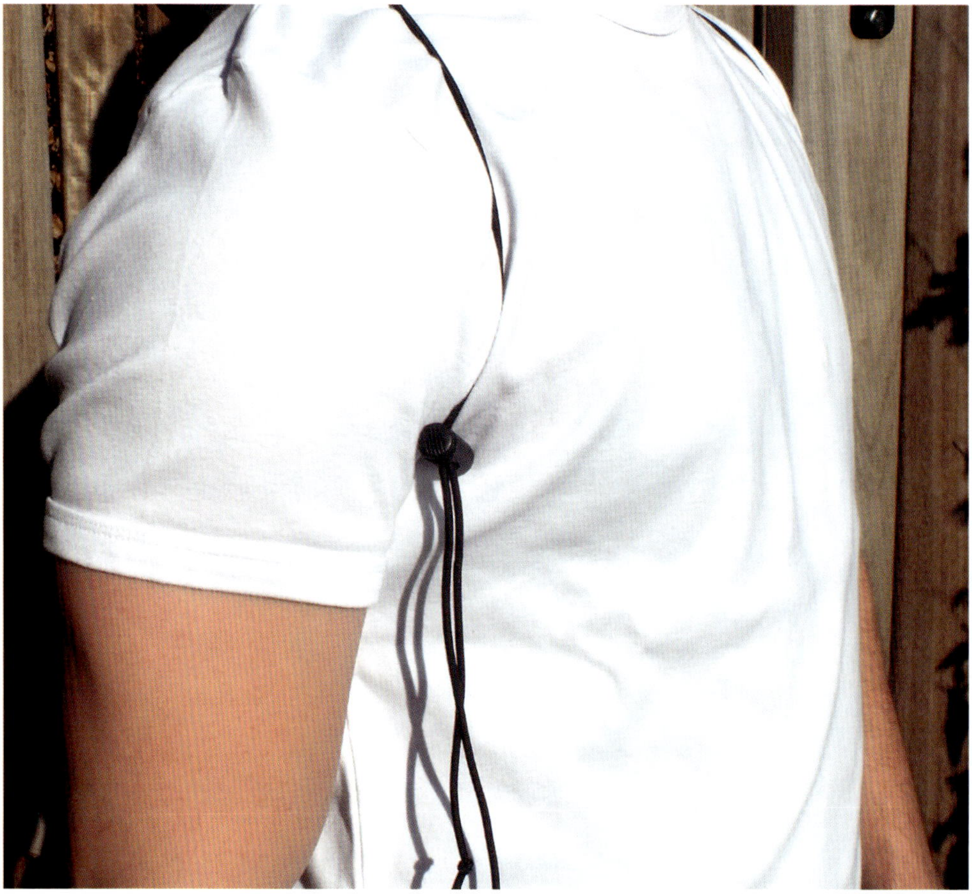

Die elastische Schnur mit Plastikstopper.

11.8 Messer am Rucksack oder Tragesystem

Viele Spritzguss- oder Kydex-Scheiden besitzen Löcher, Ösen und Ausschnitte, durch die ein Seil gezogen werden kann, um die Scheide an einem Rucksack anzubringen. Auch einige Lederscheiden haben Löcher und sind damit zum Festzurren mit Paracord geeignet. Wenn die Scheiden gut genug sind, kann man sie auch mit der Öffnung nach unten tragen.

MOLLE/PALS

MOLLE (Modular Lightweight Load-Carrying Equipment) ist ein System zum Anbringen von Taschen und anderen Ausrüstungsgegenständen am Gewebe des PALS (Pouch Attachment Ladder System). Das MOLLE-System wurde 1997 eingeführt. Es besteht im wesentlichen aus einer Anzahl von waagrechten, ein Zoll breiten Textilstreifen. Viele Rucksäcke und Taschen sind heute damit ausgestattet.

Einige serienmäßige Scheiden für Fabrikmesser besitzen einen speziellen Adapter, um sie an einem MOLLE-System zu befestigen. Das ursprüngliche militärische System hat 1-Zoll-Tragestreifen, die im Abstand von 1½ Zoll angenäht sind. Da die Löcher und Ösen der Messerscheiden oft Abstände von einem Zoll besitzen (oder eine Kombination von ½“, ¾“, 1“ und/oder 1½“ für das große TekLok) ist der 1“-Abstand der Tragestreifen ideal. Paracord kann zum Weben durch die Schlaufen benutzt werden.

Die Messerscheide kann entweder nur mit Paracord befestigt werden, oder sie lässt sich so mit Paracord ausrüsten, dass sie mit einem der kommerziell erhältlichen Speed Clips an der Ausrüstung befestigt und wieder abgenommen werden kann. Solche MOLLE-Clips lassen sich auch selber anfertigen. Ein Streifen aus 1,5 oder zwei Millimeter dickem Kydex, ungefähr 25 Millimeter breit und bis zu 30 Zentimeter (zwölf Zoll) lang, gefaltet und mit ein paar Löchern am Ende, ist dafür ausreichend.

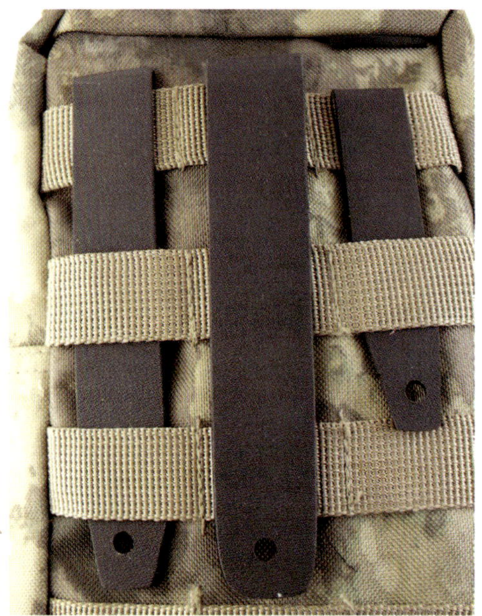

Drei verschiedene MOLLE-Clips aus Kydex-Streifen: 30, 25 und 20 Millimeter breit. Sie haben eine Länge von 15 (sechs Zoll) und 10 Zentimetern (vier Zoll).

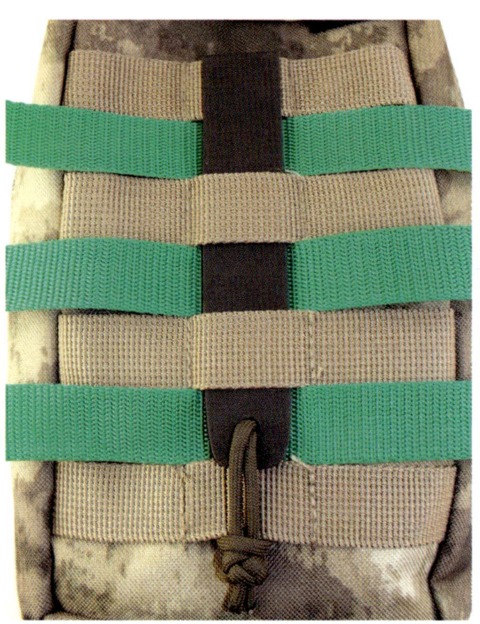

Dieser MOLLE-Clip ist an seinem Platz. Die grünen Bänder sind ein Ersatz für die Bänder oder das Paracord der Scheide, die am Rucksack befestigt werden soll.

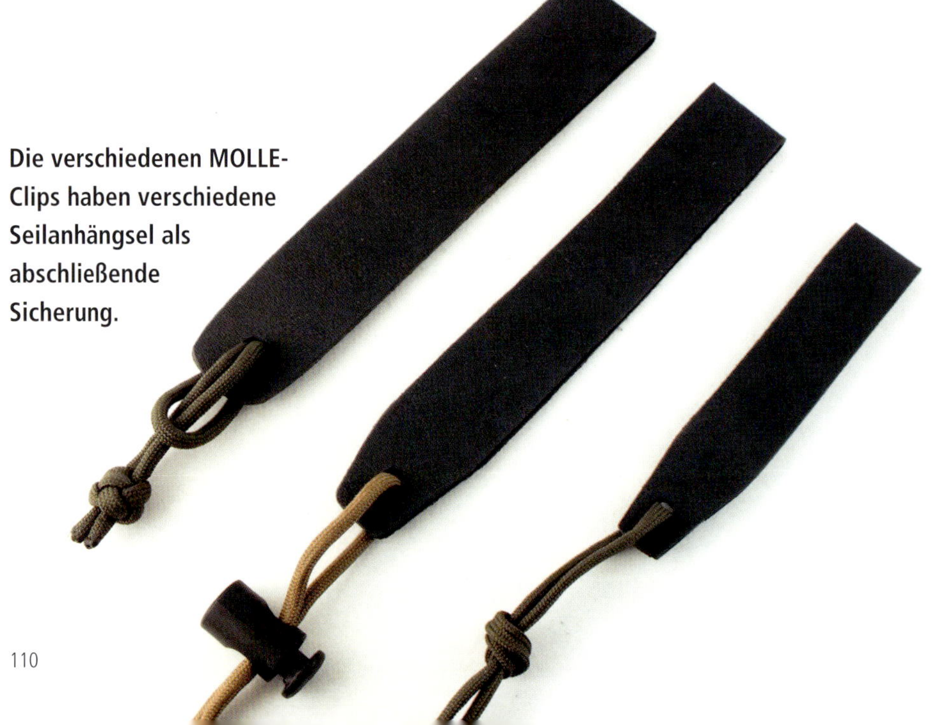

Die verschiedenen MOLLE-Clips haben verschiedene Seilanhängsel als abschließende Sicherung.

Um das beste Webmuster für Ihre Scheide auszuarbeiten, zeichnen Sie eine Reihe von horizontalen Linien mit einem Abstand von 25 Millimetern. Markieren Sie jedes zweite Band farbig, um die Tragestreifen anzudeuten. Legen Sie Ihre Scheide auf die Zeichnung und richten Sie die Ösen bestmöglich aus. Egal ob mit Griff nach oben oder unten, die wichtigsten Ösen sind die, die bei normaler Trageweise mit den Tragestreifen übereinstimmen. Zeichnen Sie die Kontur und tragen Sie die Position der Ösen ein.

Jetzt ist es einfach, den möglichen Verlauf des Webmusters zu skizzieren. Es geht schneller, eine Skizze zu machen, als eine Webarbeit mehrere Male wiederholen zu müssen, um dann mit einem suboptimalen Ergebnis dazustehen.

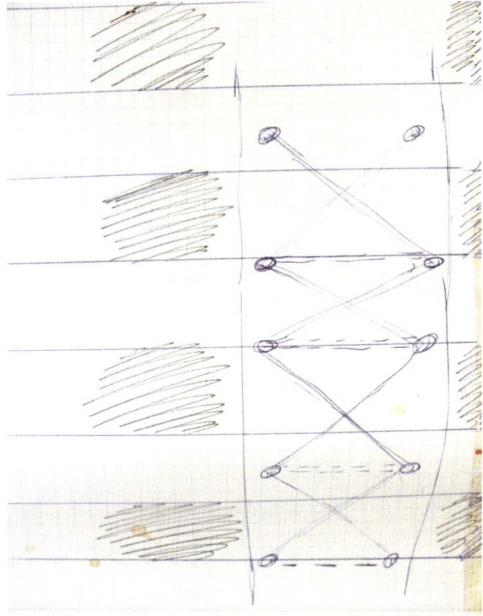

Diese Skizze zeigt die Anbringung eines MOLLE-Clips. Die Seile verlaufen auf der Rückseite horizontal, so dass Clips unter den Seilen und den Tragestreifen passieren können.

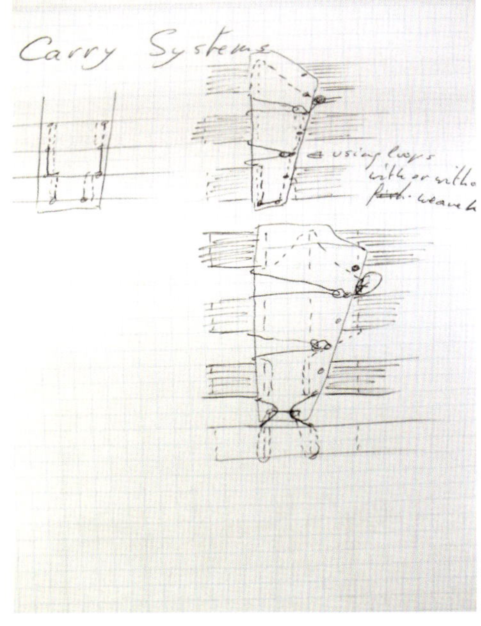

Die zwei Skizzen rechts sind für ähnliche Scheiden vorgesehen, aber die Seile benutzen die Tragestreifen auf eine andere Weise.

Tipps für die Konstruktion:

- Das Seil verläuft hinter den Tragebändern. Platzieren Sie die Scheide so, dass das Seil die Nähte bestmöglich ausnutzt, um ein seitliches Verrutschen zu verhindern. Gehen Sie nicht zu ausladend hinter die Nähte und ziehen Sie nicht zu fest am Rucksack.

- Der 1½-Zoll-Abstand zwischen den Nähten ist ausreichend für viele Messerscheiden. Für breitere Scheiden ist es am besten, einen und zwei Nahtabstände zu kombinieren, um das beste Ergebnis zu erzielen.

- Das Innenloch von ¼-Zoll-Ösen und die Löcher für Buchschrauben haben einen Durchmesser von 5,5 Millimeter und erlauben es, zwei Seile durchzuziehen. Machen Sie davon Gebrauch.

- Falls die Scheiden lange Schlitze zwischen den Ösen haben und der Abstand zwischen den Ösen 1½ Zoll beträgt, können die Schlitze gut dafür benutzt werden, die dazwischenliegenden Tragebänder aufzufangen.

- Das überkreuzende Webmuster geht zurück und vorwärts von links und rechts.

- Das senkrechte Webmuster bleibt links oder rechts und geht auf- oder abwärts an der Scheide entlang, ist aber nur bei Scheiden mit doppelter Lochreihe anwendbar.

Zur Befestigung ist es am wichtigsten, einen oder mehrere Fixpunkte zu finden. Für unsere Scheiden bedeutet das einen oder zwei Punkte, die unsere Scheide davon abhalten, auf- oder abwärts zu rutschen. Die Nähte des Gewebes selbst sind wichtig. Wenn ein Seil um die Naht eines Tragestreifens geführt wird, kann es zum Fixpunkt werden.

Molle-Clips sind lange Plastikteile, die eine Verbindung zwischen unserer Scheide und dem Rucksack bilden können.

Das Seil lässt sich so an der Scheide befestigen, dass das Ganze perfekt zu kommerziellen oder selbstgemachten/handgefertigten Molle-Clips passt.

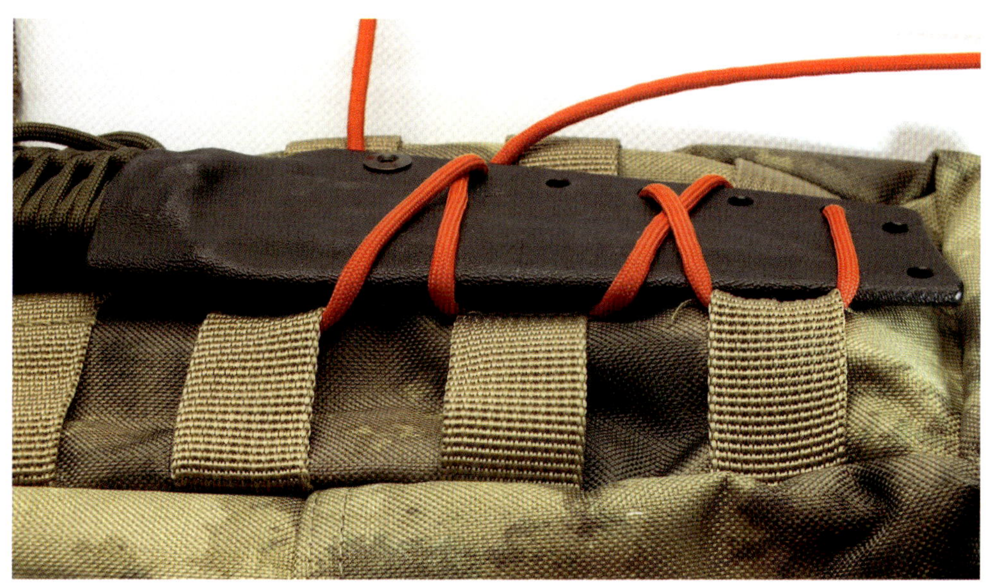

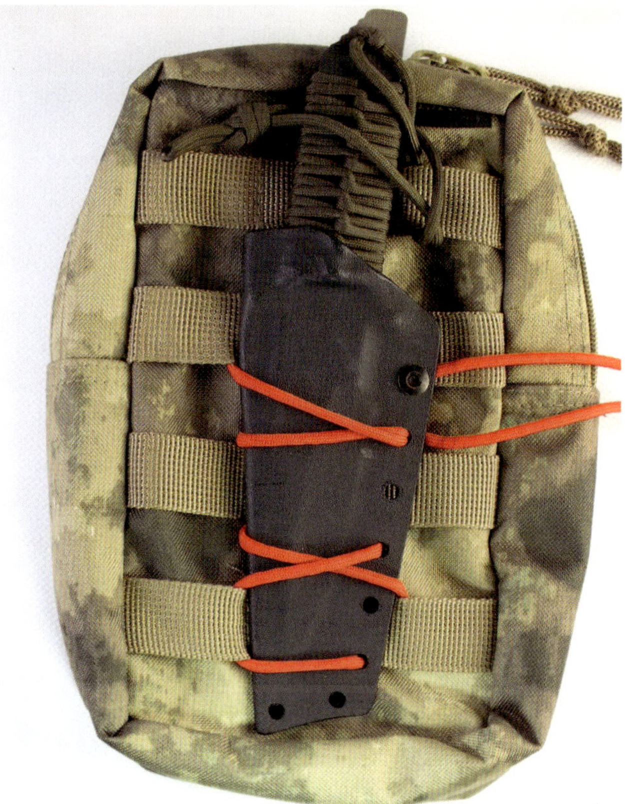

Das am PALS befestigte Messer. Beachten Sie, dass das Seil beim unteren Tragestreifen außerhalb der Naht bleibt und beim zweiten Tragestreifen innerhalb der Nähte verläuft.

Scheide mit einer Reihe von Löchern: Ein am PALS befestigtes Strider-Messer. Das Seil verläuft auf der Außen- und Innenseite der beiden Nahtreihen. Hinter der Scheidenöffnung verläuft das Seil hinter dem Gewebe und um die Naht herum. Im Bild wird der Knoten hinter der Scheide gemacht.

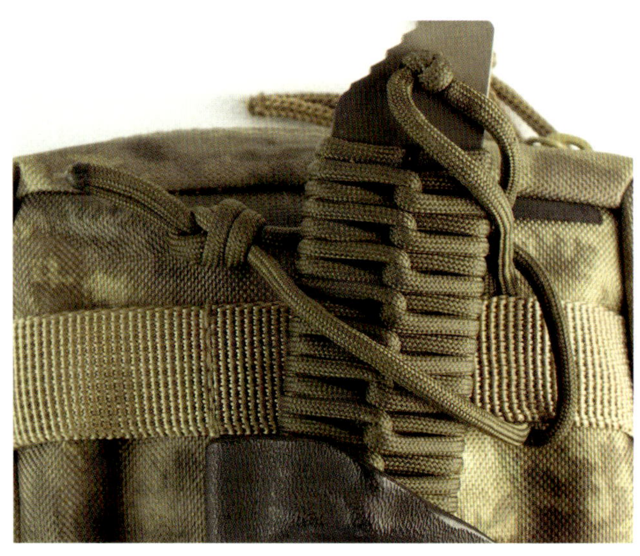

Als zusätzliche Sicherung geht der Lanyard unter den Tragestreifen und über den Knauf.

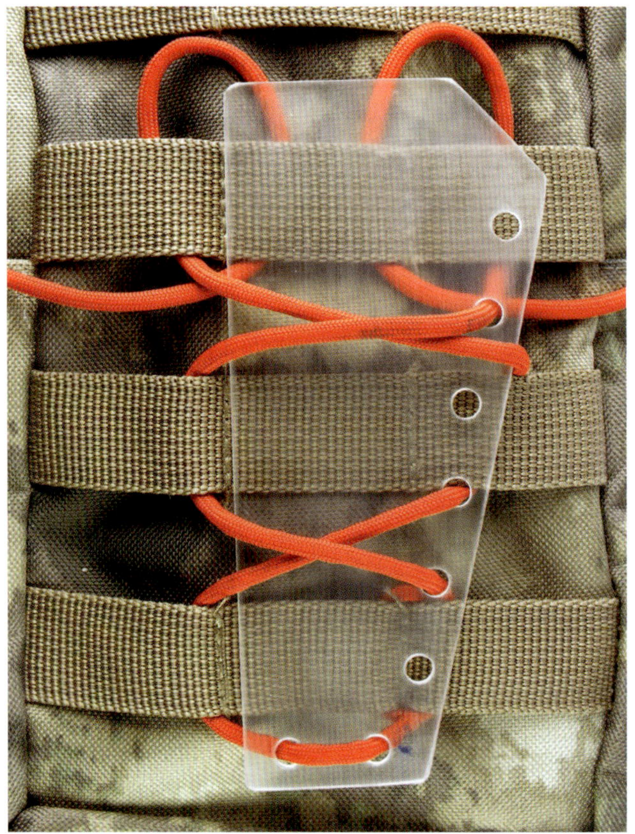

Ein Polykarbonat-Ersatz für die Strider-Scheide zeigt, wie das Seil hinter der Scheide und durch das PALS-Gewebe verläuft. Diese Aufhängung beginnt unten rechts mit einem Fixpunkt um die Naht. Hinter dem oberen Ende der Scheide werden zwei zusätzliche Fixpunkte erstellt. Die Aufhängung wird mit einem Knoten auf der Scheidenvorderseite abgeschlossen. Diese Art der Aufhängung unterscheidet sich von der Befestigung des eigentlichen Messers mit Scheide in den Bildern zuvor.

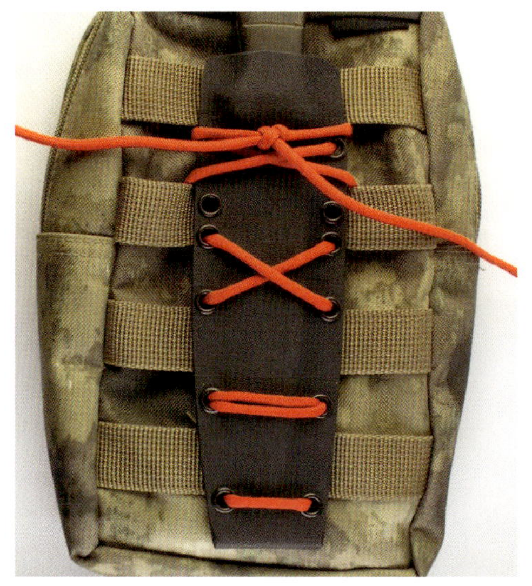

Scheide mit zwei Reihen Ösen: So wird ein Kampfmesser an PALS-Gewebe geschnürt.

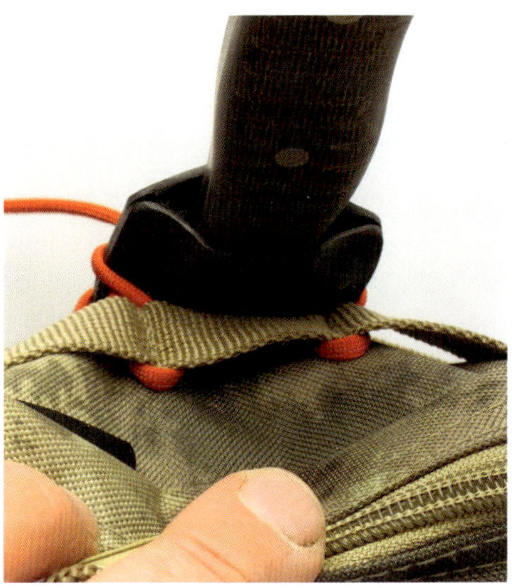

Der Blick von oben hinter der Scheidenöffnung zeigt die Fixpunkte um die Nähte.

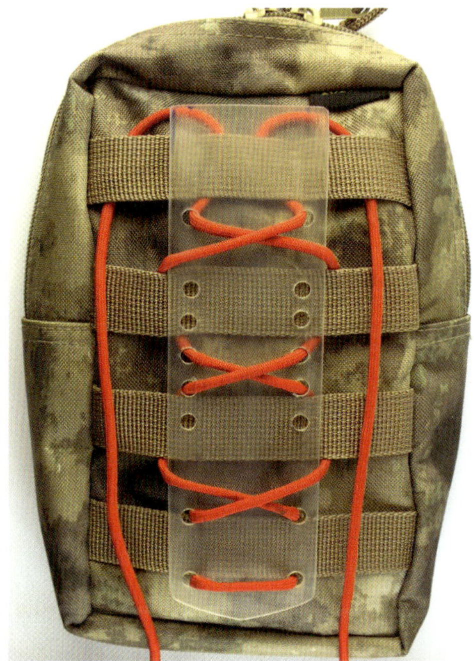

Mit Hilfe des Polykarbonat-Ersatzes lassen sich die Seilenden verfolgen.

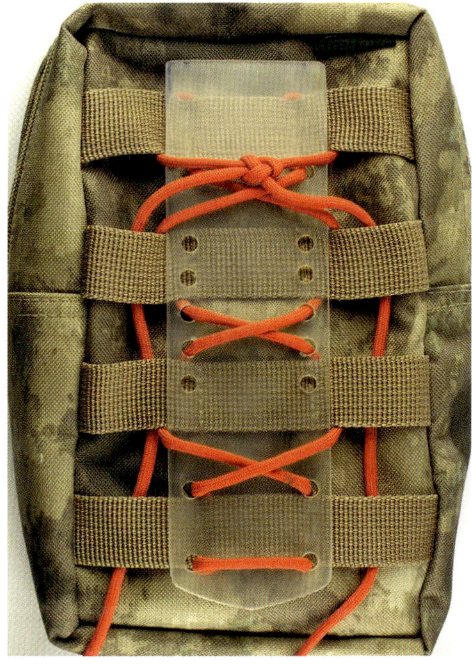

Die Enden werden vorne über der Scheide verknotet.

MALICE-System

Bei älterer MALICE-Ausrüstung sind die aufgenähten Tragestreifen für die Aufnahme von MALICE-Clips entworfen. Sie sind ungefähr zwei Zoll breit und können auch zum Anbringen von Scheiden verwendet werden. Die Scheide kann auf dieselbe Weise direkt am ALICE-Rucksack befestigt werden wie an einem Hosengürtel. (lesen Sie weiter auf S. 124)

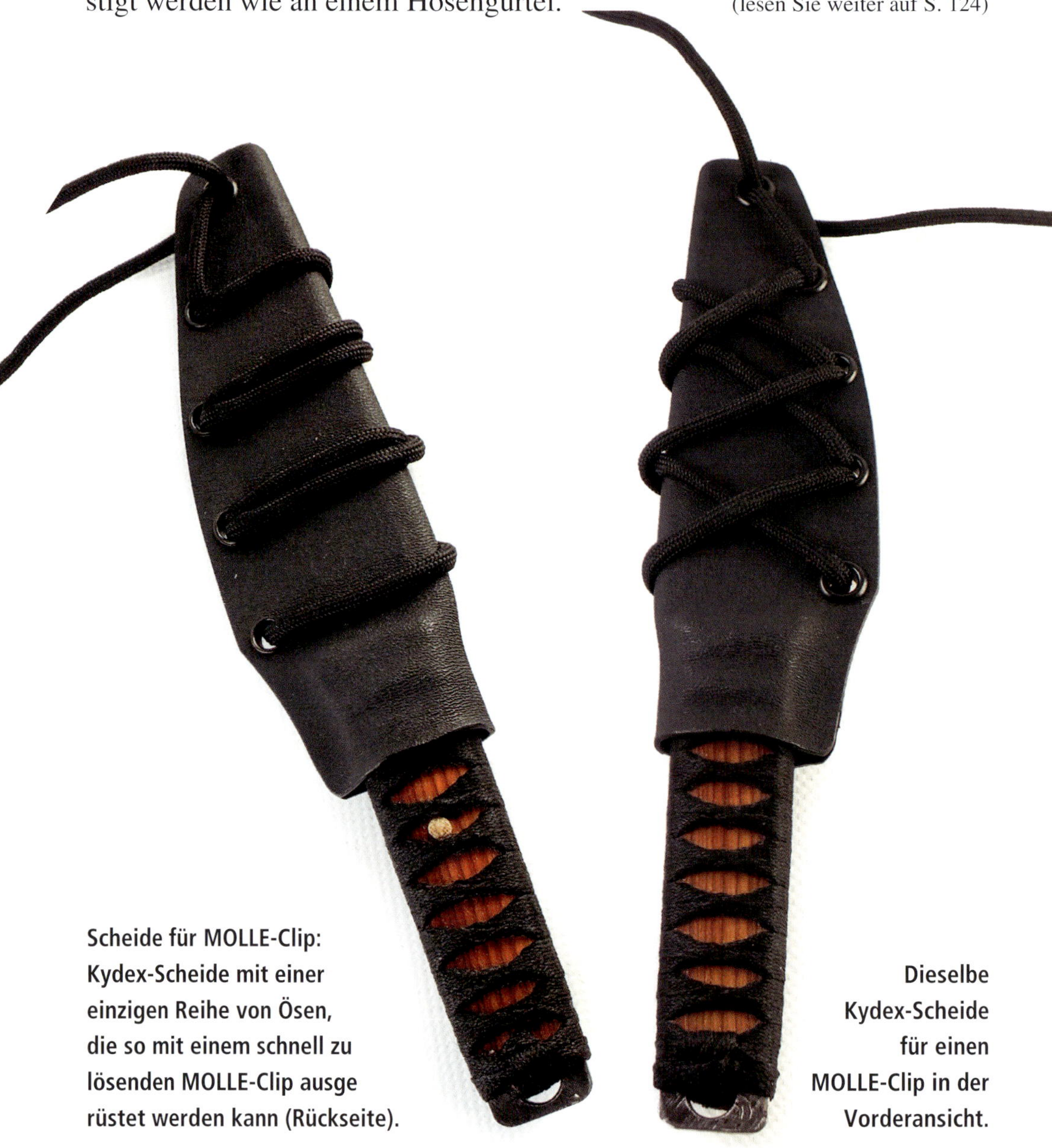

Scheide für MOLLE-Clip: Kydex-Scheide mit einer einzigen Reihe von Ösen, die so mit einem schnell zu lösenden MOLLE-Clip ausge rüstet werden kann (Rückseite).

Dieselbe Kydex-Scheide für einen MOLLE-Clip in der Vorderansicht.

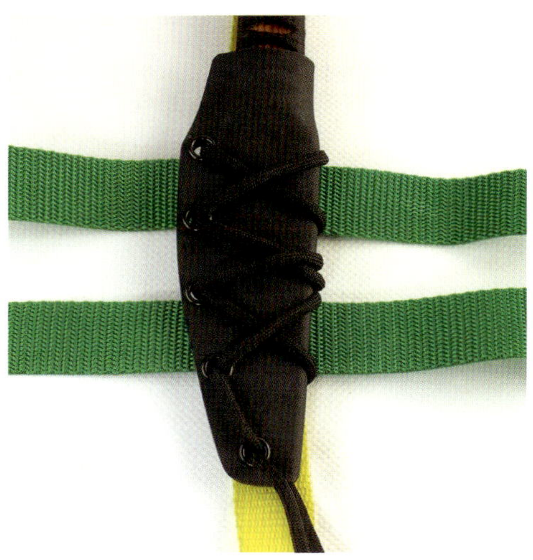

PALS-Tragestreifen mit grünen Bändern simuliert. Das gelbe Gewebe ersetzt einen von vielen möglichen MOLLE-Clips (Ansicht von vorn).

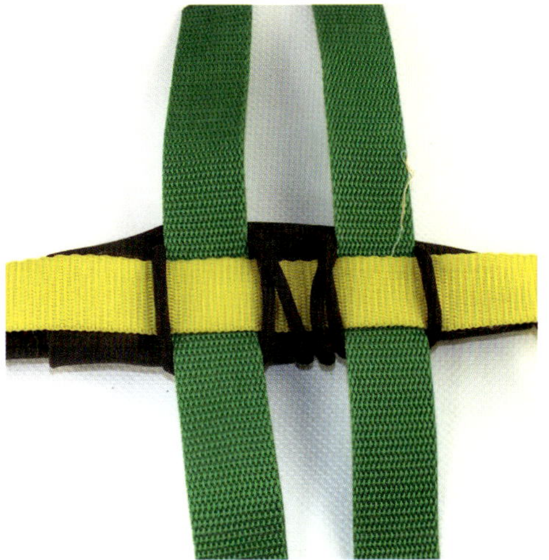

Die gleiche Scheide, Ansicht von hinten.

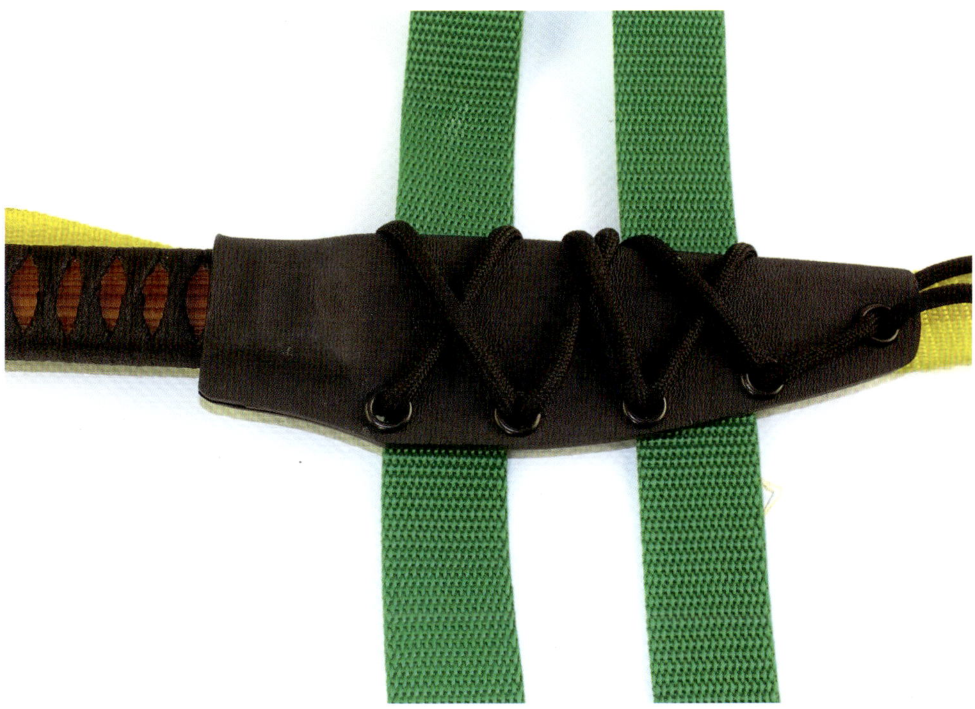

Nochmal die gleiche Scheide, Vorderansicht, um 90 Grad gedreht.

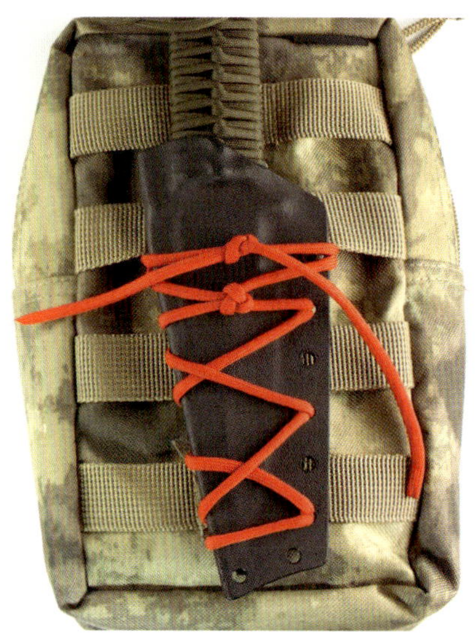

Ein Strider-Messer, ausgerüstet für einen MOLLE-Clip. Hinter der Scheide sind alle Seilstücke passend, um einen Clip am PALS-Gewebe zu befestigen.

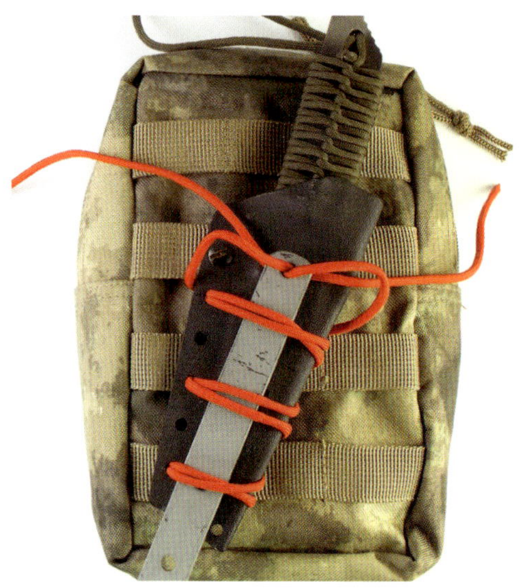

Der Ersatz-MOLLE-Clip aus Stahl wird hier unter dem Paracord der Scheide gezeigt. Der „Clip" lässt sich mit Seil sichern.

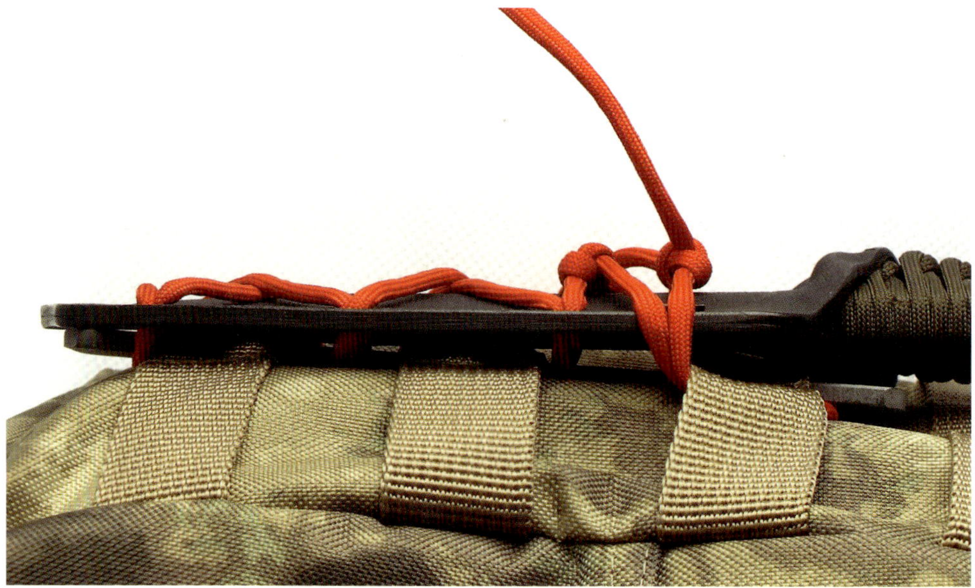

Die graue Stahlstange hinter der Scheide, die einen kommerziellen MOLLE-Clip ersetzt, ist hier von der Seite sichtbar. Wenn der Knoten auf der Vorderseite gelöst wird, kann die Stange – oder der Clip – schnell entfernt werden.

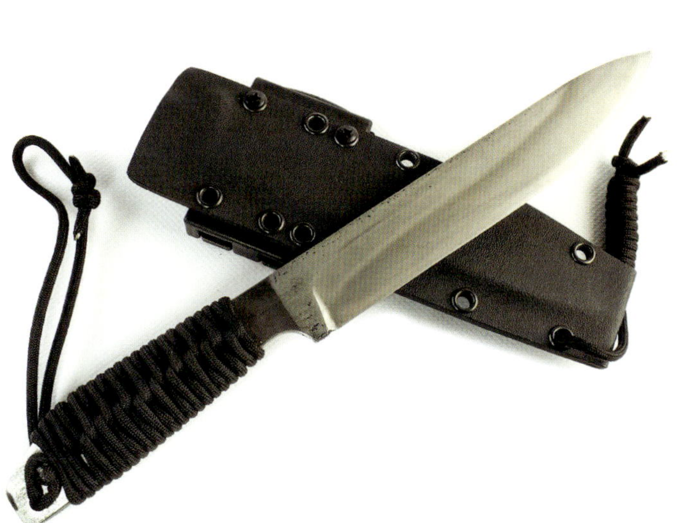

Scheide im militärischen Stil mit zwei Reihen von Ösen: Hier immer noch mit einem TekLok ausgestattet, aber bald mit Paracord am PALS befestigt.

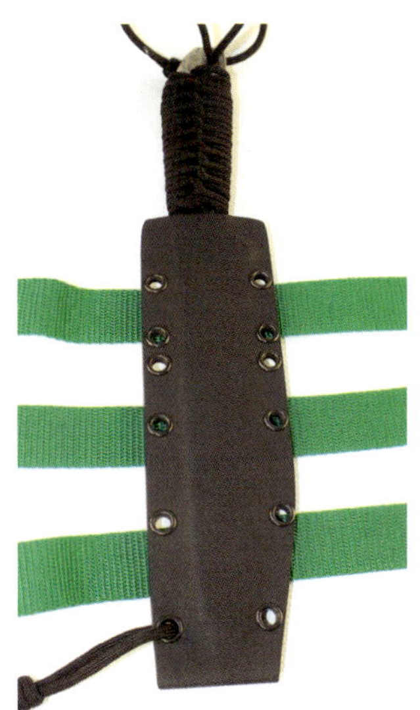

Bei taktischen Scheiden ist es nützlich, den Sitz an Tragebändern zu simulieren.

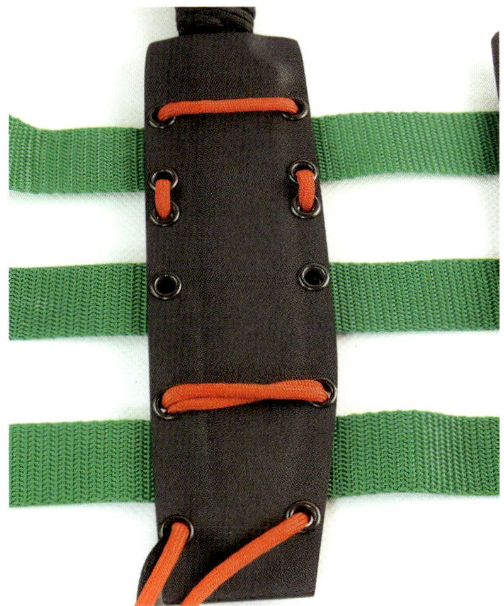

Die Simulation mit drei Tragebändern macht es deutlich: Blick von vorn auf die am PALS befestigte Scheide.

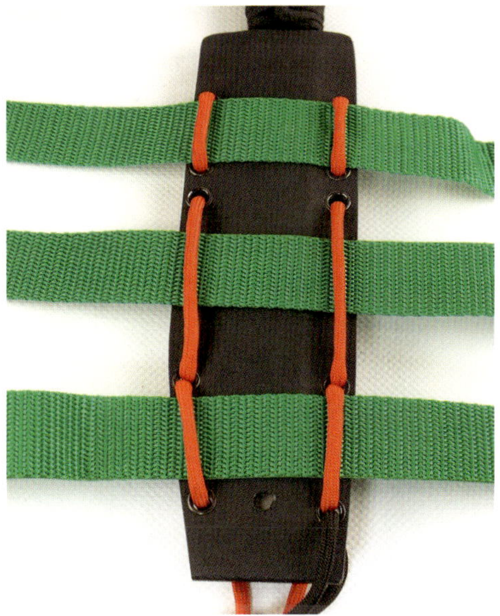

Die gleiche Simulation: Blick von hinten auf die am PALS befestigte Scheide zeigt, dass das mittlere Band relativ frei ist.

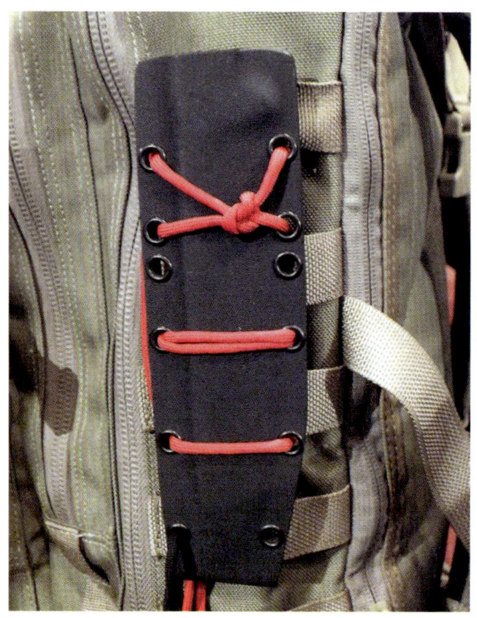

Hier ist die Scheide mit zwei waagerechten Tragestreifen am PALS befestigt.

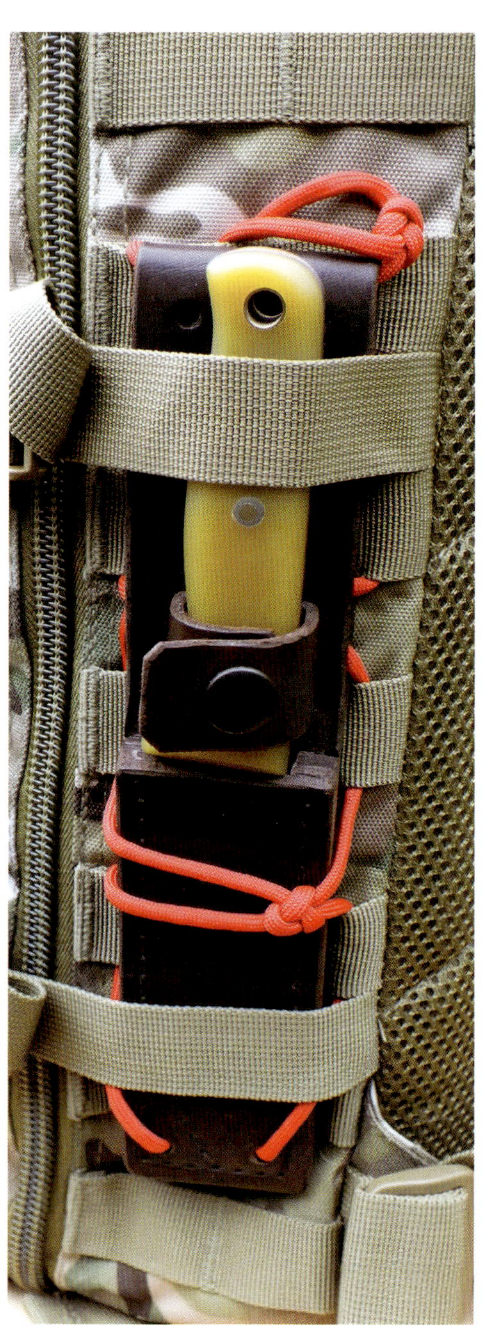

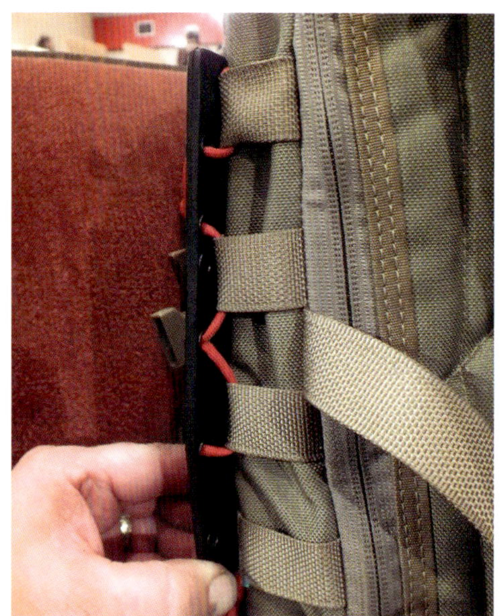

Seitliche Ansicht der Scheide, die an zwei Tragestreifen des PALS-Systems befestigt wurde.

Lederscheide am PALS an der Seite eines Rucksacks.

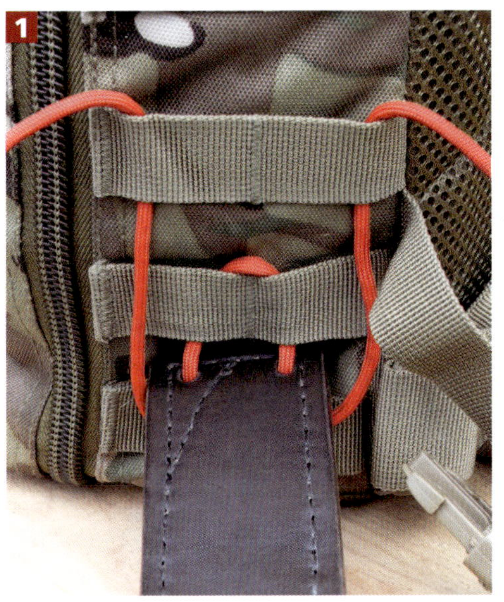

Die Befestigung startet mit einem Fixpunkt um die PALS-Naht zwischen den beiden Löchern in der Scheide.

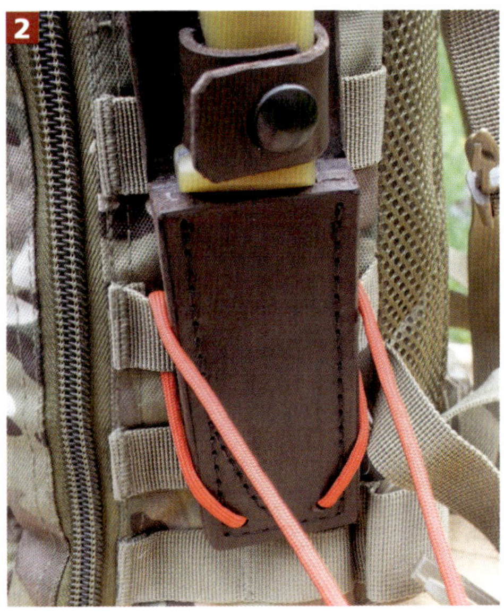

Die Seilenden werden straff gezogen.

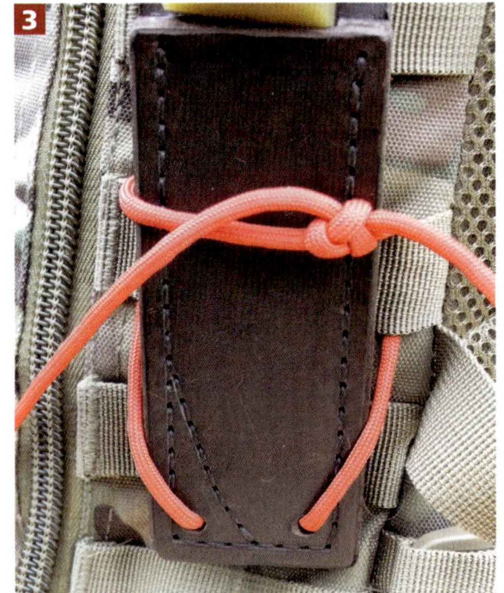

Der Schotstek hält die Scheide sauber an ihrem Platz.

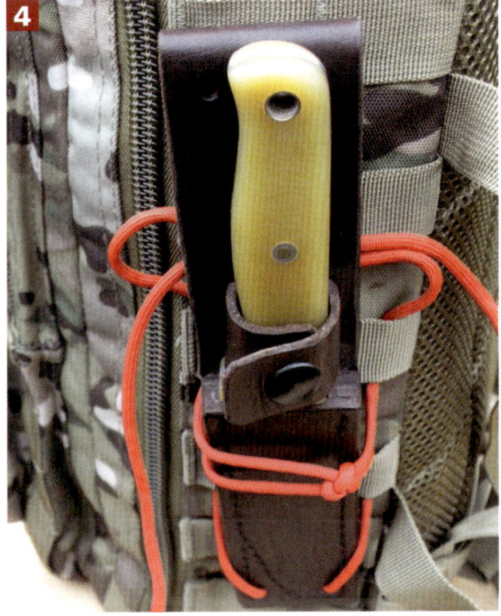

Die Seilenden verlaufen unter den Tragestreifen und überkreuzen sich in der Gürtelschlaufe der Scheide.

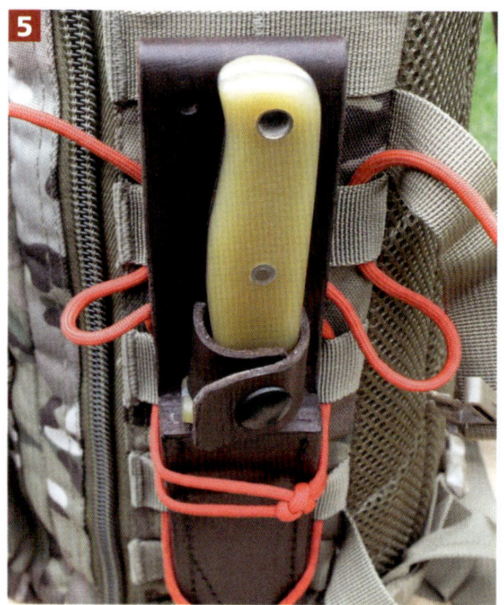

Die Seilenden verlaufen hinter dem nächsten Trageband in Richtung oberes Scheidenende.

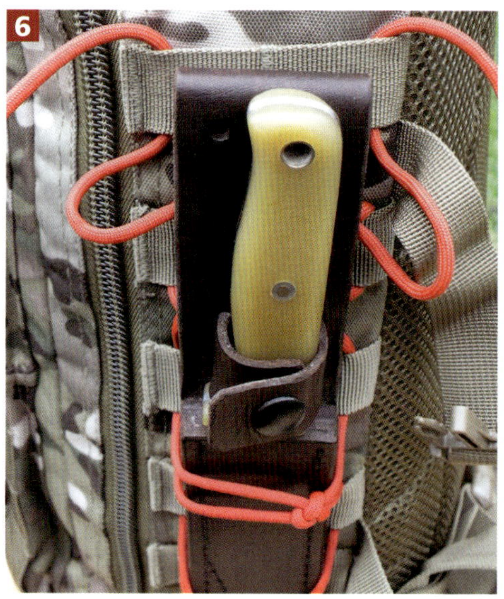

Die Seilenden überkreuzen sich nochmals in der Gürtelschlaufe, bevor sie hinter das letzte Trageband gehen.

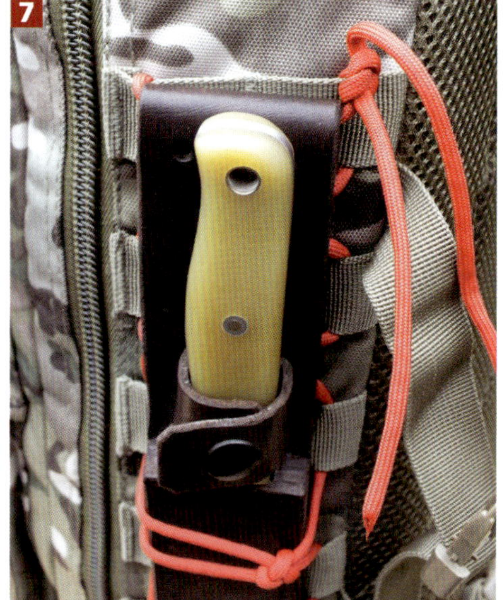

Das linke Seilende geht nach rechts und bildet dort mit dem rechten Ende einen doppelten Überhandknoten.

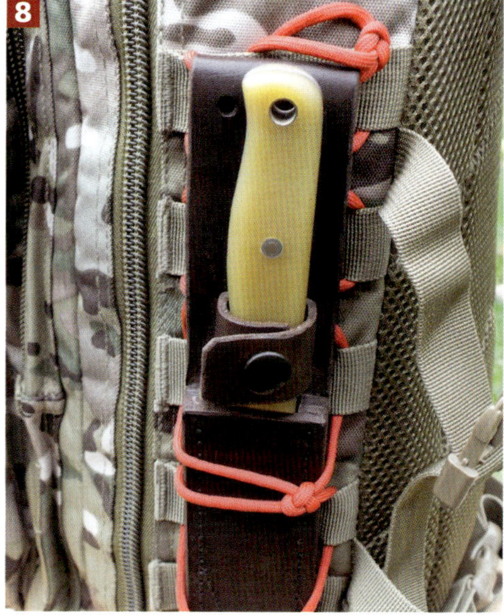

Die Scheide hängt sicher auf der Seite des Rucksacks. Das Messer ist dadurch leicht zugänglich.

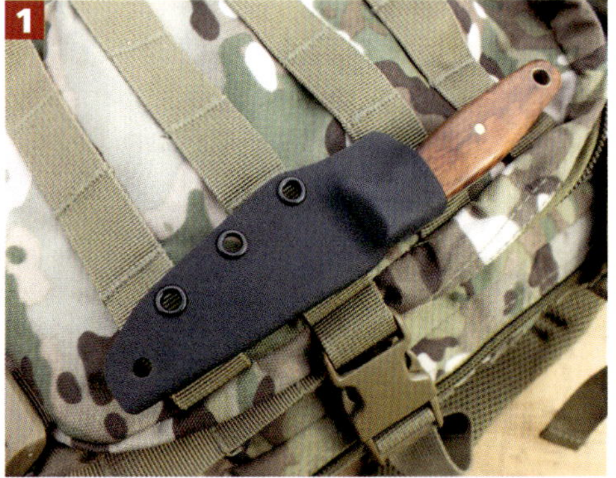

Kleine Scheide am PALS: Dieses Messer liegt in seiner Kydex-Scheide auf dem Rucksack.

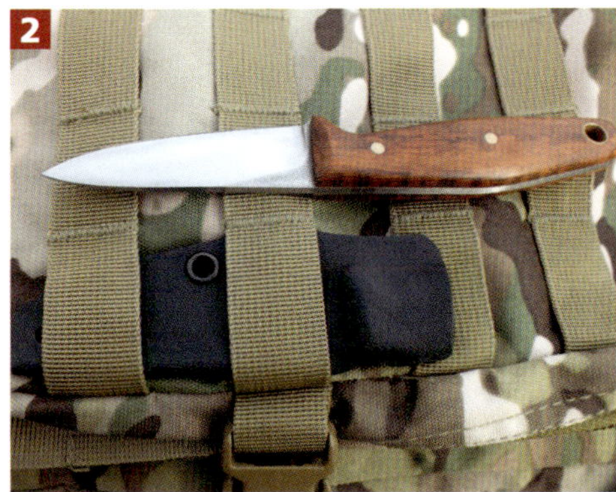

Die Scheide passt hinter die Tragestreifen.

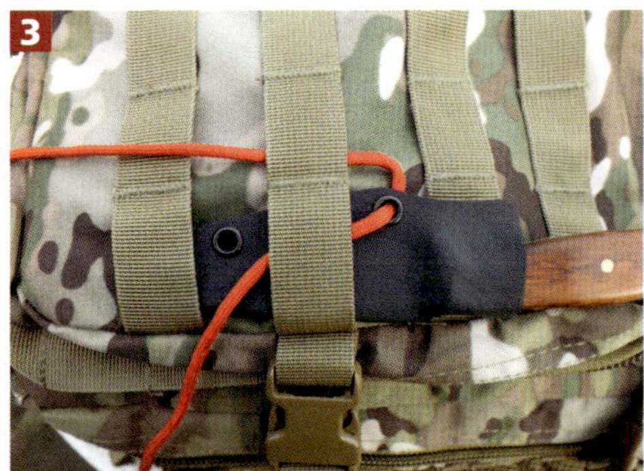

Das Seil geht durch die oberste Öse und unter die Tragestreifen.

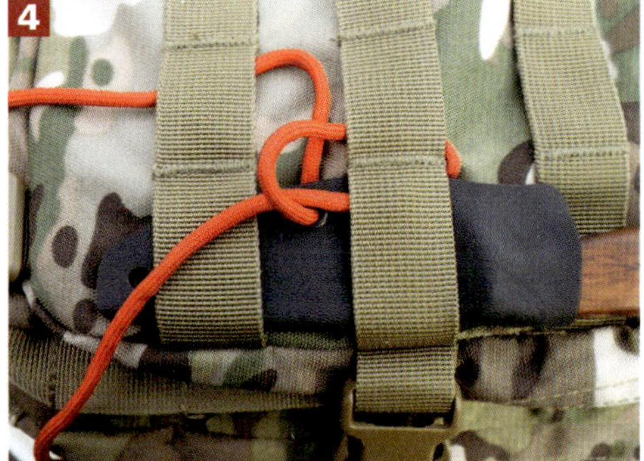

Die Scheide wird tiefer unter die Tragestreifen geschoben. Das äußere Seilende geht durch die Öse und über das andere Seilende.

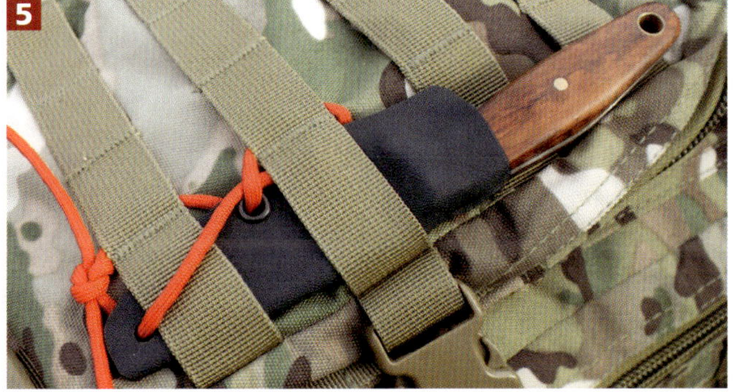

Die Seilenden werden zum untersten Loch geführt und verknotet. Ein Plastikstopper reicht hier alternativ auch.

Der Unterschied ist, dass die Webarbeit mit dem Paracord gemacht werden muss, da die Tragestreifen nicht wie ein Gürtel durch die Schlaufen rutschen können.

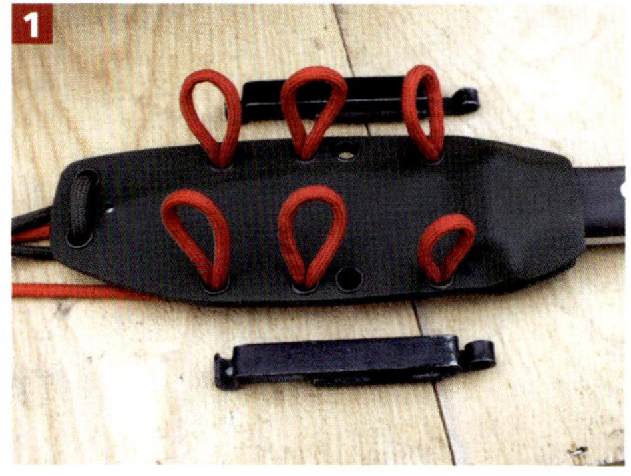

Wenn wir ältere Ausrüstungsgegenstände mit MALICE-Clips besitzen, kann man mehrere Schlaufen durch die Ösen stecken, um die Clips daran zu befestigen.

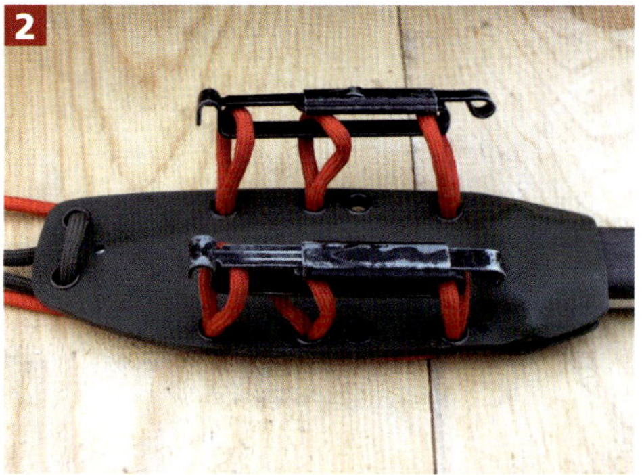

Die Clips werden mit den Schlaufen verbunden.

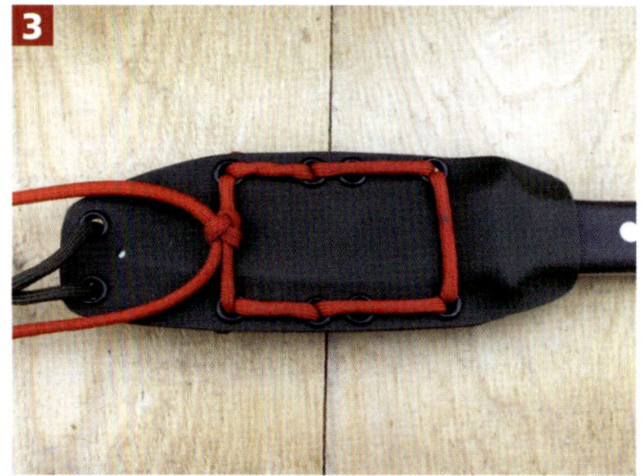

Die Vorderseite der Scheide zeigt die festgezogenen Seilstücke, während die Clips auf der Rückseite befestigt sind.

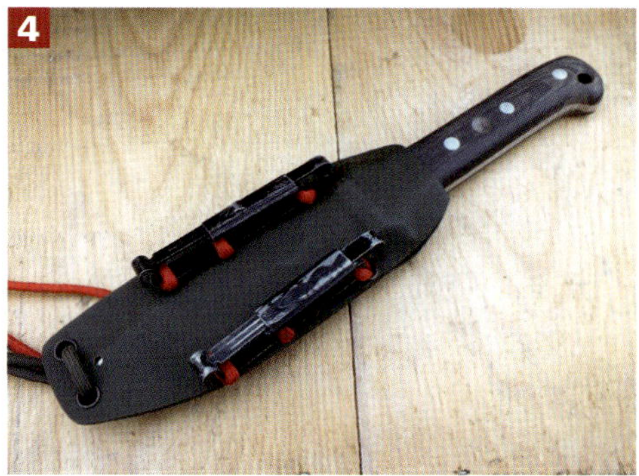

Die Clips sitzen fest an ihrem Platz.

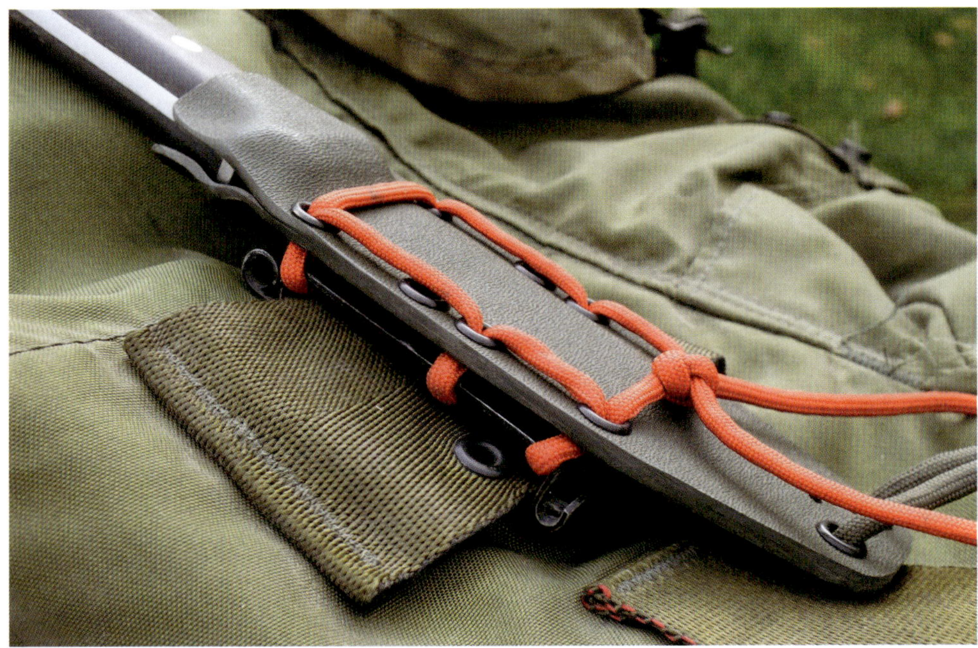

Die Scheide ist am MALICE-Rucksack befestigt.

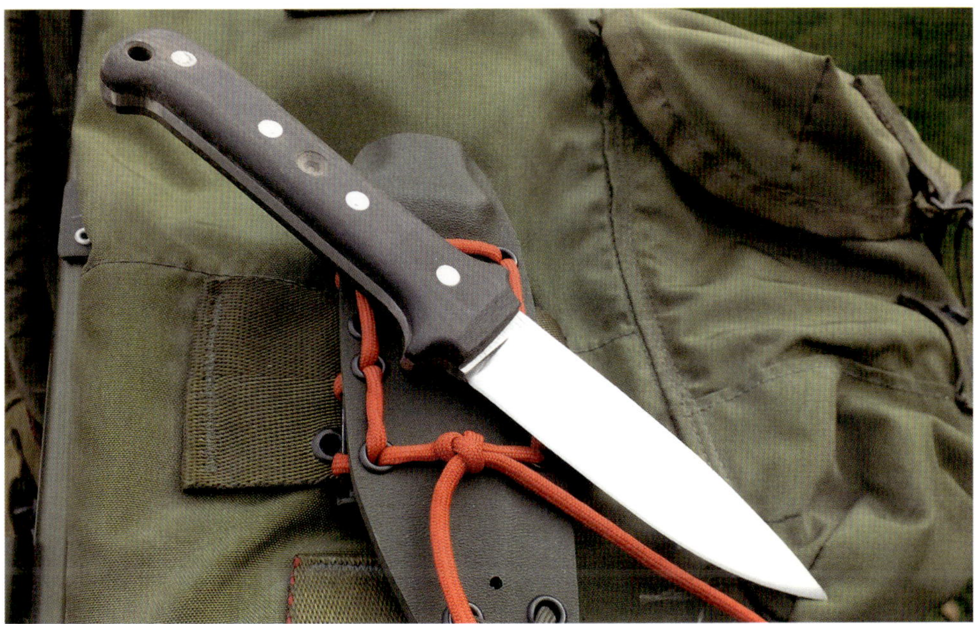

Ein Kampf- und Gebrauchsmesser aus A2-Stahl mit Griff aus grünem Leinenmicarta an einem MALICE-Rucksack.

Für den Schmied im Mann

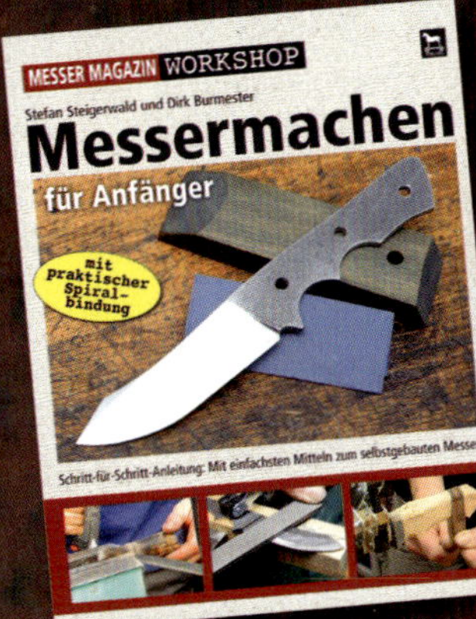

Messermachen für Anfänger
128 Seiten, Bestell-Nr. 100 0230
EUR 24,80

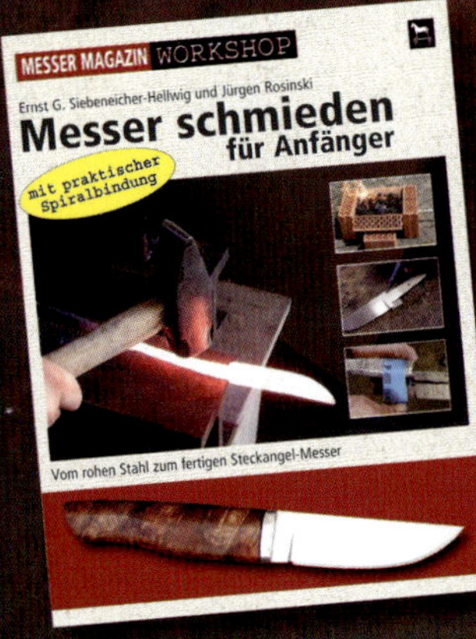

Messer schmieden für Anfänger
128 Seiten, Bestell-Nr. 100 0134
EUR 29,80

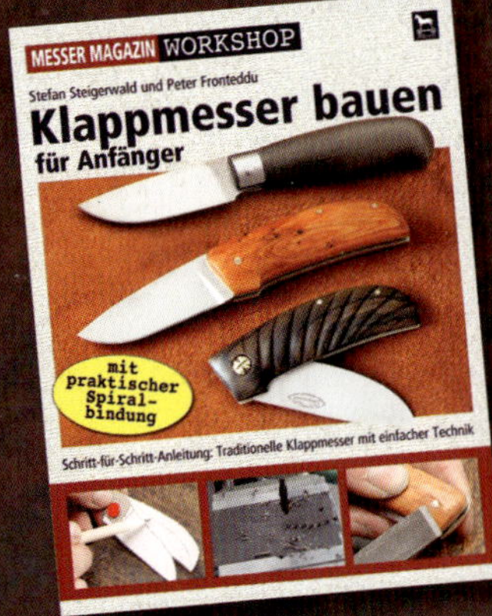

Klappmesser bauen für Anfänger
144 Seiten, Bestell-Nr. 100 0162
EUR 29,80

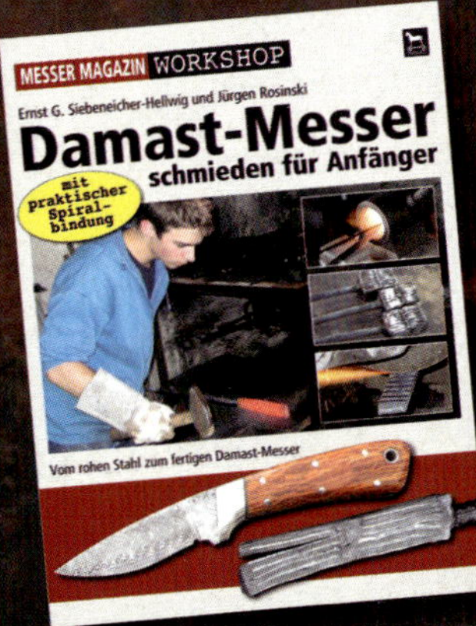

Damast-Messer schmieden für Anfänger, 104 Seiten, Bestell-Nr. 100 0170, EUR 24,80

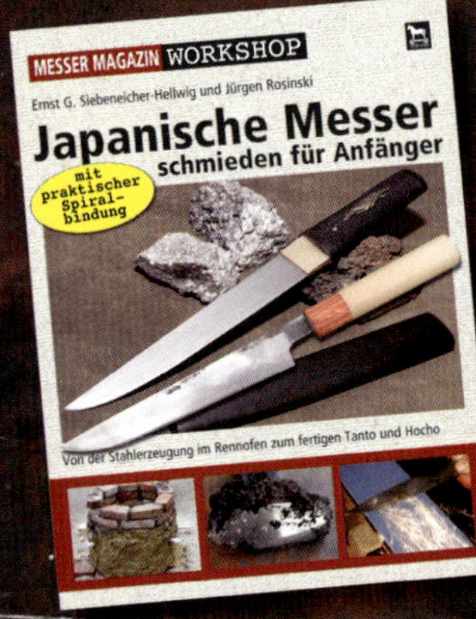

Japanische Messer schmieden für Anfänger, 128 Seiten, Bestell-Nr. 100 0197, EUR 29,80

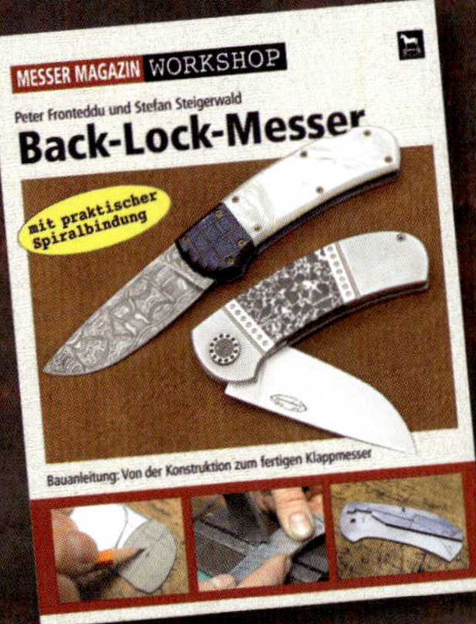

Back-Lock-Messer
144 Seiten, Bestell-Nr. 100 0135
EUR 29,80

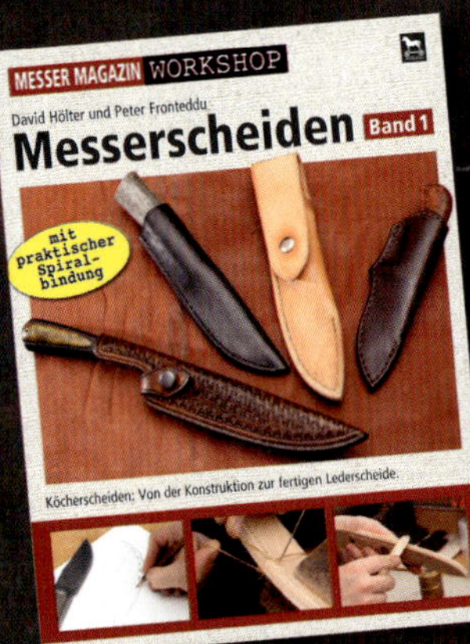

Messerscheiden Band 1
144 Seiten, Bestell-Nr. 100 0153
EUR 29,80

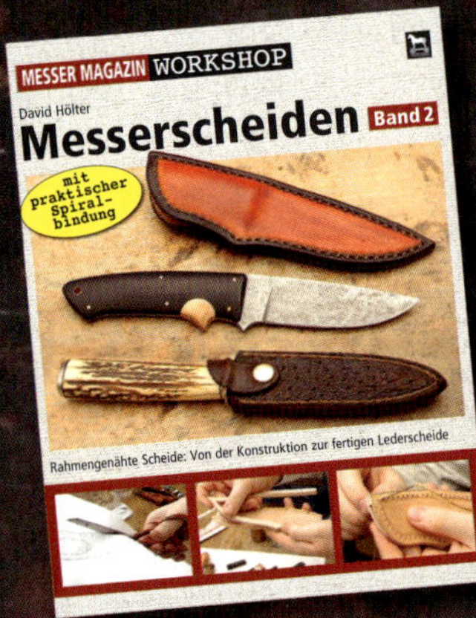

Messerscheiden Band 2
144 Seiten, Bestell-Nr. 100 0171
EUR 29,80

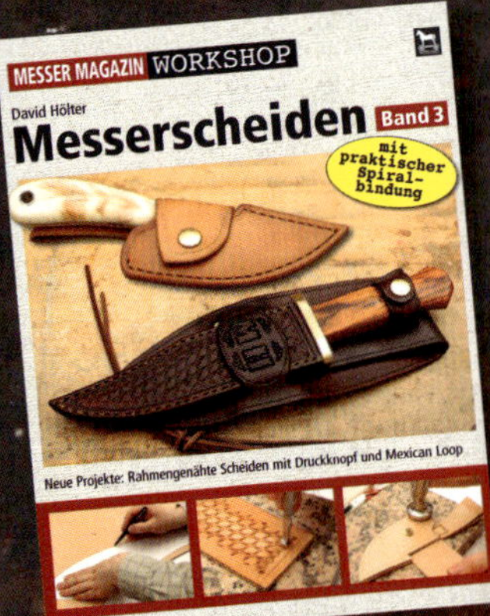

Messerscheiden Band 3
160 Seiten, Bestell-Nr. 100 0210
EUR 29,80